검은 유혹, 맛의 디아스포라 짜장면

- 짜장면이 왜 라면인가? 궁금하다면 먼저 짜장면이라는 단어부터 풀어보아야 한다. 짜장면은 본디 중국 북경과 산동 지역의 향토음식으로 한자로는 炸醬麵^{작장면}(짜장미앤)이라 표기하는데, 여기서 작^{炸}은 센 불에 폭약이 터지듯 볶아내는 중화요리의 화후 기법 중 하나를 뜻하고 장^{醬}은 달큰한 첨장^{甛醬}을 말한다. 그러니 면(국수) 위에 볶은(炸) 장(甛醬)을 얹고 제철 채소와 함께 비벼먹는 음식이 곧 짜장미엔이다. 이때 장에 비벼먹는 국수[麵條]는 칼로 썰어서 만드는 절면이나 메밀면처럼 눌러 뽑아내는 압출면이 아니라 손으로 반죽을 치대고 쳐서 길게 잡아 늘여(拉, 押) 만드는 면이라고 해서 신면^{抻麵} 또는 랍면^{拉麵}이라고 한다. 이 랍면의 중국어 발음이 라미앤^{lamiàn}이고 이를 외래어로 그대로 차용한 일본어로는 라-멘^{ラーメン}이다. 우리가 즐겨 먹는 짜장면의 면(국수)도 그러니 그 정체가 실은 라미엔이되, 종래의 우리식 한자 발음대로 읽는다면, 랍면이라 해야 옳지 않겠나 하는 이야기이다. 그러니 한국의 라면은 발음과 표기상 일종의 하이브리드(혼종), 다시 말해 중국어와 일본어와 한국어가 뒤섞인 '짬뽕'이란 것이다.

- 1911년 신해혁명을 기점으로 이전 인명, 지명은 우리 한자 발음으로, 이후 인명은 현대 중국어 발음을 따르도록 하였으나 경우에 따라서는 혼용하기도 했다. 한자 역시 우리가 사용하는 번체자를 우선했으나 현대 중국에서 사용하는 간자체가 필요한 경우에는 병용하였다.

검은 유혹, 맛의 디아스포라 **짜장면**

유중하 지음

프롤로그

'짜장면 썰'을 길잡이 삼아

지금은 가위 사위다시피 되어버린 동아시아 담론이 내 뇌리의 일부를 점하던 때가 있었다. 1970년대에 제출된 민족문학론의 뒤를 이어 1980년대 중반 무렵 빛을 본 제3세계문학론과 때를 같이 하거나 약간 뒤미처서 제출된 것인데, 동아시아라는 말은 한중일 삼국을 하나로 묶어서 대접해보자는 발상이었지 싶다. 학계와 평단에서 제기된 이 발상이 '참여정부' 시절에 이르면서, 동북아시대위원회라는 조직이 출범했고, 거기에서 '동북아 균형자론'을 내밀자 당시 일부 언론이 벌떼같이 달려들어 조소를 퍼부으며 흠집을 내더니 온갖 비아냥을 받던 끝에 흐지부지되고 말았다. 내가 짜장면이라는 음식을 만난 것은 그 무렵의 일이다.

당시 동아시아 담론을 거리를 두고 지켜보면서 중국문학을 공부한답시고 인근을 배회하고 있던 나 역시 저 담론과 무관하지 않겠다고 생각하면서도, 다른 한편으로는 담론은 담론이되 '고담준론'에 머물고 있어서 대중의 인지도는 거의 태무한, 지식분자들의 말잔치에 그치지 않는가 하는 의구심의 눈초리를 거두지 못하고 있던 차였다. 학회니 세미나니 하는 비좁은 담론의 장을 벗어나는 즉시 시정의 외면을 면치 못하리라고 여기던 차에 짜장면과 조우하게 된 것이다.

짜장면이 새삼스럽게 다가온 것은 하루 소비량이 물경 700만 그릇에 이른다는 소식을 접하고 나서였다. 그런데 이 짜장면이라는 국민메뉴를 중국집 식탁에 올려놓고 시식하던 어느 날, 자리를 함께 한 일행 가운데 하나는 짬뽕을, 다른 하나는 우동을 나머지 하나는 울면을 시키는 것이 아닌가. 짜장면, 짬뽕, 우동, 울면이라… 거기에 다꾸앙(혹자는 단무지라고 불러야 한다고 윽박지르기도 하지만)이라면… 한중일이 그야말로 '짬뽕'이 되어 식탁에 올려져 있는 게 아닌가. 이들 메뉴들의 국적과 정체성이야말로 동아시아 판도를 구성하고 있는 건 아닌가 하는 생각이 스치고 지나갔다.

짜장면으로 말할라치면 이 메뉴가 중국에서 건너온 박래舶來(배를 타고 건너온) 음식이라는 것을 모르는 이가 없다시피 하지만, 우동이라는 메뉴는 약간은 기괴하다면 기괴하다. 무슨 말인가. 우선 분식센터에서 먹는 우동과 중국집 우동은 달라도 한참 다르니 말이다. 중국집 냉면과 한국 냉면이 천양지판이듯이.

우동이라는 메뉴의 일본어 이름 うどん은, 일본의 1세대 중국문학자인 아오키 마사루青木正兒 교수가 밝힌 바 있듯이, 그 원어가 중국어 온돈饂飩인데 이것이 일본으로 이주하면서 일본어로 우동うどん으로 표기되었다. 그런데 이 이름이 다시 중국으로 재이주하면서 오동면烏冬面(대륙), 혹은 오룡면烏龍面(대만)으로 둔갑한 것이다. 이런 식의 정체성 굴절과 왜곡을 가리켜 이른바 유식한 서양말로 하이브리드(혼종)라고 부르기도 하는 걸로 알고 있다.

짬뽕도 그런 점에서는 대동소이하다고 해야 할 것이다 지금은 소맥이니 막소니 하여 닥치는 대로 섞어 마시는 게 시정의 술꾼들 관행이 되다시피 하였지만, 30여 년 전만 해도 술을 이렇게 섞어 마시는 것을 '짬뽕'이라고 일컬으며 그닥 탐탁하게 여기지 않았다. 이튿날 골이 팬다느니 뒷골이 쑤신다느니 하며 내키지 않아 한 걸로 기억한다. 이런 사정은 일본에서도 마찬가지여서 짬뽕이라는 단어를 일본어 위키피디아에서 뒤지면 나가사키 짬뽕의 설명 이외에 별도로 칵테일, 다시 말해 술에 음료를 섞는 주종을 일컬어 짬뽕이라고 부른다고 한다. 어디 그뿐인가. 나가사키 짬뽕이라는 메뉴의 개발자인 진평순이라는 화교의 출신지인 중국의 푸지엔(복건)에서는 '밥을 먹는다'는 의미의 중국어 '츠판'을 그곳 사투리로 '셋뽕'이라 발음하는데 이것이 와전되었다는 설도 있는 데다가, 이 메뉴가 푸지엔 건너 타이완으로 다시 재이주하면 強棒面챵방미엔이라는 이름으로 둔갑한다는 사실이 더해진다. 그야말로 혼돈이고 짬뽕이다. 이런 이주와 재이주를 가지고 말장난을 하자면 무궁무진이라고 하기는 뭣해도 허다하다는 언사는 너끈히 감당할 수 있으리라.

내가 짜장면을 새롭게 '인식'하면서 짬뽕 같은 이들 메뉴에도 동아시아의 현재 실상이 담겨 있는 것은 아닐까 하는 생각이었으니 오해와 몰이해, 왜곡과 와전 등이 이리저리 얽히고설켜 혼선을 빚고 있는 것이다.

젊은 시절 명색이 석사논문이랍시고 쓴 것이 중국 좌익 문인 단체인 좌익작가연맹의 문예대중화론이었다. 그런데 문예대중화론이라는 논쟁이 중국에서만 벌어진 것이 아니라 한국은 물론 일본에서도 벌어진 논쟁이라는 사실은 아는 사람은 대강 아는 사실이다. 일본에서 시동이 걸려 한국으로 건너왔다가 마지막으로 이 논쟁을 받아준 곳이 중국 문단이었는데, 결과는 천양지판으로 끝났다는 것이 내 소견이다. 한일 양국의 문단에서는 지식분자들의 말잔치로 시들어 버리고 말았으나, 중국의 경우는 제일 막차를 타고 논쟁이 벌어졌음에도 문예대중화논쟁으로부터 대중어논쟁으로 비화되어 모택동의 〈문예강화〉와 '군중노선'으로까지 이어지면서 결말을 보고 만 것이다.

짜장면 이야기를 하면서 웬 동아시아론에 대중화론 타령이냐 할지 모르겠다. 짜장면을 알고 먹자면 짬뽕과 우동 거기에 울면을 모르고 먹을 수 없고, 이들 메뉴를 먹다보면 자연스럽게 식탁의 판도가 동아시아로 넓어질 수밖에 없으며, 동아시아론이 지식분자의 담론 테이블에 얹힌 담론, 곧 담론을 위한 '고담준론'에서 벗어나자면, 그리하여 이 동아시아론이 남북문제의 평화적 해결을 내다보는 지경에 이르러 유라시아 담론과 더불어 다시 재구성되어야 한다고 본다면, 짜장면을 위시한 울면, 우동, 짬뽕 등등의 메뉴로부터 확장해서 비빔밥을 거쳐 볶음밥을 먹으면서 그 메뉴들로 동아시아라는 식탁 위에 새로운 상을 차릴 수 있지 않을까 하는 생각에서이다.

하루 소비량 700만 그릇의 짜장면, 일본에서 우동과 소바를 젖히고 국수류의 지존 자리를 차지한 라멘(난킹소바→중화라멘), 더 나아가 중국 내 프랜차이즈 점포 수가 지구 위 맥도날드와 켄터키 프라이드 치킨의 프랜차이즈 점포 수를 합한 것보다 많다는 중국의 란주 라미엔은 그만큼 대중적이고 일상적이며 근친지간의 메뉴들이다. 다시 말해 우리가 늘 먹는 이들 국수류야말로 일상 속 동아시아론의 검토대상일 수 있겠다.

작금의 상황으로 미루어 보건대 독도니 조어도니 하는 문제로 들어갔다가는 본전도 못 건지고 피차 자존심만 상하기 십상이다. 당장 끝판이 나서 해결이 될 성 싶지 않은 시비거리는 훗날의 과제로 남겨두고 해결 가능한 다른 문제로부터 시작하자는 것, 공통점을 구하고 차이점은 놔둔다는 구동존이求同存異라는 말이 바로 그 말이다.

이번에 새삼 다시금 보게 된 것이 음식의 힘이다. 남북이 오랜만에 판문점에서 만나 극적인 해후를 하는 장면에서 위력을 발휘한 음식이 냉면 아닌가. 이 냉면이라는 국수는 실향민의 음식이었으나 이제는 남한 사람 치고 누구나 즐겨먹지 않는 이가 없는 음식이다. 또한 평양냉면을 먹을 줄 아는 이라면 누구나 아는 사실이, 이 면을 가위로 잘라 먹는 일은 일종의 금기에 속한다는 점이다. 남북이 분단된 것만 해도 억울한데 분단을 이어주는 선을 먹기도 전에 가위로 싹둑 자른다는 것이 애시당초 마음에 들지 않는다는 실향민 노인들의 설명이 살갑게 다가오는 대목이다.

𰻞𰻞面

Biangbiang noodles

    이런 면발(국수)은 분단된 우리네 냉면만이 아니라, 대륙과 대만 양안 사이에도 있으니 앞에 든 우육면牛肉面이 바로 그 주인공이다. 장개석을 따라 대륙에서 대만으로 건너온 외성인 가운데 화북 출신들이 포함되었으리라고 보면, 남미북면의 그 북면이 그들의 주식인지라 밀것을 잊지 못했음은 불문가지일 터이고, 그리하여 우육면이라는 음식이 대만에서 터를 잡지 았았겠는가.

    뿐만 아니라, 제법 전의 일이기는 하지만 대만의 전 국민당 주석 렌짠連戰과 대륙의 시진핑이 만났을 때도 이들이 선택한 메뉴는 국수, 곧 그 이름과 한자 표기도 해괴한 뱡뱡몐biang biang noodles이라는 국수였다. 이 뱡뱡몐은 렌짠과 시진핑의 고향인 산서山西 일대 국수의 한 종류이다. 대륙과 대만을 잇는 몫을 면발(국수)에 맡긴 것이다.

이 대목에서 우리, 고향의 향鄕이라는 글자를 새삼 들여다보자. 幺요 + 白백 + 匕비 + 阝부로 이루어진 이 글자를 파자해보자는 이야기다. 幺요는 눈에 보일락 말락 가느다란, 다시 말해 아지랑이처럼 눈에 어른거리는 그런 형용이겠고, 비匕는 숟가락이며, 그 숟가락 위에 얹힌 흰 백白은 백반의 그 흰 쌀밥이며, 언덕 부阝는 고향에 자리 잡은 언덕이다. 이를 합치면 언덕 아래 자리 잡은 고향집에서 어머니가 지어준 흰 쌀밥을 의미한다. 고향은 곧 음식인 것이다. 양안의 만남이나 남북의 만남 자리에 음식이 기획된 것은 그러니 대단히 자연스러운 일이 아닐 수 없다. 판문점에서 남북의 두 정상이 평양에서 공수해온 옥류관 냉면을 함께 나누어 먹은 다음 날 대한민국 전역의 냉면집이 불티가 난 것도 그만큼 음식이 담고 있는 상징성을 보여주는 좋은 예라 하겠다.

19세기 말 20세기 초를 전후해 한반도에 전래해온 짜장면의 면발(국수 가락)이야말로, 그리고 이 짜장면을 한국식으로 디자인하여 개발한(전문용어로는 쟝지우講究라는 말을 쓴다) 화교야말로 중국과 한반도를 잇는 가교이다. 이들이야말로 —짜장면에 그치지 않고 우동과 짬뽕 등 여타 국수류의 긴 면발과 더불어— 국가와 민족을 초월하여 지역과 지역을 이어주는 다리의 몫을 제대로 해냈다 할 만하지 않을까. 지난 책에서 언급한 '썰'에 이어 이를 다시금 확인하면서 짜장면 '서썰'을 대신한다.

차 례

프롤로그 짜장면 썰을 길잡이 삼아 · 5

1장. 짜장면이 라면이라면 라면은 짬뽕이다
　새삼스러운 라면 · 17
　라면이 짬뽕이라고라? · 27
　칸스이, 감수鹼水의 정체 · 38
　나노 굵기의 짜장면 · 47

2장. 세기말 동아시아의 판도
　공화춘 상호에 얽힌 화교 네트워크 점묘화點描畵 · 57
　연태의 개항과 음식업의 전성기 · 69
　새로운 인삼 루트와 네트워크 · 78
　꿩 대신 닭, 인삼 대신 해삼 · 87

3장. 파, 너는 대관절 뭐냐
　산동의 파 사랑, 장구대총 · 99
　짜장면의 비밀을 풀 또 다른 관문, 춘장의 정체 · 109

파의 비밀1_대파 길이가 자그마치 2미터 · 117

파의 비밀2_양파와 대파 · 126

4장. 짜장면의 친척들

다스 베이더의 퀴즈 · 137

북경오리구이와 짜장미엔 그리고 지엔삥^{煎餅}은 친척 · 144

꺼우치엔, 한국식 짜장면과 베이징짜장미엔의 분쟁을 풀 비밀의 단어 · 153

꺼우치엔의 비슷한 말, 전분 · 161

울면의 본명은 무엇인가 · 171

5장. 북경을 점령한 복산요리

노자호^{老字號} 풍택원의 총소해삼^{蔥燒海蔘} · 189

혜풍당과 서태후 · 198

6장. 불놀이의 인문학 혹은 문명론

주방의 필살기 과와 작자 다루기 · 211

요리사 시험의 필수코스 '꽁빠오지띵'^{宮爆鷄丁} · 219

노채^{魯菜}와 폭^{爆} · 227

노신과 모택동이 의기투합한 글자, 폭^{爆} · 238

노신과 짜장면 · 248

동흥루의 두 손님, 노신과 양실추 · 257

7장. 문화의 섬이자 가교인 차이나타운

차이나타운1 부루라이또 요코하마 · 269

차이나타운2 나가사키 차이나타운 · 278

차이나타운3 고베의 화상대회와 '성냥공장 아가씨' · 287

에필로그 한중일 국수전쟁을 꿈꾸며

몽상1 채계와 '국가대표 한식' 짜장면 · 297

몽상2 한중일 삼국의 국수전쟁 · 305

1장

짜장면이 라면이라면
라면은 짬뽕이다

새삼스러운 라면

오늘 아침에는 뭘 먹나. 변변치 않고 마땅치도 않으니 라면이라도 끓여 먹을까. 그런데 갑자기 정체 모를 이상한 검은 옷차림의 사내가 내 앞에 나타나더니 자못 진지한 표정으로 물었다. 방금 당신 뭐라고 했지? 나는 기겁을 했다. 방금 내가 무슨 말을 했단 말인가. 라면을 끓여 먹을까 하고 뇌까렸을 뿐인데….

—아니, 조금 전 했던 말을 정확하게 다시 해보시지?

'변변치 않고'라는 생각을 했던 듯도 하고 마땅치 않다는 말을 입으로 주억거렸던 듯도 하다. 그런데 그 사내가 그 말을 내게 다시 들려준다. 내가 입으로 주억거린 말을, '변변치 않고 마땅치도 않으니 라면이라도 끓여먹을까?'라고 한 말을.

그런데 그 사내의 귀에 거슬린 글자가 하나 있다는 거다. '라면이라도'의 도다. '도에 무슨 뉘앙스가 담겨 있는가 하면 제일 하찮은, 제일 싸구려라는 뜻이 담겨 있지 않느냐고 추궁을 해온 것이다. 수긍을 해야만 했다. 그러고 나서 '라면이라도가 아니라 라면이나 끓여먹을까 했던 것 같은데…?' 라고 변명을 했더니, 그 말도 마찬가지라는 것이다. '라면을'이 아닌 '라면이나'라고 하면 아무거나 대충 때운다는 뉘앙스가 포함되어 있지 않느냐고 다그치는 것이다. 어쩔 수 없이 그의 말에 동의를 하고 말았다.

그러자 그이가 교통범칙금을 끊듯이 범칙 카드를 발부하는 것이다. 거기에는 앞으로 평생 동안 허용되는 라면의 양이 열 개, 원래는 다섯 개로 끊어주려고 했으나 초범이라 봐준다는 것이다. 나는 반항했다. 내 나이 예순 하고도 사 년을 더 살아, 그럭저럭 살다보면 줄잡아 10년은 더 살 테고, 일주일에 한 번꼴은 먹어온 바대로 앞으로 10년간 일주일에 하나씩 라면을 먹는다면, 어림잡아도 내게 허용된 라면의 그릇 수가 500개는 될 것인데 열 개라면 너무 가혹한 처벌이 아닌가. 그런데 그가 나를 힐끗 곁눈질로 보면서 되묻는 것이었다.

―당신, 라면이 뭔 줄 알아? 라면이 무슨 말이지? 라면을 알고 먹어왔다고 말할 수 있느냔 말이야!

라면이 라면이지 뭔가. 라면 맛이라면 꼬들거리는 면발에 매콤한 국물 거기에 파를 썰어 넣었으니 파의 향도 날 터이며, 날계란의 흰자는 익고 노른자는 익히지 않아서 날 노른자를 먹을 때 계란 맛을 보는 거면 그게 다 아니냐고 하였더니 그 사내가 인상을 험악하게 일그러뜨리며 대꾸했다.

―이거 안 되겠네. 싹수가 없어. 당신, 도대체 라면이라는 음식을 알고 먹어본 적이 있어?

알고 먹는다? 라면을? 무슨 말인가. '라면을 알고 먹다니' 하는 표정을 내가 지어보이자, 그가 답답한 듯이 되물었다.

―당신 박물관에 가 본 적 있지?
―있습죠. 있습니다. 많지는 않지만 제법 가봤습니다. 중국을 싸돌아다닐 때 한 도시에 들르면 먼저 서점에 그리고 두 번째는 그 도시의 박물관에 들리곤 합니다.
―그럼 이 말은 알겠네. 아는 만큼 보인다는 말, 이 말은 들어본 적 있을 거 아냐?
―들어봤죠. 아는 만큼 보인다는 말에 대해 누구보다 이해를 제대로 한다고 생각하고 있습니다만, 그게 먹는 거하고 무슨 상관입니까. 라면하고 무슨 상관이죠?
―사람하고는. 말귀가 영 통하지 않는 작자구만. 이거 봐. 생각을 해보라구. 먹는 것도 마찬가지 아니냔 말이야. 아는 만큼 먹는 법이라는 말, 아는 만큼에 정비례해서 먹을 줄 아는 거야. 자, 나

는 이제 다른 데로 가봐야 하니까….

 기가 막힐 노릇이다. 알 듯 모를 듯, 그가 남긴 말 '아는 만큼 먹을 줄 안다'는 그렇다 치고 이제 평생 라면을 열 그릇만 먹게 된다니, 나는 다급하게 물었다.

 —다, 당신은 누구시죠?
 —내가 누구냐? 한번 알아맞혀 보시라구. 난 바빠서 이만 실례.

 그러다 나는 잠에서 깨어났다. 별 해괴한 꿈을 다 꾸었네, 앞으로 10년 동안 내게 할당된 라면이 열 개라면… 그러면서 전기포트에 물을 넣고 스위치를 올린다. 재수 없는 꿈을 꾼 김에 라면을 먹기로 했다. 별스러울 게 없다. 물을 끓여 파를 썰어 넣고 계란 한 알을 깨서 넣으면 그만이다.

그런데 언젠가부터 라면을 먹으면서 이 라면을 앞으로 몇 번을 먹을까 하고 생각하게 되었으니, 아마 환갑을 넘겼기 때문일 것이다. 살 날이 산 날보다 짧아진 것을 실감하는 게 아마도 환갑이라는 나이일 터이니 라면 한 젓가락도 새삼스러운 걸까. 한끼 한 끼 매 끼니가 소중하다고 할 수도 있다. 만일 내가 먹는 이 라면이 생애 마지막 라면이라면… 이 라면 한 그릇을 먹고 이 생에다 대고 굿바이 작별 인사를 해야 한다면 라면 맛도 달라지지 않을까.

스티브 잡스도 그런 생각을 했을지 모른다. 매일 매일을 이 세상에서 사는 마지막 날이라고 생각하고 살아가고 있다던가 하는 말을 어디선가 본 적이 있으니 오늘 먹는 라면이 마지막 라면이라고 생각하고 먹으면 맛이 달라지지 말라는 법도 없으니 말이다. 그러면서 라면을 맛있게 먹는 법에 대해 새삼 궁리를 해본다. 생에 제일 맛있게 먹었던 기억을 되살려 내보는 것이다. 그때 그 기분으로 돌아가서 라면 국물을 들이키노라면 맛이 달라지지 말라는 법도 없잖은가.

내가 다시 라면을 맛있게, 그것도 제일 맛있게 먹으려면 양구 21사단 통신대에 졸병으로 근무하던 군 시절로 돌아가야만 한다. 아아, 남자들이 늘어놓는 군대 이야기를 또 늘어놓는다고 탓하지 마시라. 어디까지나 군대 이야기가 아니라 라면 이야기다. 내게 라면의 추억은 이등병에서 병장까지 진급하면서 저마다 각각으로 이렇게 생생하게 살아 있는 까닭이다.

우선 이등병 때. 기억하는 주된 일과는 식기 당번이지만, 주말에는 또 다른 임무가 주어지니 그건 모포 세탁이다. 모포 세탁은 물론 일과 시간이 빈 주말의 차례다. 그리고 이때야말로 이등병으로서는 자대생활에 익어갈 무렵. 특과병이나 다름없이 한 나절을 부대 울타리를 벗어나 상병의 인솔 아래 군대 담요를 어깨에 포개 메고 철조망 울타리 밖의 냇가 도랑으로 향하는 데 철모와 라면을 별도로 지참하여 영외 외출과 특식을 겸하는 것이다.

지금으로부터 장장 40여 년 전, 오염이라곤 전혀 되지 않은 양구의 개울물을 막은 도랑에 하이타이를 풀고 모포를 맨발로 밟고 치대 모포를 빠는 것이다. 그보다 상류에서는 인솔 고참으로 모포 세탁에서 면제된 상병 두엇이 가재잡이를 위해 도랑을 친다. 해가 중천에 이르면 점심은 라면이다. 라면은 물론 철모에 끓인다. 모포 빨래 당번은 식수 인원 8~9명 내외. 그 인원을 감당하려면 반합은 어림없다. 철모도 셋은 있어야 그 장정 8~9인분 분량을 감당할 수 있는 것. 고무를 입힌 통신대 폐廢 와이어에 밑불을 붙이고 이어서 마른 소나무 관솔을 꺾어 연기를 피워가며 불 피우기를 몇 분 이어서 아직 물기가 남은 소나무 가지에서 물이 흘러내리면서 탁탁 소리가 나기 시작하고 이윽고 불이 기세 좋게 피어오른다.

거기에 쇠몽둥이에 걸어 끼운 철모를 얹으면 물은 몇 분 후 끓어오른다. 소나무 검불의 화력은 막강했다. 봉지 당 두 개가 든 군대라면 삼 인분, 2×3=6개의 라면이 철모 한 개의 정량이다. 그런 철모 냄비 라면이 세 개가 마련되어야 9인분을 충족할 수 있다. 부서진 라면이 투하되고 라면 스프가 뿌려지고 몇 분이 지나면 물은 끓어오르지만 물론 대파도 없고 계란도 없다. 그렇다고 첨가하는 게 없다면 심심하지 않은가. 고참들이 도랑을 치면서 잡은 가재, 그것도 문자 그대로 양구 산골 냇물 청청수역에서 잡은 가재들이 철모 안에 받아놓은 물속에 있으니 말이다. 가재는 끓는 물에 투하되자마자 갈색을 지우고 주황색으로 변하면서 드디어 라면 회식이 시작된다. 반합 따까리에 부어지는 됫병 소주가 없다면 그건 반칙이다. 가재 라면의 식도락이 반감하고 마는 것.

이게 이병 때 먹은 라면이라면 일병 때 먹은 라면은 한 겨울. 아아, 양구는 정말 겨울을 징하게 맛보기에 더할 나위 없는 곳이다. 도대체 양구는 얼마나 추운 곳이던가. 10월 1일 국군의 날 식판에 살얼음이 끼고, 5월 5일 어린이날 운동회 때 눈이 내리면 아이들이 고함을 치기도 하는 그런 곳이다. 눈이 왔다 하면 새벽에 제설작업에 나가 밤이 어둑해서 돌아오는 곳, 빨래를 해서 널어놓은 군복을 걷다가 딱! 소리와 함께 빨래가 부러지는 그런 곳이다.

그런 겨울, 보초를 두 시간 서고 내무반에 들어왔다고 치자. 그 때 그렇게 얼어서 동태가 되다시피 한 초병인 당신을 무언가가 기다리고 있다면? 당신을 녹여줄 뜨끈한 라면 국물에 소주가 반합 따까리에 담겨 기다리고 있다면, 아마도 천당이 따로 없을 것 같다고 하는 말로는 부족하다. 보초를 마치고 돌아온 유일병(나를 말한다)과 고참인 김병장(같이 근무를 선 내무반 3번째 고참)을 맞아준 라면은 대관절 어디서 누가 제공한 것인가.

가스레인지나 블루스타가 있을 리 만무한 내무반에는 대신 페치카라는 놈이 버티고 있었다. 이때 라면을 끓이는 식구食具가 참 별나다면 별나다. 이번에는 철모로 끓이는 게 아니라 라면 봉지에 생 라면을 넣고 거기에 찬물을 부어 페치카 안 걸대에 걸어두면 라면은 비닐봉지 안에서 끓는다. 이건 절대 구라가 아니다. 봉지 안의 물이 비닐이 녹는 걸 막기 때문이다. 라면이 익으면 그때 라면을 반합에 붓고는 라면 봉지를 접어 그 위에 뜨거운 라면을 덜어 먹는 것, 바로 이름 하여 '페치카 라면'. 반합에 넣고 끓여도 되건만 굳이 라면 봉지에 넣어 끓여먹는 건 또 다른 별미에 속하기 때문이다.

상병이 될 때쯤이면 군대생활에 길이 들어 영내 정보가 대강 귀에 들어오기 시작한다. 그런 정보 가운데는 예컨대 우리 통신대장도 라면을 엄청 좋아하는데 특별히 면발이 꼬들꼬들한 라면이어야 한다는 정보도 거기에 속한다.

대장 당번병 이상병은 일주일에 두어 번 꼴로 라면을 끓여야 했는데 매번 불을 피울 수 없는 일이라 비법을 개발했다. 대장실에서 취사장까지는 기백미터 거리라 라면을 끓여서 배달하는 동안 라면이 불어버리는 걸 막기 위해 대장실 옆 막사 구석에 대장 전용 라면 끓이는 부뚜막을 설치한 거다. 부뚜막이라고 해봐야 엄청 간단하다. 반합을 얹을 붉은 벽돌 두 장을 벌려놓으면 그뿐. 라면 하나를 끓이기 위해 소나무 검불을 줍고 자시고 하면서 불을 피우는 수고를 매번 반복하기에 번거로웠던가. 제대한 사수로부터 전수받은 기술이 바로 신문지로 라면을 끓이는 기술이었다. '전우신문'을 일단 길게 말아서 한쪽 끝에 불을 붙여 그걸 벽돌 사이 그러니까 반합 밑을 통과시키면서 태우는 것이다. 전우신문 12장이면 완료. 이때는 물론 취사장에서 마련해온 송송 썬 쪽파와 계란을 마지막에 투하하고 나서 30초 뜸을 들이지 않으면 안 된다. 대장이 먹는 라면은 다른 것이다.

마지막은 병장이 되면 먹을 수 있는 라면이다. 우리 통신대에서는 병장을 달면 뒷집 출입이 가능했었다. 뒷집은 철조망에 난 개구멍으로 들락거릴 수 있는 부대 막사 코앞에 있는 뒷집이 아니라 교통호를 따라 산 하나를 넘어야 있는 집이다. 뒷집 할머니에게는 외상장부도 있다. '교환중대 김정식 병장 11월 12일 200원 라면, 계란말이' 라는 식이다. 혼자 사시던 할머니는 원래는 양구 읍내에 살다가 아들 내외가 외지로 나가는 바람에 텃밭을 돌볼 겸 예전 살던 산골집으로 낙향을 했다. 할머니는 밤에 들이닥친 사병들에게 계란을 푼 라면 이외에 계란말이를 그리고 별도로 은하수니 선이니 청자니 하는 사제담배도 떼어다 팔았다. 대신 담배 한 갑에 10원의 이문을 붙여 팔았다. 할머니는 석유곤로에 프라이팬을 얹은 다음 거기에 취사장 고참들이 들를 때마다 술값 대신 갖다 주는 식용유—나중에 그게 헌병대에 적발되어 취사병 김하사와 박병장은 영창 1주일을 갔다 왔다. 그런데 그때 그 일을 알게 된 교환중대 성병장 왈, 63연대 1종(1종은 쌀이나 라면 등 주식을 가리킨다) 창고장 모[*] 상사는 쌀 1천 가마를 해먹고도 멀쩡했다나 어쨌다나—에 계란말이를 해서 상에 올려주면 그걸로 소주를 마시다가 이어서 끓인 계란라면이 상 위로 올라올 즈음이면 소주는 이미 각 일병을 넘기고 있을 때이다.

아아, 이렇게 적고 보니 라면이라는 음식이 과연 맛이 없지만은 않은, 그렇고 그런 하품 음식은 아닌 게 분명하다. 냄비의 라면을 젓가락으로 건져 올려 입으로 가져가면서 입술로 후루룩 삼키고 다시 국물을 숟가락으로 퍼 날라 목구멍으로 넘기면서 나는 군대 시절 먹던 라면의 맛을 재현해내기 위해 무진 노력했고, 그 노력은 어느 정도는 씨알이 먹힌 듯 오늘따라 라면의 맛이 요상스레 별나게 혀의 감촉으로 감겨왔다.

그러자니 젓가락으로 건져 올린 라면이 문득 낯설어 보이기 시작했다. 낯선 라면이라니, 그렇다면 지금 먹는 이 라면은 어쩌면 생애 최초로 먹는 라면일까, 새삼스러운 라면이라고나 할까. 아아 어쩌면 나는 방금 생애 최초로 라면을 먹었는지도 모르겠다.

라면이 짬뽕이라고라?

라면! 너는 뭐냐? 너의 정체를 밝혀라. 일단 이름부터 해결하자. 공자님 말씀에 정명, 곧 이름을 바로 하라 했으니 그 이름의 내력부터 밝히기로 하자.

라면 즉 인스턴트 라면은 일본에서 도입한 식품이다. 복건성 출신의 화교로 일본에 귀화한 안도 모모후쿠^{安藤百福}(원래의 중국 이름은 吳百福^{우바이푸})라는 인물이 개발한 것이라고 일단 운을 떼고 나면(이 말은 다음에 이 인물을 다룰 테니 조급하게 서두르지 말고 기다리라는 뜻이다), 자연스럽게 따라오는 것이 바로 '라면'이라는 이름이다. 라면이라… 면은 분명 면이다. 그런데 이 면이라는 말도 실은 뜻을 따지고 들면 좀 괴이쩍은 한자이다.

일단 한국이나 일본 혹은 대만과 홍콩에서 쓰는 정식 한자, 다

화교 출신 일본인 안도 모모후쿠가 1958년에 세계 최초로 개발 생산한 즉석식품 치킨라멘(좌)과
5년 후인 1963년에 발매한 한국 최초의 라면 삼양라면(우)

시 말해 중국 대륙으로 넘어가면 이름이 바뀌어 번체자라 부르는 한자로 풀면 麵면이지만, 원래의 한자는 麵면이다. 이 면은 다시 '麵=麥맥+丏면'으로 뜯어야 한다. 맥은 대맥(보리), 소맥(밀), 교맥(메밀) 으로 나뉜다. 丏면은 어려운 벽자에 속한다. 그러니 다시 丏=감출 혜亠+사람 인人으로 풀고 나도 아리송하기는 마찬가지. 사람을 감 춘다는 뜻으로 풀어 봐도 영 신통치가 않다.

이때 자리를 제분소로 옮겨보자. 밀가루를 빻는 공장 말이다. 사람들은 밀가루를 뒤집어쓰기 십상이고, 하여 얼굴을 보아도 밀 가루를 뒤집어쓰고 있으니 누가 누군지 분간이 가지 않는다. 바로 사람의 모습이 감추어지는 것. 면이라는 한자의 원뜻이 이렇게 풀이되는지 아는 한국 사람이 얼마나 될꼬. 麪^면이 麵^면으로 된 것은 아마도 얼굴에 밀가루를 뒤집어쓰고 있는 모습을 연상한 소산인지도 모르겠다. 그리고 거기서 다시 밀 맥^麥을 빼고 면^面만 남은 것이 바로 간체자다. 밀가루가 얼굴로 둔갑을 한 것이다. 그리고 이런 둔갑술은 한자의 세계에서는 드문 현상이 아니다. 변화하되 전달과정에서 와전된 소산으로 읽어도 된다.

그럼에도 문제가 말끔히 해결되었다고 생각하면 오산이다. 사전을 뒤지면 면은 밀가루로 뜻풀이가 되어 있다. 그런데 우리가 알고 있는 麵^면은 밀가루가 아니라 대강 국수를 가리킨다. 오늘 점심을 밥으로 먹을 거냐 면으로 먹을 거냐고 묻는다면 그때의 면은 빵이 아니라 국수를 지칭한다. 이건 일본에서도 마찬가지이다. 그런데 중국은 다르다. 면식^{麵食}은 국수를 가리킬 수도 있지만 기실 범위가 넓어서 밀가루로 만든 빵이나 만두 류도 포함된다. 그러니 국수류를 딱 지정해서 말하려면 중국어로는 미엔탸오^{麵条}라고 해야 한다. 다시 말해서 정확한 뜻에 가당하게 사용되지 않고 오해와 와전이 이 면이라는 글자의 뒤에 그림자처럼 감추어져 있다는 점을 우선 짚고 나면 '라'라는 글자가 남는다.

라라고? 라는 필시 랍^拉이라는 한자말의 발음이겠다. 일본어로도 '라'고 중국어로도 '라'다. 그런데 면^麵은 중국어로는 미엔이고 일본어로는 멘이다. 라멘(일본어)이라고 발음하거나 라미엔(중국어)이라고 발음하거나 拉面^{랍면}이라는 한자 단어를 자기 나라 말에 맞게 하나로 통일시켜 읽고 있건만, 한국어에서 라면이라는 이름은 '짬뽕'이다. 무슨 말이냐? '라'는 일본어를 그대로 옮긴 것일 테고

면은 한자를 우리말 발음으로 표기한 것이니 한일이 섞여 있다는 진단이 나온다. 한일 언어 짬뽕의 소산이다. 말하자면 우리말 '라면'이라는 단어는, 맥주에 소주를 말아 만든 쏘맥처럼 짬뽕, 유식한 용어를 쓰면 하이브리드된 셈이다.

여기에서 다시, 한자로 랍拉은 무슨 뜻인가 살펴보자. 납치니 피랍이니 하여 별반 느낌이 좋지 않은 단어에 쓰이는데 설마 라면을 납치하거나 라면을 먹다가 피랍된다는 뜻은 아니겠고, 다시 사전을 찾아보니 끌다, 당기다, 견인하다는 풀이가 적혀 있다. 견인하다는 말로 미루어 면발을 늘인다는 뜻으로 풀이하고 나서도 무언가 영 개운치가 않다. 손 수扌 옆에 세울 립立이 켕긴다, 뭘 세운다는 말인가. 하는 수 없이 중국어 사전도 뒤진다. 牽, 引, 扯, 拽 등의 뜻이 병기되어 있다. 앞의 두 글자 견과 인은 합치면 견인이니 한글 사전과 통하고, 셋째 차扯는 나꿔채다 그리고 넷째 예拽는 (신발 따위를) 땅바닥에 끌다는 뜻이다. 도무지 감이 잡히지 않고 복잡하기만 하다. 젠장, 빌어먹을 등의 언사가 입가에 맴돈다. 라면을 알아가는 노릇이 대중적이기는커녕 복잡하고 꼬여 있는 게 아닌가. 이 노릇을 집어치울까 싶기도 하다. 그러다가 몇 달 뒤 다음 문장을 접하게 된 것이었으니, 이른바 화인미식삼대가華人美食三大家의 한 사람으로 꼽히는 양실추梁實秋의 글을 발견한 것이다.

국수라는 것을 누가 안 먹어봤겠는가. 하지만 그 국수에는 엄청난 학문이 숨어 있으니. 북방인들은 밀것을 먹으면서 신면抻麵을 강구해냈다. 신抻은 손으로 면麵을 뽑는다는 뜻으로 그래서 다른 말로는 랍면^{拉麵}이라고도 한다. 기계로 눌러 칼로 써는 국수를 절면^{切麵}이라고 하는데 그것은 비교적 최근의 산물로서 만드는 데는 편리할지 모르지만 맛은 그리 탐탁하지 않은데다가 쫄깃한 맛은 어림없다. 나는 어릴 적부터 북평에 살면서 집에서 늘 밀것을 먹었는데 거의 매 끼니마다 밀것으로 만든 음식이었는데 이 밀것 가운데서도 거개가 국수였다. 한 식구가 열 하고도 몇이었으므로 국수를 조리사 한 사람이 감당하기에는 결코 간단한 노릇이 아니었다. 여름날이면 조리사는 소매를 걷어붙인 채 커다란 밀가루 반죽을 밀어서는 길게 가닥을 지은 다음, (가닥을) 위로 쳐들어 올리면서 동시에 꽈배기 모양으로 꼬아 아래로 축 쳐지도록 늘어뜨린다. 그러고는 다시 양쪽 끝을 손으로 잡고 위 아래로 다시 요동을 치고, 두 팔로 더 이상 늘이기 힘들 때까지 늘이고 나서, 긴 면^麵발을 두 가닥으로, 두 가닥을 다시 늘이면 네 가닥이, 네 가닥이 여덟 가닥으로 쉬지 않고 늘여 적당한 가늘기가 되면 중지한다. 늘이는 과정에서 수시로 테이블 위의 밀가루를 흩뿌려 들러붙지 않게 한다. 이렇게 한번 면발을 늘였다 하면 열 그릇은 너끈하게 뽑아낼 수 있는 것이다. 물이 펄펄 끓어오르고 있는 솥에 국수를 한 움큼 던지듯이 넣고는 곧 다시 두 번째 움큼을 넣을 때쯤이면 대강 먹을 수 있게 된다. 하지만 조리사는 땀으로 범벅이 되어 있다. 내가 주방 문 앞에 서서 조리사의 연기를 구경하다가 이따금씩 놀란 목소리로 찬사를 발하면 조리사는 신이 나서 눈썹을 휘날리며 체조를 하듯이 몸동작 연기를 해 보이는 것이었다. 면발은 너무 부드럽거나 딱딱해서는 안 되고 쇠고기의 쫄깃쫄깃한 부위처럼 되어야 하는데

만일 조리사의 두 팔에 힘이 빠지면 어떻게 하나? 하는 눈으로 보곤 했다.[1]

북평北平은 물론 북경의 다른 이름, 양실추는 국민당 계열의 문학가로 당시 국민당은 남경을 경京, 곧 수도로 삼았으니 북경을 북평이라 부른 것이다. 그는 본시 남방 출신이나 아버지를 따라 북

---

[1] 아래 원문에서 손 수扌가 들어 있는 글자를 주목하자. 손놀림이 그만큼 예술이라는 이야기이다.
面條, 誰沒吃過? 但是其中大有學問. 北方人吃麵講究吃抻麵. 抻, 用手拉的意思, 所以又稱爲拉麵. 用機器軋切的麵日切麵, 那是比較晚近的産品, 然産制方便, 味道不大對勁. 我小時候在北平, 家裏常吃麵, 一頓飯一頓麵是常事, 麵又常常是麵條. 一家十幾口, 麵條由一位廚子供應, 他的本事不小. 在夏天, 他總是赤膊, 拿大塊和好了的麵麴, 揉成一長條, 提起來拧成疏花形, 滴滴溜地轉, 然後執其兩端, 上上 下下地抖, 越抖越長, 兩臂抻展到無可再抻, 就把長長的麵條折成雙股, 雙股再拉, 拉成四股, 四股變成八股, 一直拉下去, 拉到粗細適度爲止. 再拉的過程中不時地在撒了干麵粉的案子上重重地摔, 使粘上干麵, 麵得粘了起來. 這樣的拉一把麵, 可供十碗八碗. 一把麵抻好投在沸滾的鍋里, 馬上抻第二把麵, 如是抻上兩三把, 差不多就够吃的了, 可是廚子累得一頭大汗. 我常站在廚房門口, 參觀廚子表演抻麵, 越夸獎他, 他越抖精神, 眉飛色舞, 如表演體操. 麵和得不軟不硬, 像牛筋似的, 兩胳膊若沒有一把子力氣, 怎行?

평에서 살다가 맛을 들인 것이 바로 국수다. 그리고 위의 묘사는 집안의 조리사가 국수 면발을 뽑는 장면을 그리듯이 묘사한 것. 그런데 정작 중요한 것은 라면이라는 이름 말고도 신면이라고 한다는 기록이다. 위의 장면은 우리가 짜장면 집에서 수타면을 치는 장면 바로 그것이 아닌가. 하지만 라면의 이칭異稱(다른 이름)은 이 신면으로 그치지 않는다. 증거를 대기로 하자.

石毛이시게 : 일본에도 정착되어 있는 라멘은 손으로 가늘고 길게 뽑아내는 '테노베라멘手延ベラーメン'으로 여러 가지 이름이 쓰이고 있습니다. 전면搛麵이라든가 라면拉麵이 그것이겠지요. 이 拉麵이 일본의 라-멘의 어원이라고 생각합니다만.

田中타나까 : 저는 처음에는 라멘이라는 말이 중국어에는 없다고 생각했습니다. 일본어라고 생각해왔죠. 일본에서도 라멘이라는 명칭은 전후에 이르러서야 등장하게 되지요. 그 뒤 자료에 따르면 중국에서 통용되고 있다는 것을 알았습니다만, 그러나 산동성 산서성 등에서 쓰이는 것은 20세기에 접어들면서입니다. 그 이전에는 어디에 있었는지 모릅니다.

石毛 : 언제부터 그런 면麵 만들기의 조건이 갖추어졌습니까?

田中 : 밀은 2000년 전부터 대량으로 재배되고 있었으며, 회전식 맷돌은 전한前漢 시대부터 있었습니다. 질그릇으로 만든 기구는 6000년 전 앙소문화仰素文化 유적에서도 대량으로 출토되고 있으며, 오래된 자료로는 한나라 기록에 보이는 것으로 보아 전한前漢 시대에는 제면制麵의 기본조건이 갖추어졌다고 생각합니다. 이들 조건

가운데서 중요한 것은 물이지요. 중국의 식문화를 고찰하자면 물이라는 문제를 본격적으로 생각할 필요가 있다고 생각합니다.

田中 : 중국은 땅이 넓은 나라입니다. 서북부에서 동북부, 곧 몽골에서 옛 만주지역에 걸쳐서 대단히 강한 알칼리성 토양지대인데 남쪽은 거꾸로 산성의 토양지대입니다. 저도 몇 번 가보았습니다만, 만주 인근의 몽골 지방에서는 열흘 내지 보름 정도 건조가 계속되면 지표가 새하얗게 되더군요.

石毛 : 땅속 알칼리가 모세관 현상을 통해 지표로 나오면서 건조되어 흰 결정이 되는 것이겠군요.

田中 : 이런 알칼리성이 강한 물이 중국의 식문화에 상당히 커다란 영향을 미쳤다고 생각합니다. 이 점은 물론 면麵과도 연관이 있습니다. 라멘을 만들 때 쓰는 견수梘水라는 것은 완전한 알칼리성의 물인 것이지요. 만두를 만들 때에도 발효한 반죽에 이 견수梘水를 첨가하여 중화시킵니다. (…중략…)

石毛 : 견수梘水를 넣으면 어떤 효과가 발생합니까?

田中 : 우선 혀로 느끼는 촉감이 매끄러워지죠. 알칼리가 단백질에 작용함으로써 밀가루의 색이 한 순간에 담황색을 띠게 됩니다. 거기에다가 탄력성이 크게 생겨납니다.

石毛 : 만두의 경우는 발효되면서 산성이 강해진 상태를 견수梘水로 중화한다고 할 수 있겠습니다.

田中 : 잘 아시는 바와 같이, 만두를 만들 때는 먼저 빚던 만두 반죽을 조금 남겨 두었다가 그걸 밑반죽으로 삼아 다시 빚어 만들어내는 것입니다. 이걸 두고 노면老麵이라고 합니다만, 그 내용물은 다

량의 효모와 소량의 유산균으로 이루어져 있습니다. 발효한 상태로는 시큼하기 때문에 칸스이^{梘水}(현지에서는 '검^{鹼}'이라는 알칼리를 사용하여 중화한 다음 찌는 것이지요. 그렇게 하면 시큼한 맛이 사라지면서 담황색을 띱니다. 노면^{老麵}을 사용한 만두는 떼어내면 이스트를 사용한 것과는 다른 노면^{老麵} 발효 특유의 중국 만두 향이 나옵니다. 중국인들의 기호에 맞는 맛이지요. 그러나 북경반점에서도 노면^{老麵} 대신 이스트를 사용하는 것으로 알고 있습니다. 북경의 유명한 풍택원^{豊澤園}의 만두는 오래 전부터 쓰던 '칸스이^{梘水}'를 사용하고 있고요.

—安藤百福 監修, 《文化麵類學 麵談》, (東京 : フディアム・コミュニケーション 1994) 15~16쪽

   독자가 읽기에 제법 길지만 읽는 수고를 아끼지 말라는 강요를 나도 모르게 한 셈이다. 이 글이 실린 책의 제목은 이름하여 《문화면류학》. 문화인류학을 패러디하여 인^{人} 대신 면^{麵}을 썼으니 모름지기 인간이 인간답게 살려면 국수(면)를 먹어야 한다는 건가. 얄궂은 대목이 아닐 수 없다. 등장하는 두 인물 가운데 이시게 나오미치^{石毛直道}라는 이름은 일찍이 국내에서 방영되어 세인의 주목을 끈 바 있는 다큐멘터리 《누들로드》에서 마지막 장면에 자문으로 이름을 올린 일본인 학자다. 그리고 그 대화 상대는 1930년대 만주국 시절부터 중국의 음식을 연구한 원로 중국학 연구자. 문화인류학이 본디 제국주의 학문이었다는 사실을 알면 다나까가 만주에서 뭘 연구했는지 이해에 도움이 될 것이다.

　이들 두 사람이 나누는 대화 가운데 먼저 짚을 것은 라멘^{拉麵}과 더불어 전면^{搣麵} 혹은 '테노베라멘^{手延ベラーメン}' 등의 이름이 사용되다가 '라-멘'이라는 이름으로 통일되었다는 점이다. 그것은 위 《문화면류학》이라는 책의 감수 역할을 맡은 중국 출신 화교 안도 모모후쿠가 일본에서 인스턴트 라멘을 발명하고 나서 한참 뒤의 일일 것이다.
　그런데 위의 긴 인용부를 인용한 이유는 또 있으니 그것은 두 사람의 대화 마지막에 등장하는 금시 아니 당시초문의 '칸스이^{梘水}'라는 말에 눈길이 꼽힌 때문이다. 말하자면 라멘을 라면답게 하는 결정적인 단서로 추정할 수 있는 단어이다.
　나는 탐정이라도 된듯한 기분이 일순간 들었다. 이놈을 사로잡으면 라멘의 정체를 알 수 있을 테고 따라서 라면이라는 범인을 잡을 길이 열리지 않겠는가. 그렇다면 여기서 짜장면도 혹시?

왜 이런 의문부호를 던지는가. 우선 라면이라는 국수류의 때깔과 짜장면의 때깔이 같기 때문이다. 라면이라는 인스턴트 음식의 대부분의 면 색깔은 노르스름하다. 짜장과 함께 비비기 전의 짜장면 면 색깔을 한번 떠올려보시라. 짜장면의 색깔도 잔치국수로 말아먹는 소면이나 칼국수와는 빛깔이 다르다. 라면에 칸스이라는 첨가물을 넣어 그렇다면 짜장면에도 혹시 이와 비스무리한 놈을 첨가한 건 아닐까? 여기서 기괴한 물음이 파생된다. 그렇다면 혹시… 짜장면도 라면이 아닌가?

칸스이, 감수^{鹼水}의 정체

예컨대 누군가가 내 앞에 나타나 갑자기 한자를 들이대면서 이 글자가 무슨 뜻이고 뭐라고 읽느냐고 묻는다고 치자. 무수히 많은 한자를 모두 다 아는 것은 절대로 불가능하다. 하여 모른다고 하거나 모르는 눈치를 보이면 상대방은 무슨 중문과 교수가 이것도 몰라 하는 표정을 짓는다. 마치 한글을 못 읽을 수 없듯이, 모든 한자를 죄다 꿰고 알아야 한다는 듯이 말이다.

    그래서 나는 일단 모르는 한자를 접하면 직업의식이 발동하여 사전 뒤지기를 게을리 하지 않는 편이다. 누군가가 무턱대고 한자를 들이대며 이게 무슨 한자인지 추궁하거나 심문할지 모르는 난처한 지경에 빠질 경우를 대비한 까닭이다. 앞서 언급한 인스턴트 라면의 첨가물, 곧 일본어로 칸스이라 하는 한자 단어 견수^{梘水}의

견도 그런 글자이다. 필시 일반인들이 쓰지 않는 벽자임에 틀림없다. 인터넷 전자사전을 뒤지니 견梘은 홈통이란다. 홈통? 그럼 견수는 홈통의 물이라는 뜻일 텐데, 일본의 라멘에는 홈통의 물을 넣는다는 소린가? 예를 들면 빗물이 홈통을 타고 흘러내린다고 할 때 라면에다 그런 빗물을 넣는다는 말인가. 세상에나, 라면이 빗물로 만든 음식이라니. 낮잠 자다가 봉창 두드리는 소리도 아니고 알다가도 모를 노릇이다.

이어서 다시 중국어 사전으로 뒤진다. 홈통 견은 같고 거기에 덧붙여 적혀 있기를, '1.[명사] '筧(jiǎn)'과 같음. 2.[명사][방언] 비누.'란다. 의문이란 놈은 본디 꼬리에 꼬리를 무는 법이던가. 의문은 확장된다. 筧견 자에는 대나무(죽)가 들어 있다. 뒤져보니 대나무로 만든 홈통이란다. 그렇구나. 하지만 대수롭지 않은 설명이다. 라멘을 만드는 데 대나무 홈통에 물을 받아 끓인다는 말은 아무래도 상식적인 설명은 못 된다.

다시 견수梘水를 일본어 사전에서 뒤진다. 중국식 국수를 만들 때에 밀가루에 섞는 탄산칼륨 등의 용액이란다. 그러면 그렇지. 탄산칼륨이라면 화학첨가물 같은 건가? 문제는 여전히 미제다. 사전의 도움만으로는 당장 해결되지 못하니 묻어두는 것. 그러고 나서 제법 시간이 흘렀다.

이삼 년은 좋이 흘렀을 게다. 대학원 수업에서 화교 관계를 다룬답시고 읽은 《여한 30년》이라는 제목의 회고록에서 발견한 한 구절이다.

…밀가루 반죽에 '식소다'를 넣는 것은 끈기 있고 쉽게 쉬지 않게 하기 위해서이다. 호떡뿐 아니라 우동, 짜장면 등 반죽을 손으로 쳐서 만들 때는 반드시 식소다를 넣는다. 초기의 식소다는 겉보기가 양잿물 비슷해서, 밀가루 음식 만드는 법에 익숙하지 않았던 한국인들의 오해를 사기도 했다. 반죽에 양잿물을 넣는다고 소문이 나기도 했고, 심지어는 고발당한 적도 있었다.

6.25 직후 부산에서 음식점을 하던 차지평車志平이란 화교가 있었다. 부산시 중화요리협회 지부장까지 지낸 유지다. 그런데 그가 우동에 양잿물을 넣는다는 혐의로 고발돼 검찰의 심문을 받게 됐다. "우동 밀가루에 양잿물을 섞었지?" 담당검사가 계속 다그쳤다. 차씨는 극구 부인했다. 양잿물 아닌 식소다일 따름이라고 누누이 설명했지만 통하지 않았다. 궁지에 몰린 차씨는 주머니에서 뭔가를 꺼냈다. 식소다 덩어리였다. 차씨는 큼직한 식소다 덩어리를 그 자리에서 버석버석 절반이나 먹어버렸다. 그리고 말했다. "이게 식소다지 무슨 양잿물이요." 차씨는 결국 무혐의로 풀려났지만, 화교들은 아직도 종종 이런 이야기를 나누면 쓴 웃음을 짓곤 한다.

중앙 한 일간지에 연재된 《남기고 싶은 이야기들》이라는 제목의 글에서, 한국 화교협회장을 지낸 진유광 씨가 적은 글이다. 차지평이라는 등장인물이 겪은 식용 소다 사건은 화교 애사哀史의 한 페이지이다. 한국에 사는 중국 화교들의 애환이 어디 한둘이겠는가만 위의 양잿물 사건도 그런 애사 가운데 하나로 물목에 올려둘 만한 사건인 것이다.

그런데 양잿물 혹은 '식소다'라는 것이 호떡은 물론 짜장면, 우동에까지 들어가는 식품첨가물이라는 설명인 셈인데, 이놈의 정체는 도대체 뭔가 하다가 앞서 그 칸스이라는 놈과는 또 무슨 상관이 있는 건가 그러면서 다시 세월이 2,3년 흘렀다. 또 하나의 한자 테스트 자료를 손에 입수하기까지 말이다. 산동사범대에 교환교수로 가 있던 후배 J교수를 만나려고 제남에 들렀더니 이상한 책자를 하나 건네주면서 평소 짜장면의 뿌리를 찾는답시고 떠벌리고 다니는 내가 관심을 가질 법한 글이 제법 있어 보인다고 덧붙인다. 그리고 거기서 발견한 또 하나의 글이 아래와 같은 내용이었으니.

福山拉麵原料

⟨1⟩ 材料

麵粉 100克, 碱麵 7.5克, 食鹽 6克(春秋冬 均不用), 凉水 900克, 溫水 30克

⟨2⟩ 做法

1. 和麵 – 將麵粉放入盆內, 鹽用15克溫水化開, 倒入麵盆, 再加入900克凉水, 從下向上將麵粉交叉和匀, 碱麵用15克溫水化開, 分三次加入, 邊加碱水邊用拳頭軋搗麵團幷折疊, 直到麵團柔潤光滑爲止. 另加一点水, 把麵團齈過來, 蓋上干淨的濕布, 餳30分鐘(也叫醒麵)

2. 溜條 – 將餳好的麵團放在案板上反復揉搓, 加强韌性幷搓成粗長條, 兩手握住兩端, 在案板上反復摔打, 拉抻 抻到120厘米時打扣幷條, 再離開案板, 向兩邊連抻帶, 打扣幷條, 如此反復抻抖, 把麵筋溜順爲止.

3. 出條 – 將溜好的麵條放在案板上, 撒上醭麵, 用手將麵條搓得粗細均匀,

再將麵兩頭合併在左手指縫中, 第2次**打扣**, 手心向上, 兩手同時朝兩邊**抻抖**, 如此反復**抻拉**, 即爲出條. 一般細勻條爲7**扣**, 一窩絲爲9**扣**, 帶子條及韭菜扁是將溜好的條按扁再出條; 孔心條, 三角條等特殊條型也是在溜條時將條子的形狀 預先制好, 然後出條.

4. 下鍋 – 鍋內水燒沸兩手端平麵條, 側身站在鍋前, 將麵稍**抻** 順勢將右手一端的麵放入鍋內, 左手順勢前移, 右手沿左手**指**背面**挿入**, 向上**挑斷**麵條, 就勢**撩**入鍋內, 煮麵條至熟而光亮, 非常筋頭時撈出, 放入冷水盆內過凉, 再按需要分裝盛入碗內, 按個人愛好加入鹵湯卽可.

* 拉麵의 종류 : 帶子條, 燈草皮, 柳葉條, 扁條, 韭菜扁, 綠豆條, 勻條, 細勻條, 一窩絲, 大條, 空心條, 三角條 등 20여 가지

복산랍면이라는 면요리를 만드는 재료와 만드는 법을 적은 글이다. 복산이란 산동성 옌타이시의 옛 이름(이 동네를 다시 한 번 언급할 자리가 있을 것이다)인데, 이 동네 조리협회 소속의 한 조리사가 적은 내용이다. 독자들은 아마 내가 골탕을 먹이기 위해 일부러 이런 이상한 한자투성이 문장을 인용해서 심술을 부린다고 볼멘소리를 할지도 모르겠다. 그러나 어쩌겠는가. 앞서 누차 입 밖에 낸 바, 알고 먹는다는 일은 결코 간단치 않은 대사업인지도 모르니 말이다. 표 나게 굵게 표기한 글자의 공통점은 물론 모두 손 수扌를 부수로 한 글자다. 랍이니 신이니 하는 글자 이외에 모르거나 대강 알거나 하는 한자들이 부지기수까지는 아니더라도 제법 눈에 뜨인다. 호텔로 돌아와 손 수가 들어박힌 한자를 인터넷 사

복산랍면(푸산라미엔)

전을 열어 뜻을 검색한다.

擄 사로잡을 로
撒 뿌릴 살
摔 땅에 버릴 솔
扣 두드릴 구
抖 떨어 흔들다 들어올리다
撩 다스리다

필시 우리말로 수타면을 뽑을 때의 손 혹은 팔 동작을 가리키는 한자들인 게다. 그러고 보니 짜장면의 면 반죽을 길게 손으로 밀어 그 놈을 위로 아래로 오르락내리락 하면서 꼬았다가 다시 합쳤다가 반복하기를, 앞서 양실추가 어린 시절 호기심 어린 눈으로 보던 2의 제곱을 거듭하는 그 장면이 눈앞에 떠오르기도 한다.

그럼에도 여기에도 모르는 한자가 박혀 있다. 碱麵^{감면}이라는 단어에서 면은 국수라 치더라도, 이어서 碱^감이라는 한자를 사전에서 뒤져보니 소금물이라고 적혀 있다. 그런데 이게 간체자라서 번체자로는 鹻. 아아 정말이지 라면, 짜장면은 나를 골탕 먹이기 위해 만들어진 음식인가. 칸스이, 잿물, 식소다 그리고 다시 碱^감이라는 한자들이 마치 사각형으로 나를 포위한 채 비웃고 있지 않은가.

그럴 즈음, 구세주가 나타났으니 그 구세주는 다름 아닌 손덕준 씨다. 이름만 들으면 얼핏 한국사람 이름과 영판 비슷하지만, 화교 출신으로 지금은 인천시 화교협회장이며 나와는 호형호제하는 사이다. 그와 인천에서 그리고 산동을 세 번이나 싸돌아다니면서 비운 고량주 병도 아마 큰병으로 100병은 넘지 싶은, 그런 사이다. 당시 인천문화재단의 대표이사는 최원식 교수로 평소 동아시아 타령에 응원을 하고 있던 이 유모에게 인천문화재단 이사 직함을 준 것이고, 하여 이사회를 하러 인천에 들른 길에 손덕준 씨에게 자초지종을 묻고자 그의 식당이 자리한 차이나타운에 걸음을 한 것이다. 내가 들이민 위의 복산랍면 레시피와 화교애사의 주인공 차지평 씨의 일화를 프린트한 종이쪽지를 들이밀고 도대체 이들이 무슨 상관이냐 물은즉슨 의외로 결판은 싱겁게 나고 말았다.

―아, 그거 있잖아요. 같은 거에요.

'아, 그거 있잖아요'는 그가 말을 꺼내기 위해 늘상 앞에 붙이는 접두어나 마찬가지이다. 같다니 뭐가 같단 말인가. 혹시? 혹시로부터 역시나로 넘어가는 데는 단 1분도 걸리지 않았다.

―이 鹼^{감}이라는 글자가 바로 잿물이란 거예요. 식소다도 같은 거구요.

이럴 수가. 내가 그 동안 끙끙거리며 고민해온 문제를 손바닥 뒤집듯이 아무렇게나 풀어버리다니. 한편으로는 고맙기도 하지만 한편으로는 야속하기도 한 것이 솔직한 심정이었다. 그가 말을 잇는다.

―짜장면 있잖아요. 색깔이 노란 게 바로 그 잿물 덕분이란 말이에요. 내 말 알아들었어요?

그렇구만. 짜장면의 색깔은 아닌 게 아니라 노란색이다. 물론 비비기 전에 말이다. 그리고 그가 다시 말을 잇는다.

―라면도 노랗잖아요? 그것도 이 잿물을 넣어서 그런 거죠 뭐.

그리고 보니 라면의 색깔도 거개가 노란 것이 바로 이 잿물 덕분이라는 말이다. 그렇다면 칸스이라는 것도 마찬가지 동일물인가. 아아, 서로 같은 놈을 두고 세 나라가 각기 다른 이름으로 부르다니. 동아시아, 한중일을 넘나들면서 이런 둔갑술을 부린다면 대관절 누가 그 정체를 알아차리겠는가 말이다. 아아. 탄식이 절로 나오는 거다. 결론적으로 잿물이란 게 뭐란 말이냐.

나노 굵기의 짜장면

라면, 너는 뭐냐, 너의 이름이 정확하게 뭔지 밝혀라. 라면의 정체를 밝히고자 앞서 이야기한 대목을 복습 혹은 바둑 식으로 얘기해서 복기하자면 우선 이름이 '짬뽕'이라는 사실과, 거기에 들어가는 필수 첨가물마저도 그 이름을 한중일 삼국에서 제각기 불러왔다는 점을 겨우 알아차린 셈이다.

이쯤에서 우리가 먹는 '인스턴트 라면拉麵, ラーメン'을 발명한 장본인에 관한 이야기를 할 차례가 된 듯하다. 발명이라는 단어를 쓰고 보니 기이한 생각이 들기도 한다. 왜냐. 예컨대 밥을 발명한 사람이 누구냐고 묻는 게 말이 되는가 말이다. 그럼에도 소니 워크맨 등과 더불어 전후 일본의 10대 상품으로 일컬어지는 이 라멘을 소니 워크맨처럼 발명의 품목으로 지정한 것은 아무래도 특기할 만한 사항일 것이다.

　라면은 대만 출신 화교 안도 모모후쿠安藤百福가 발명했다. 본명은 우바이푸吳百福. 1910년 생, 2008년 작고. 백수에서 약간 빠지는 생애를 누렸다. 박정희가 분식장려를 하던 무렵, 도시락에 잡곡을 섞지 않으면 학교에서 야단을 맞던 그 시절, 일본에서도 이미 분식장려가 정부 차원에서 추진되고 있었다. 두 나라가 공히 미국으로부터 밀가루를 무상원조로 지원받던 시절인 1958년 안도 모모후쿠는 이 밀가루에 착안하여 한 끼 식사로 인스턴트 라멘을 발명한 데 이어 컵라면을 개발하더니 이어서 그 라면을 우주선에서 먹는 끼니로까지 발전시켰다.

　게다가 라면을 발명한 것으로 그치지 않고 라면 박물관을 개관한 일, 거기에 허다한 언어의 개발, 곧 '문화면류학'(물론 문화인류학을 비틀어 국수를 먹는 인간 존재를 밝히는, 다시 말해 호모사피엔스 대신 호모면식인이라고까지 들리기도 한다) 등등에 더해 십 수 권의 저작물을 통해 자신의 음식에 관한 경험과 철학과 소신을 피력한 인물이기도 하다. 말하자면 국내의 음식업을 하는 사업가들에게서는 발견되지 않는 독특한 이력의 소유자인 셈이다.

　미담은 이걸로 그치지 않는다. 일례로 인스턴트 라멘이 처음 개발되자 유사품과 조악품이 출몰했다. 안도 씨는 당연히 처음에는 상표와 특허를 지키기 위해 동분서주했다. 그러던 어느 날 문득 '닛신日淸식품이 특허를 독점하여 들판에 한 그루 삼나무처럼 서서 영예를 누리기보다는 커다란 삼림이 되어 함께 발전하는 편이 좋겠다'는 유명한 말을 남기고 일본라멘공업협회를 설립해 특

안도 모모후쿠

허권을 공개 양도했다는 것이다. 그뿐인가. 간사이^{關西} 주부협회 회장의 말을 듣고 업계 최초로 제조연월일 표시를 시작하면서 품질 유지와 향상에 힘을 기울였다니. 이런 정도라면 비즈니스를 넘어 일반인의 존경을 받을 만한 인물로 추앙받는 것도 무리는 아닌 듯싶다. 일본 정부가 훈등을 수여한 것도 고개가 끄덕여지는 것은 근자에 우리나라 프랜차이즈 음식장사치들의 이른바 갑질 작태를 보면서 드는 생각인 게다. 《안등백복어록^{安藤百福語錄}》이라는 책의 제목을 보면서 그 어록을 《안등백복^{安藤百福} 식론어록^{食論語錄}》이라고 바꿔치기를 해보는 것은 뒤 네 글자 가운데서 식과 록을 빼면 공자가 남긴 《논어》의 제목과 같은 데서 착상한 것이다.

그런데 내가 그를 인간의 먹을거리 분야에서 일가를 이루지 않았는가 하고 특별 대접해서 주목하는 이유는 그가 남긴 제법 많은 저작들도 그렇지만, 다음과 같은 구절을 읽고 난 뒤이다.

"두고두고 생각해보아도, 곡물의 가루를 선線으로 가공한다고 하는 기술은, 통상의 발상은 아니다. 즉석면을 개발한 이래, 지금껏 면의 세계에 살고 있지만, 나는 지금도 이 생각을 품고 살아가고 있다. (…) 면의 시조에는 상당한 기술이 응축되어 있다. 밀가루를 비단으로 만든 체를 통해 거를 때의 섬세함, 고기 국물로 밀가루를 반죽하는 맛에 대한 배려. 그리고 물속에서 국수가닥을 뽑아내는 공부에 이르기까지에는 커다란 시행착오가 있었으리라 추측된다."

마지막 문장에서 물속에서 국수가닥을 뽑아낸 면을 가리켜 수인면水引面이라 하거니와(이 장면은 다큐멘터리 《누들 로드》에서 일본인 요리연구자 오무라의 손을 통해 시연된 바 있다) 이런 기술적인 진화과정에 대해서 그리고 면의 역사에 대해서 그 지식과 정보에 대해 두루 꿰고 있는 건 그렇다 치고, 내게 울림을 준 것은 제일 첫 문장이다. 라면을 개발한 이래 하루도 거르지 않고 매일 한 끼 라면을 먹으면서 선線이라는 한 글자의 의미를 곱새기고 있었기 때문이다.

인스턴트 라면 자체가 아니라 바로 선이라는 사실에 주목한 것으로부터 나는 뭐랄까 그이가 모종의 형이상학을 추구하고 있는 듯한 느낌을 받았다. 말하자면 노자 도덕경에서 "도라고 말할 수 있는 건 늘상 도가 되는 게 아니고, 이름으로 부를 수 있는 건 늘상 같은 이름이 되지 못한다"(道可道 非常道 名可名 非常名)는 말을 떠올리면서 문득 "면이라는 놈은 선이요 선인즉슨 길어지나니"(面卽

線 線卽長)라는 문구를 만들고 싶은 충동에 사로잡히는 것이다.

여기서 문득 짜장면 한 그릇의 면발의 길이는 과연 얼마나 될까 하는 질문이 불현듯이 떠오르며, 앞서 읽은 바 있는 양실추의 〈국수[面條]〉 가운데 다음 구절을 복습하게 만드는 것이다.

여름날이면 조리사는 소매를 걷어붙인 채 커다란 밀가루 반죽을 밀어서는 길게 가닥을 지은 다음, (가닥을) 위로 쳐들어 올리면서 동시에 꽈배기 모양으로 꼬아 아래로 축 처지도록 늘어뜨린다. 그러고는 양쪽 끝을 손으로 잡고 위 아래로 다시 요동을 치고, 두 팔로 더 이상 늘이기 힘들 때까지 늘이고 나서, 긴 면발을 두 가닥으로, 두 가닥을 다시 늘이면 네 가닥이, 네 가닥이 여덟 가닥으로 쉬지 않고 늘여 적당한 가늘기가 되면 중지한다. 늘이는 과정에서 수시로 테이블 위의 밀가루를 흩뿌려 들러붙지 않게 한다. 이렇게 한번 면발을 늘였다 하면 열 그릇은 너끈하게 뽑아낼 수 있는 것이다.

짜장면 열 그릇에 해당하는 면을 뽑는 장면을 실황으로 그린 것이다. 요리사의 모습이 어른거리는 그림이다. 그런데 정작 내가 먼저 주목하고자 하는 건 속도, 곧 면을 뽑는 시간이다. 반죽해서 발효한 밀가루 뭉치가 있다 치자. 그 놈을 칼로 썰라치면(다시 말해 절면切面을 하자면) 우선 밀가루 반죽을 홍두깨로 넓적하고 평평하게 밀어야 한다. 그러고는 그 놈을 포개 접어야 한다. 이어서 한 손으로 칼을 쥐고 다른 한 손으로는 가닥의 굵기를 재가면서 움직이며 써는 것이 바로 절면[칼국수]이다.

반면 밀가루 반죽을 길이 1미터 정도로 늘이고는 이어서 반죽을 아래로 던지듯이 떨어뜨린 다음 그 탄력의 반동으로 위아래로 들어 올리고 내려뜨리기를 몇 차례 하다가는 다시 위로 휙 하니 끌어올리는 동시에 왼팔과 오른팔을 순식간에 자리를 바꾸면서 한 바퀴 꼰다. 말하자면 "하나에서 둘로^{分爲二}, 둘이 다시 하나로^{合二爲一}"라는 문구가 열 차례쯤 반복된다. 그런데 그 밀가루 반죽은 그냥 반죽이 아니라 겉면에 기름을 손으로 칠한 다음의 반죽이다. 말하자면 그렇게 둘이자 하나인 과정을 반복하는 동안 반죽은 二와 一이라는 숫자를 반복하면서 얇은 기름막이 입혀진다.
　이 동작을 열 차례 정도 반복한 다음 다시 하나가 된 반죽에 밀가루를 솔솔 뿌리고 나서 면의 가닥을 나누는 과정이 이어진다. 그때부터 위 양실추가 언급한 두 가닥에서 네 가닥 다시 여덟 가닥 하면서 2의 제곱이 거듭되는 것이다.
　보통 짜장면의 면발 굵기라면 10회 내외, 그리고 거기서 두 번 더 가닥을 만들면 그게 기스면이 된다. 그런데 그걸로 그치지 않는다. 과연 도대체 대관절 그 면발은 얼마나 가늘게 그리고 길게 늘일 수 있는가 하는 한계에 도전하는 실험을 인간이라면 도전해 보고 싶은 걸까. 그건 철에 따라 다르다. 여름이면 면이 견디지 못하고 12회에서 그치지만, 겨울이면 한 번을 더 늘일 수 있다는 것이 다큐멘터리 《누들 로드》의 자문을 맡은 이시게 나오미치^{石毛直道} 교수의 설명이다.
　그렇게 가늘기의 한계치에 도달한 면을 일컬어 龍鬚面^{용수면}이라 하거니와 뜻을 풀면 용의 수염이다. 그런데 이 용수면은 뜨거

용수면

운 물에 삶을 경우 면 가닥이 물에 녹고 만다. 가늘게 뽑기 실험을 한 것까지는 좋은데 이렇게 녹으면 도로아미타불이 아닌가. 하지만 방법이 없지 않다. 그게 뭐냐. 바로 기름에 튀기는 거다. 그래서 그 가는 가닥을 유지한다. 끓는 기름에 집어넣자마자 바로 들어 올리면 그 가는 굵기가 유지되는 것, 그런데 그걸로 그치지 않는다. 거기에 설탕가루를 살살 뿌려야 한다. 그 다음 황제의 후식으로 식탁에 오르는 것. 치아가 성치 못한 황제의 입에 들어오는 순간 바스러지는 소리와 함께 달달하면서 바삭거리는 후식을 씹으면서 이빨은 별 저항감을 느끼지 않아도 되는 것.

여기서 다시 퀴즈 하나. 그렇게 두 개의 공정, 곧 가닥을 짓기 이전 둘이다가 하나를 열 번 반복하고 나서 다시 가닥을 짓기 위해 열 번을 꼬았다면 도합 2의 20제곱이 되면서 이 숫자를 계산하면 얼마나 될까. 계산해보니 얼추 나노 굵기에 도달한다. 우리가 먹는 짜장면이 다름 아닌 나노 짜장면인 셈이다.

그럼 그 길이는 얼마일까? 짜장면 한 그릇에 담긴 면발의 길이는 지구를 한 바퀴 도는 정도까지는 아니어도 산동을 열 번도 넘게 오고갈 수가 있다는 계산이 나온다. 정녕코 의심스러우면 계산기를 두들겨 보시라 할밖에. 안도 모모후쿠가 이야기한 면의 선에 감추어진 사연이 이 정도라는 사실이야말로 면의 형이상학으로부터 파생된 면의 형이하학인가.

그럼에도 불구하고 안도 씨가 일가를 이루었다고 보는 이유가 여기에 그친다면 곤란하다. 한 가지 사실을 더 보태야 완성되는 것이다. 그것은 그가 남긴 여러 저작 가운데 《라멘의 뿌리를 찾아서》를 통해 라멘의 발상지를 짚었다는 점이다. 그가 탐색하여 뒤져낸 라멘의 발상지는 다름 아닌 복산^{福山}, 곧 지금의 황해 바다 건너편의 옌타이다. 그런데 안도 씨는 재한 화교의 90퍼센트를 접하는 그 지방, 곧 교동^{膠東} 지방의 중심지인 옌타이를 발상지로 꼽은 이유와 근거에 대해서는 침묵하고 있다.

아아, 그 이유를 밝혀내야 직성^{直星}이 풀릴 텐데 하면서 지난 십년 세월 나는 그 퀴즈를 풀기 위해 옌타이라는 도시를 적어도 대여섯 차례는 넘게 싸돌아다니면서 배회해왔으니. 이게 나타나면 이건가 저게 나타나면 저건가, 긴가민가하면서 말이다.

2장

세기말 동아시아의 판도

공화춘 상호에 얽힌
화교 네트워크 점묘화^{點描畵}

최근 인천에 걸음을 하는 경우는 대개 화교 손덕준 형을 만나 고량주 한잔을 하기 위해서이다. 이따금씩 전화를 걸어 "요새 바빠요? 안 바쁘면 고량주 한잔 하러 오세요."하고 꼬드기면 늘 넘어간다. 지하철 1호선 종점, 요즘은 수인선이 연결되어 수원까지 이어지지만, 예전에는 종점인 그곳에서 내려 그가 산동성 정부로부터 협찬을 받아 세운 패루^{牌樓}—이 패루의 제자^{題字}를 맡은 쑨소우부^{孫守簿}씨는 한때 웨이하이시의 간부관리였으나 나중에는 산동성 부성장까지 오른 인물. 손수부^{孫守簿} 씨와 손덕준 씨는 산동성 출신의 병법가인 손자의 후예로 손문과도 같은 종씨라 호형호제하는 사이다—를 지나 언덕길을 올라가면서 손씨가 운영하는 '자금성'에 도착하기 전에 들르는 곳이 있다. 다름 아닌 공화춘^{共和春}의 옛

인천 차이나타운의 짜장면박물관

터에 건립한 짜장면박물관이다.

   공화춘이라는 작명은 다분히 정치적인 색채를 띤 이름이다. 공화국의 새봄을 알리는 상호인 게다. 공화라는 발상은 일찍이 주나라 시절에 이루어진 것이지만 영어로 republic이라는 정치체제를 동방의 한자어로 번역한 소산. 그리고 이 이름을 제대로 살피자면 아래의 문장을 읽는 것으로부터 출발하는 편이 그럴 듯하다.

   당시 공화춘이라고 이름을 바꾼 것은 청나라가 중화민국으로 바뀌던 역사적 사건과 관련이 깊어요. 그때 중화민국으로 바뀌면서 아시아 최초로 공화국이 됐으니 매우 기쁜 일이며 '봄'이란 한 해의 시작이고 청춘의 활기와 희망을 담고 있으니 '공화춘共和春'이란 이름으로 바꾸자고 했던 거죠. 그때가 1월 15일이었어요.

당시라는 시점은 1912년, 곧 중화민국이 출범한 해를 가리킨다. 그리고 1월 15일은 아마도 음력이라야 춘이라는 시점에 들어맞는다. 춘절, 곧 중국의 설을 가리키는 명절에 때를 맞추어 지금 그 자리에 공화춘이라는 작명으로 음식점을 차린 것. 나는 손덕준으로부터 손수부를 거쳐 손문으로 이어졌다가 손빈(손자)으로 이어지는 긴 족보의 매트릭스를 떠올려본다.

여기서 손문이라는 이름은 특별하다. 왜냐? 화교와 직결되는 이름이기 때문이다. 신해혁명의 주역 손문은 화교의 힘을 톡톡히 빌었다. 아니 그 자신이 화교로 처신하기도 했다. 손문은 12세 당시 장형이 거주하고 있던 호놀룰루로 건너간 이래 일생에서 절반을 화교 사회에서 활동한 인물로 손문과 화교의 관계를 가리켜 '물고기와 물의 관계'라는 표현을 쓰기도 한다. 이밖에도 "화교는 (신해)혁명의 모친(華僑是革命的母親)이니, 화교는 사상의 개화가 일찍 이루어져 우리 당(국민당)의 선두주자이며 따라서 그들의 혁명도 역시 선두주자로 꼽아야 한다."(華僑的思想開通較早, 明白我黨主義在先, 所以他們的革命也是在先)라는 손문의 발언을 떠올려야 하는 까닭이다.

이를테면 '흥중회興中會'의 멤버 중 신원 조사가 가능한 325명 가운데 화교와 화교 거주지의 입회자가 점하는 비중은 70%에 이르는 정도'라는 수치는 이를 웅변으로 설명해주고 있다. 이 수치로도 부족하다 싶으면, 1911년 4월에 일어난 황화강의 봉기에서 발생한 희생자 86명 가운데 29명이 남양(남양으로 이주해간 쿨리들을 다룬 드라마가 《하남양》이다. 남양은 지금의 동남아 일대를 가리킨

다) 일대의 화교였다는 사실을 보태도 된다. 공화춘의 창업은 중화민국이라는 공화국의 건립으로부터 다시 손문을 거쳐 신해혁명과 연결되는 화교 세력이 결절점으로 이어져 있다는 추정을 증명하는 것은 단지 짜장면을 만든 한 중국 음식점이 인천에 창업했다는 점과 달리 제법 대접할 만한 역사 속의 사건이 될 수도 있다.

이 대목에서 짚어야 할 것이 바로 신해혁명을 전후한 시기, 공화춘의 1대 창업자 우희광 씨의 고향인 모평 혹은 복산 일대의 상황이다. 옌타이^{烟臺}에서 최초로 신해혁명의 무장봉기 움직임이 나타난 것은 1911년 9월 2일. 구미 영사관이 몰려 있는 서마로에서 광복회 회원들이 총을 발사하고 불을 지르는 것을 신호로 해방영^{海防營}을 공격하여 성을 탈취하는 데 성공하자, 옌타이의 해관을 책임지는 해관도^{海關道} 서세광^{徐世光}이 백기를 들고 투항했다. 이후 11월 12일 손문이 이끄는 중국동맹회 산동성 분회의 조직 아래에 옌타이에서 무장봉기가 완전한 성공을 거두어 청조의 잔존 세력이 투항하면서 13일 옌타이에 산동 군정부가 수립되는데, 비록 하루 차이이기는 하지만, 이 시점은 산동성의 성회인 제남에서 산동군 정부가 수립된 14일보다 하루가 더 빠른 시점이다.

주목할 것은 산동성 전체 가운데서 신해혁명의 불길이 가장 먼저 타오른 곳이 바로 옌타이였다는 사실이다. 일찍이 1905년 손문은 신해혁명의 전망을 담은 《중국동맹회총장^{中國同盟會總章}》에서 옌타이를 산동의 혁명근거지로 지정하면서 근거지로서의 지리적 범위를 산동에 국한한 것이 아니라, 옌타이를 화북^{華北}과 동북^{東北}의 신해혁명 근거지로 지목했다. 1905년이라는 시점은 뒤에 다시 언급할 기회가 있을 테지만, 옌타이의 전성기에 해당되는 시점으로 중국의 남북 연안, 다시 말해 광동과 복건 상해로부터 우장牛莊과 대련大連을 잇는 중간 기착항이었다는 사실, 아울러 산동을 위시한 중국 북부 지방의 최초 개항장[1]이었다는 점에 더하여 상해로부터 인천을 거쳐 나가사키, 고베神戶로 이어지는 국제 해운 항로의 중간 기착점이었다는 점도 덧붙여야 한다.

    손문이 화교를 가리켜 혁명의 어머니라고 일컬었다면 중국 국내의 봉기에 더하여 해외로부터 국내로 압박해 들어가는 구도를 쉽사리 떠올리게 될 것이고, 거기서 고베와 나가사키에 기반을 둔 화교 세력과 다시 인천을 거쳐 옌타이로 이어지는 네트워크가 그려지는 것이다. 말하자면 공화춘이라는 작명 역시 바로 이 광동, 복건, 상해, 옌타이, 인천, 나가사키, 고베로 이어지는 동북아 일대의 화교 네트워크 위에 얹혀진 사안으로 대접해야 하는 것이다.

    여기서 또 한 가지 짚어야 할 것은 앞서 언급한 화교 해상 네트워크 위에서 화교가 거주하던 일본 쪽의 움직임이다. 1911년 10월 10일 호북성 무창에서 최초의 봉기가 일어나고 뒤이어 11월 27일에는 남경이 함락되고 나서 12월 10일에 이르러 나가사키 화교들은 혁명승리를 축하하는 제등행렬을 벌인다. 나가사키에서 발간되던 《東洋日の出新聞토요히노데신붕》에 따르면 행렬에 참여한 인원은 나가사키 시민을 포함하여 1200여 명에 이르렀다. 나가사키 거주 화교는 거의 모두가 참가했으며, 그 행렬은 '光復大漢광복대한', '共和政體

---

[1] 《노채지향》 복산 32쪽

^{공화정체}'를 적은 등불을 선두로 화교 음악대, 보병의 복식을 한 대열, 간호부와 대포와 군함 모형을 앞세운 채 나가사키 거리를 누볐다고 한다.

화교가 밀집한 지역인 신지나 광마장의 화교 가옥이나 상점에도 2200개의 등롱^{燈籠}이 매달려 있었으며, 나가사키에서 부족한 등불은 이웃 하카다^{博多}와 사가^{佐賀}에서 조달될 정도였다. 나가사키 중화상무총회는 단발을 결의하고 단체로 변발을 자르는 의식을 행했다는 소식을 전하고 있다. 1912년 1월 1일 남경에서 중화민국 정부가 탄생하고 손문이 임시대총통에 취임한 다음 달 춘절을 맞아서는 신지와 광마장, 대포 등 화교 거주 지역에서는 신국기인 오색기가 게양되면서 나가사키 중국 영사관에서도 중화민국의 오색기가 게양되었다는 것이다.

말하자면 청조가 물러나고 중화민국이 수립되던 당시의 열기는 적어도 중국의 북방에서보다 해외에서 더욱 고조되고 있었다. 특히 나가사키라는 도시는 일본의 개항 이전인 16, 7세기를 전후한 무렵부터 이른바 중국인들이 당인옥부^{唐人屋敷}라는 거주지를 운영하던 도시라는 점, 손문이 도합 아홉 차례나 방문한 도시이기도 하다는 점, 인천에 거주하던 일본인의 출신지를 따지면 나가사키를 포함한 규슈 출신이 혼슈보다 월등한 다수를 점하고 있었다는 점, 아울러 앞서 언급한 바 있듯이 나가사키와 인천은 정기적인 연락선의 왕래를 통해 이른바 해상 네트워크로 연결되어 있었다는 점, 대불호텔을 지은 호리 히사다로 호리 리끼다로 부자 역시 나가사키 출신이었다는 점, 나아가 1896년에 인천에 사무소를

1900년 무렵의 나가사키 사해루

낸 홈링거 상회도 본점을 나가사키에 둔 회사였다는 점 등도 당시 공화춘과 인천 그리고 화교 세력이 짠 해상 네트워크의 외관을 구성하는 배경 그림이 될것이다.

 그것으로도 모자라면 나가사키 짬뽕의 원조인 사해루^{四海樓}가 나가사키의 신치^{新地}에서 창업한 해가 1895년이라는 점, 따라서 공화춘의 창업보다 적어도 17년을 앞선다는 점, 시카이로^{四海樓}는 손문이 나가사키를 방문했을 때, 나가사키의 화교들 및 나가사키 지방정부 관계자, 미쓰비시^{三菱} 조선소 직원들 회식 자리의 상차림을 맡은 바 있다는 점, 四海樓^{시카이로}의 사해^{四海}라는 발상이 화교의 번역어인 overseas라는 단어와 쉽사리 매칭이 가능하다는 점, 아울러 웨이하이시의 백년 노자호인 사해면장^{四海麵醬}의 사해^{四海}라는 이름도 어쩌면 바로 이 화교 네트워크 위에 얹힌 작명인지도 모른다는 점이 점점이 연결되기도 하는 것이다.

신해혁명을 전후한 나가사키의 사정이 대체로 이러했다면 인천으로부터 나가사키를 거쳐 다시 이어지는 또 하나의 화교 거주지인 고베의 경우도 예외는 아니다. 1911년 10월 10일의 무창기의武昌起義가 발발한 지 달포를 넘긴 11월 중순에 이르면서 고베의 영사부에 걸려 있던 청조의 황룡기가 내려오는 이외에 고베의 영사가 자진하여 변발을 자르는 등 화교 사회는 급속하게 혁명 지지로 기울어지고 있었다. 11월 26일에는 700여 명의 화교가 집결하여 중화총상회를 모체로 하는 고베의 혁명지지단체인 중화민국교상통일연합회가 결성됨으로써 청조와 일선을 긋는 변신이 이루어지기도 했다. 이듬해로 접어들어 2월 15일에는 민국의 통일을 축원하고 '공화만세'를 기원하는 축전을 남경 정부에 타전하는 동시에 24일에는 제등행렬도 이루어졌다.

여기서 이채를 발하는 것이 바로 옌타이의 유상 쌍성태汉盛泰이다. 의창, 천성잔, 순성, 쌍성태, 항무, 홍태, 협무, 복태 등 팔대 상가가 주축이 되어 발족한 자발적 상인회로 1906년 총상회를 거쳐 1910년에는 상무회로 개칭한 옌타이의 상인조합에 이름을 올리고 있는 쌍성태가 인천과 고베에 분호를 설치하고 있다는 점은 특기할 만한 것이다. 다시 말해 고베-인천-옌타이로 이어지는 화교 해상 네트워크인 셈인데, 이들 산동의 상인들이 북방공소北方公所라 하여 광둥빵廣東幇 삼강빵三江幇 등과는 달리 독자적으로 별도의 자체 상인 조직을 결성하고 이어서 고베 화교 거주지에 공소公所 빌

딩을 구입한 것이 1897년²의 일이었다는 점, 아울러 나가사키의 사해루^{四海樓}가 개업을 한 것이 1895년이었다는 점, 고베에서도 중국 찬관 'ヒンポウロウ^{品芳樓}'가 개업한 것이 1894년이었다는 점 등등 이러한 화교 해상 네트워크를 통해 신해혁명의 기운이 인천으로 자연스럽게 전파되었다고 본다면…

이 대목에서 살필 것은 이들 해상 네트워크를 가능하게 한 해로의 개통이다. 《인천부사^{仁川府史}》는 그 무렵 인천을 오가던 정기 항운을 다음과 같이 적고 있다.

(1) 고베-마세키-나가사키-이즈시마-츠시마-부산-인천-지불-우장(정기선, 오와리마루)
(2) 고베-마세키-나가사키-츠시마-부산-인천-지불-천진(정기선, 겡카이마루)
(3) 상해-지부-천진-인천-나가사키-부산-원산-포석사덕(정기선, 사츠마마루)
(4) 오사카-고베-마세키-인천(직항임시선, 토시마마루, 이세마루)

1891년 9월경까지 인천을 왕래하는 해운편의 항해 회수는 매월 고작, 2회였으나 1893년에 이르면서 인천과 일본을 왕복 운항

---

2 1910년도의 북방공소 회원 명부에서 가장 상단에 이름을 올리고 있는 것이 바로 동순태^{東順泰} (中華會館 編《落地生根 - 神戶華僑と神阪中華會館の百年》硏文出版 2000 東京 123쪽의 도표 참조. 물론 이 동순태는 한국의 광동 출신 화상 담걸생^{譚傑生}의 동순태^{同順泰}와는 다른 화상이다)인데 이 동순태의 노관 총양필은 훗날 귀국하여 북방 최초로 성냥공장인 진업^{振業}을 개업한다. 진업은 산동의 노자호 가운데 서부상과 더불어 하나로 손꼽힌다. 총양필은 봉래 출신이다. 진업에 관해서는 李平生《山東老字號》山東文藝出版社 2004 濟南 141~150쪽을 볼 것.

인천 제물포의 일본 조계지

하던 일본우선주식회사의 인천항 항로는 매월 정기선 3차례 그리고 임시선 1차례로 증대된다. 또 한 가지 주목할 것은 일본우선주식회사[3]로, 호리 히사타로^{堀久太郎} 호리 리끼타로^{堀力太郎} 부자가 운영하던 호리 상조^{商漕}가 일본우선주식회사의 대리점을 인수 운영하고 있었다는 점, 그리고 호리 부자는 이미 대불호텔 이외에 조선의 강운^{江運}(강을 통한 운송) 및 연안 해운을 거의 독점하다시피 한 조선 강운업계의 굴지의 사업가[4]였다는 점, 일본우선주식회사는 미쓰비시^{三菱} 재벌이 국가로부터 불하받아 운영한 해운회사라

3 일본우선주식회사 건물은 목하 대불호텔 구지^{舊址} 바로 앞에 새로이 리모델링하여 일반인의 관람을 받고 있는 중이다.
4 호리 부자의 조선 반도 항운에 관해서는 인천문화발전연구원 부설 개항문화연구소 번역 인천부사(1883~1933) 2004 인천 798~800p 참조.

는 점, 미쓰비시가 일본우선주식회사를 불하받게 된 데는 나가사키에 일본 최초로 제철소 및 조선소를 설립한 이력이 작용했다는 점, 그리고 나가사키 조선소 건립에는 영국인 토마스 글로버의 힘이 컸으며, 토마스 글로버와 일본인 부인 사이에서 태어난 딸 하나 글로버[5]는 베네트와 결혼하여 토마스 글로버가 경영하던 일본의 홈링거 상회Homle Ringer & Co.의 인천 지사를 맡게 되면서 인천에 거주하다가 인천에서 세상을 떠나 인천의 외국인 묘지에 묻혀 있다는 점, 미쓰비시 재벌이 세운 조선소는 훗날 일본 해군의 군함 건조기지가 되어 그곳에서 일본 해군의 전함 무사시武蔵를 건조했다는 점[6], 미군이 나가사키에 원폭을 투하한 것도 바로 이 해군 건조기지를 목표를 한 것이었다는 점은 사족에 속할지 모른다.

이 대목에서 1912년 혹은 1913년 공화국의 봄이 도래했다는 뜻으로 산동 출신 화교 우희광의 공화춘 작명 역시 이런 움직임, 다시 말해 일본우선주식회사의 연락선으로 연결된 이른바 화교 네트워크 위에서 이루어진 결정이라고 본다면…

그런데 여기까지 적고 나서 아니 자백을 하나 해야겠다. 이 내용들은 명색이 대부분 나의 이른바 '학술논문'에서 그대로 따온 것임을 밝히자는 것이다. 내용이 대부분 역사적 사실에다 이웃 나라

---

5 글로버 가문과 미쓰비시 재벌의 관계 및 하나 글로버에 대해서는 Brian Burke Gaffney 平幸雪 譯 グロバー家の人人 花と霜 長崎문헌사 平成 15년 長崎 참조.
6 長崎の原爆遺構記錄する會編 原爆遺構長崎の記憶 海島社 1993 福岡. 미쓰비시중공업 나가사키 조선소 사료관에는 '세계 제일이라고 하는 전함 무사시武蔵를 건조한 곳'이라는 설명과 더불어 '1944년 나가사키 조선소가 해군의 계획조선체제를 강화하면서 자재 결핍에도 불구하고 건함의 건조를 비약적으로 증가시키고 있었다. 1944년에는 생산이 피크에 이르면서 폭탄을 적재한 목조의 소형고속정, 이른바 특공병기의 건조에도 착수했다. 이런 사정으로 말미암아 미군의 최대 공격목표가 되었고, 이윽고 원폭투하가 이루어지게 되는 것'이라는 설명을 붙이고 있다. 122p~123p 참조.

중국의 국부로 일컬어지는 손문 선생이 등장하는 사정이다 보니 아무래도 다른 글 꼭지처럼 너스레를 떠는 게 켕겼던 모양이다.

다만 공화춘의 내력을 다룬 그 논문에서 다루지 못한 소회가 별도로 없지 않으니, 현금의 공화춘, 다시 말해 국내에서 출시한 그 이름은 현재 한국인의 소유라는 것. 다시 말해 공화춘의 후손들은 그 이름을 쓰지 못하고 인천의 차이나타운 입구에서 신승반점이라는 상호를 쓰고 있을 따름이다. 앞서 갯물사건으로 식소다를 한국인 검사 앞에서 우적우적 씹어 먹었다고 하는 차지평 씨의 일화와 더불어 한국 화교 애사의 한 페이지가 아닐까 하는 점을 별도로 부기하지 않으면 사람 도리를 못하지 싶어 몇 마디 적되 별도의 한 가지 제안을 덧붙이자면, 이름의 원소유자인 우희광 씨 일가와 현 공화춘 상표의 보유자가 피차 한 걸음씩 양보하여, 예컨대 절반씩 나눠 가지면서 운영하는 식당 통합 이야기를 만들어낸다면, 다시 말해 애사를 미담으로 반전시켜 브랜드 히스토리를 꾸민다면 혹시 아는가? 영업에도 도움이 되어 그런 사정을 알아차린 요즘 같은 시절의 분별 의식을 갖춘 네티즌들이 답지할지. 요즘 영화들에서 반전이 안 나오면 스토리가 성립되지 않다시피 하니 말이다…. 애오라지 부질없는 생각이 아니길 바랄 따름.

연태의 개항과 음식업의 전성기

인천이 개항을 당하면서 중국인 거리와 일본인 거리가 들어선 1882년에 20년 앞서 연태는 개항을 당한다. 당한다는 말을 사용한 것은 그 개항이 주체적으로 이루어진 것이 아니라 강요로 이루어진 까닭이다. 그 이후 서구 문물이 밀려들어오면서 근대화가 이루어진 것은 익히 아는 사실이고 말이다.

중국도 개항을 당한 것은 마찬가지. 아편전쟁 패배 이후 불평등조약이 체결되고 홍콩, 상해 등 도시가 새롭게 만들어지기 시작하면서 북방의 산동에서 제일 먼저 개항을 당한 도시가 연태다. 연태烟臺는 연기가 타오르는 대라는 뜻으로 다시 말해 봉홧불로 외적의 침범을 알리는 요충지였다. 기록에 따르면 여우의 말린 분뇨를 태우면 그 연기가 곧바로 위로 오르고 그걸 먼 거리에서 목

측으로 식별할 수 있다고 해서 지금도 그 봉화를 태우는 곳이 시내에 자리 잡고 있다. 연태의 개항이 이루어진 것은 1862년, 인천보다 정확하게 20년 앞서는 시점의 일이다.

하지만 연태가 개항하기 이전의 지명은 복산이었다. 그 복산이 산동의 첫 개항장으로 지정된 데는 나름대로 근거가 있으니 다름 아닌 북경과 항주를 잇는 경항운하가 막힌 때문이다. 10년 중 9년을 번갈아 한발과 홍수가 이 물길 일대에 이어지면서 강운(강을 통한 물자의 운송)이 막히자 복산은 때 아닌 대목을 맞는다. 다시 말해 남방에서 북방으로 올려 보내던 쌀, 비단, 차의 대부분이 운하 물길로 수송되다가 그 운하가 막히면서 바닷길을 새로 개척한 데서 말미암은 호경기였다. 당시 복산으로 개항이 결정된 이유는 다음 페이지의 표를 통해 드러난다.

개항 직전인 1859년(함풍 9년)에 산동山東 연해주의 각 현이 납부한 세액을 적은 아래 표 1은 각 항구의 세력 판도가 어디로 기울어지고 있었는가, 왜 서구 열강 제국은 연태를 개항장으로 선택했는가를 여실히 보여주는 증빙이 된다. 산동 순무 곽숭도郭崇燾가 산동의 각 해구를 조사하면서 연태의 수리시설水利施設 상황을 보고한 기록에 의거한 것으로 당시 연태의 상황을 가리켜 곽숭도는 '장사치가 운집하면서 인구가 수레바퀴 굴대처럼 모여들고 있다商賈雲集, 人煙輻輳'라고 적고 있다. 수레바퀴의 굴대 축으로 주변의 물류가 이루어지고 있음을 그린 것이다. 산동의 동쪽 해안 일대 5부 13현을 통틀어 복산현이 점하는 무역을 통한 세수액이 1/4을 넘어 헤아리는 액수였음을 알 수 있거니와, 이러한 복산의 지위는 훗날 서구 열강이 복산 곧 현금의 연태를 개항장으로 지목하는 데 이르는 것이다.

府州縣^{부주현}		征銀數額^{징은수액}	占總額^{점유율} %
登州府^{등주부}	福山縣^{복산현}	12,123,596	28.67
	蓬萊縣	1,503,108	3.56
	黃縣	2,011,485	4.76
	榮成縣	2,004,219	4.74
	文登縣	904,230	2.14
	海陽縣	402,440	0.95
	寧海州	304,310	0.72
	合計	19,253,388	45.54
萊州府	掖縣	3,602,230	8052
	胶州	6,071,469	14.36
	卽墨縣	8,736,552	20.66
	合計	18,410,251	43.54
靑州府	諸城縣	502,690	1.19
武定府	利津縣	2,018,040	4.77
	海丰縣	2,025,373.5	4.79
沂州府	日照縣	71,028	0.17
	合計	4,617,131.5	10.92
	總計	42,280,770.5	100

[표1] 함풍9년(1859年) 산동 연해 주현 上繳稅額 (單位 : 兩)

개항에 이은 후속 조치 가운데 가장 앞선 것은 영사관의 설치였다. 영국을 비롯하여 미국 독일, 프랑스, 이태리, 노르웨이, 네덜란드, 헝가리, 핀란드, 덴마크, 스페인, 스웨덴을 이어 일본과 조선도 그 15개국 영사관에 이름을 올리고 있었다. 그와 동시에 서양의 무역상(양행이라 불렀다)이 다투어 연태에 분점을 개설하면서 연태에 설립된 서양의 양행은 20여 개 사에 이르렀으며 항운, 보험, 무역, 금융 업무를 취급하기 시작했다.

1901년 양행 설립 현황을 보면 영국 7, 독일 4, 미국 3, 프랑스 2에 이어 일본이 10개소로 총 26개를 보여주고 있으나, 그 이듬해인 1902년 양행의 수는 43개로 그 가운데 일본이 전년에 비해 16개가 증가한 26개의 비중을 점하고 있는데, 이는 갑오전쟁의 승리 이후 일본의 본격적인 산동(山東) 진출을 의미하는 것이었다.

  양행들의 앞다툰 설립과 발을 맞춘 것이 산동의 상업자본들이다. 연태는 산동 중동부 상업자본의 투자집결지였으며, 봉래, 황현, 액현, 교주, 유현 및 제남, 장구 등지의 상인들이 연태로 몰려들었고, 그들이 뱃길을 통한 교역을 위해 설립한 것이 행잔(行棧)이라는 조직이다.

  행잔은 상인들이 상행위를 진행하는 교역 장소 및 화물 창고의 의미를 지닌 공간으로 이밖에 외부 상인들의 숙박시설 몫을 맡기도 했다. 산동 출신 상인으로 이루어진 산동방(山東帮)이 운영하던 행잔 가운데 5만 은량 이상의 자본을 구비한 행잔만 26개였으며, 이들의 자본 총액은 은 600여 만 량에 달하는 규모였다. 그 중 10만 은량 이상의 행잔으로는 수산물 행잔 대성잔, 서공순, 잡화상 쌍순태, 서성, 곡물상인 만순영, 유상(油商) 쌍성태와 만순항 등은 일본 및 조선 그리고 블라디보스톡을 연결하는 지점망 네트워크를 가지고 있었다.

  이들 행잔 이외에 연태의 개항과 더불어 숙박업도 대목을 맞아 상인 및 여행객들의 숙박 편의를 제공하는 객잔의 숫자도 급증해서 백여 개 이상의 객잔이 운집해 있었으며, 그 가운데는 최대 500명의 수용 인원을 숙박시킬 수 있는 객잔도 있었다.

1890년대의 연태 거리

아울러 연태 항구 인근에는 복건회관을 중심으로 동서 16리, 남북 8리에 이르는 조양가, 북마로, 북대가 거리가 들어서면서 그 일대를 중심으로 상업구역이 자리를 잡았으며, 연태산烟臺山 동쪽의 해안을 따라 주루와 다관, 희원 및 기원들이 분분하게 되면서 그와 더불어 연태의 찬관업餐館業도 전성기를 구가하게 되는 것이다.

당시 연태의 식탁 풍경을 묘사한 다음 구절에 돋보기를 들이대어 보노라면 여러 가지 점들을 유추하는 것이 가능하다.

연태 항구의 주민들 연회는 매우 성대하다. 연회는 보통 중서 두 종류로 나뉘거니와, 중국식 연회의 식탁은 절반으로 말린 과일 네 접시와 안 말린 과일 네 접시에 남방 과일 네 접시, 열채와 냉채 네 종류, 두 가지 메인 요리에 여덟 가지 작은 요리 사이사이로 간식 두 가지에 최상등급 요리로 상어 지느러미 전석, 그 다음으로는 해삼 전석에 술은 황주와 백주 둘이고, 서양식 메뉴는 각기 일인분을 따로따로에 술은 브랜디를 제일 많이 쓴다.

우선 메뉴의 다채로움으로 구성요소가 다방면이라는 점을 짚을 수 있거니와, 전채 및 냉채와 열채의 구분 그리고 요리의 대소 등급 및 점심류의 배치와 더불어 어시와 해삼 등 팔진 요리를 올리고 있는 점 등등이 눈에 뜨인다. 하지만 이들 요리의 배치가 기실은 개항 도시 연태의 특성을 담아내고 있음을 간과해서는 안 된다. 곧 남방의 과실을 상 위에 올리고 있다는 점, 술의 종류도 남황북백에 더하여 서방의 술인 브랜디를 더함으로써 이른바 남북회통 중서합벽의 자리를 연출하고 있기 때문이다. 이런 식탁 차림이 가능한 것은 연태가 동서 양대 세력이 마주치는 개항장이라는 점 아울러 남북 교역의 중간 기항지라는 점이 작용하고 있었다고 보면 그리 어긋나지 않는다. 거기에 브랜디라는 주종에 주목하자면 연태라는 도시에 중국 최초로 장유포도주공사가 설립되었다는 사실, 이는 강우량이 낮은 지중해성 기후에서 자라는 포도라는 과일이 산동의 평원에서 자라기에 적합하다는 판단에 더하여 중국 내에 서양인들에게 포도주를 공급하여 수지타산을 맞출 수 있다는 계산에서 나온 결과인 것이다.

당시 복산현에 자리 잡은 소성 일대는 출입하는 문마다 그야말로 반장들이 퍼레이드를 벌이고 있어서 성의 동문 밖으로 치미재와 중흥루와 명일도, 성의 서문 밖 거리에는 편의방과 쌍성관과 진천관, 성의 남문 밖 거리에는 삼합관, 전복관, 도리원, 고승루, 북해거 등의 반장이 줄지어 중국과 서양인 고객을 불러들이고 있었다. 그밖에 연태의 일반 노백성들에게도 면식 전문 음식점 합흥, 동흥이 있어서 인기를 끌고 있었다. 성 안으로 난 대가에는 길승관, 취향원, 일성향에 이어 인화루, 동파루, 녹명원, 송죽루, 대라천, 지불모일루, 발해향채관, 군영루, 덕춘거, 복원거, 보흥원, 연락제 여의관, 중화관, 군선루, 동순루, 복춘원, 태화관, 동흥성, 삼성루 등등. 복산현 일대에 개업한 반장의 수만도 수십 개에 이르고 있었으니 이른바 "집집마다 등불을 밝히고 있었고, 누각마다 생황 뜯는 소리가 넘쳐났다"는 문구는 당시 연태의 정경을 노래한 구절이다.

그럼에도 불구하고 황해 일대의 해금을 시발로, 산동 일대의 갈마든 홍수와 한발로 인한 경항 운하의 불통에 따른 해운의 흥기 및 서양세력에 의한 개항이라는 세 박자가 맞아떨어진 연태의 호시절은 그리 길지 못했다. 그것은 청도라는 도시의 도전으로 인한 것이었다. 산동의 성회인 제남으로부터 청도를 잇는 교제철도의 개통이 바로 연태에 치명타를 입히고 만 것이다.

1899년 9월 23일 청도에서 정식 착공된 교제철로는 1904년 6월 1일에 이르러 약 5년간의 공사기간이 소요된 끝에 총연장 394.5킬로가 개통되었다. 아울러 철도 착공 한 해 전인 1898년부터 개시된 청도 항구의 건설도 1908년에 이르면서 투자비 5,383

만 마르크의 총예산으로 축항의 공정이 기본적으로 완성되었다. 연태와 청도 두 도시의 수출액을 대비한 아래의 표 2에서 우리는 무역의 중심축이 교제철로 개통 및 청도항의 축항을 터닝포인트로 위치가 역전되는 현상을 약연하게 살필 수 있다.

연도	지역	연태(烟台) %	청도(靑島) %
1901		81	19
1903		80	20
1905		62	38
1906		58	42
1907		56	44
1908		37	63
1913		22	78

[표2] 연태와 청도의 수출 비율 비교표

    1901년의 경우 연태와 청도의 수출액 비율이 8:2의 비율을 이루던 것이 1907년 및 1908년을 전환점으로 하여 역전되기 시작해서 1913년에는 그 위치가 완전히 역으로 뒤집히고 마는 것이다. 연태의 상인들은 이런 위기상황을 타개하기 위해 교제철로가 개통되는 1907년 상인들 자체 모금으로 연태와 유현을 연결하는 연유철로의 건설을 건의했으나 독일의 방해로 실패하고 만다. 유현은 교제 철로의 한 중간역이기도 했다. 물론 그야말로 한때 잘 나가던 연태의 경기가 내리막길로 접어들면서 찬관업도 타격을 받았을 것임은 새삼 거론할 필요도 없다. 복산채가 위기에 처한 것이고, 따라서 연태에서 찬관업에 종사하던 이들은 새로운 돌파구를

찾아야 했을 터이다.[1]

이 대목에서 다시 공화춘의 창업자인 모평현 출신의 우희광이 인천으로 래도하여 산동 출신 상인들의 센터인 산동회관 안에 음식점을 개업한 것으로 전해지는 1907년이라는 시점이 흥미롭게 다가온다. 아울러 앞서 인용한 전 한국화교협회장을 역임한 진유광의 아서원 주방 요리사들에 대한 언급 가운데 "그러나 50년대까지만 해도 한국인은 거의 뽑지 않은 데다 중국인도 산동성 복산현 출신 아니면 채용을 거의 안했기 때문에 종업원으로 들어오기도 쉽지 않았다."는 진술로부터 어쩌면 이 무렵, 다시 말해 교제철도가 개통되고 연태의 경제가 하강기에 접어들자 실직 위기에 내몰린 연태의 찬관 주방에 있던 조리사들이 조선반도로 길을 찾아갔다고 볼 수는 없는가. 이 역시 조리업계의 '틈고려'라고 본다면…

---

[1] 물론 철도의 개통이 상권의 중심 이동을 가져다준다는 것은 이미 상식에 속하는 일이지만, 이와 유사한 경우가 공화춘과 더불어 한국 중국 요리업의 역사에서 한 페이지를 점하는 중화루의 창업주 뢰문조가 몰락한 대불호텔을 매입한 일도 경인철도의 개통과 직결되어 있다. 곧 국내 최초의 호텔로 알려져 있는 대불호텔 역시 경인철도가 1900년 개통되면서 인천에 도착한 여행자가 열차편을 이용해서 곧바로 경성으로 상경하게 되자 인천에 숙박할 필요가 사라지면서 호텔은 쇠락을 면치 못하게 된 것이다. 이에 관한 내막은 http://www.kihoilbo.co.kr/news/articleView.html?idxno=464422를 볼 것.

새로운 인삼 루트와 네트워크

청말 그리고 구한말의 공통점은 무엇인가. 대외적으로는 이른바 '서양의 충격'이다. 미국인 중국학자 페어뱅크가 만든 이 말은 말이 좋아 충격이지 실은 습격 혹은 공격이라고 해야 하겠고, 다른 한편으로는 그런 충격 혹은 공격에 무기력하기 짝이 없는 지배세력의 무능함이 자리 잡고 있었으며, 그 무능함의 한 단면으로 청 황실의 황제 및 조선 왕실 임금의 단명이 발견된다. 청조 말 황제의 수명을 살피면 그렇다는 말이다.

	청황제	출생	즉위	사망
9대	함풍제	1831. 7. 17	1850	1861. 8. 22
10대	동치제	1856. 4. 27	1861	1875. 1. 12
11대	광서제	1871. 8. 14	1875	1908. 11. 14

선대인 강희제와 건륭제는 각각 황제의 자리를 60년 이상 누린 장수의 대명사임에 비해 이후의 황제들은 가히 요절에 가까운 수명을 누릴 따름이었다. 청나라 황실의 낙조는 장엄하기는커녕 애잔하여 주변 사람들을 불안하게 만들기에 충분했다. 그 불안은 왕공노야 등 상층 계급에게 망각의 명약인 아편 복용을 부채질 했으며, 지속적인 아편 복용을 위해서 체력의 유지에 필요한 것이 바로 인삼 그것도 다름 아닌 고려삼이었다.

인천이 개항하던 무렵 발발한 임오군란의 진압을 빌미로 조선에 진출한 청나라 군대와 그들을 따라온 군역 상인 청상들은 본국에서 가장 필요한 물품이 무엇이었는지 누구보다 잘 알고 있었고, 그리하여 다음 같은 사건이 벌어지게 된 것이다.

1883년 군역상인 한 명이 한성^{漢城} 무교동^{武橋洞}의 조선인^{朝鮮人} 한약재상^{漢藥材商}에 인삼을 사달라며 돈을 맡겼다. 며칠 후 인삼을 찾으러 가니 약재상 주인은 인삼을 구해놓기는커녕 언제 돈을 맡겼느냐고 시치미를 떼었다. 기가 막힌 청상^{淸商}은 홧김에 청군^{淸軍} 10여 명을 불러와 상점의 진열장과 집기 등을 모두 부숴버렸다. 이 사건이 터지자 당시 친일^{親日} 세력이 발행하던 《한성순보^{漢城旬報}》는 이를 대대적으로 취급해 마치 청군 사령부가 계획적으로 조선인 상점을 부순 것처럼 보도했다. 그러자 진수당^{陳樹棠}은 즉시 '구체적으로 지휘한 장교를 지적해보라'고 항의했고, 보도에 불만을 품은 청군^{淸軍} 수십 명이 《한성순보^{漢城旬報}》에 몰려가 시위를 벌이기도 했다.

1883년 조선에서 세번째로 개항한 인천 제물포의 일본인 거리

진수당은 청국총판상무위원[南國總辦商務委員]으로 당시 조선과 청국이 맺은 조중상민수륙무역장정[朝中商民水陸貿易章程]의 체결과 더불어 청국에서 파견한 상무관계의 대표격인 인물이었다. 아울러 이 조중상민수륙무역장정은 전통적인 조선과 중국의 조공호시무역이 근대적인 통상관계로 이행하고 있음을 가리키는 지표였다. 또 한 가지 추가하자면, 진수당이 1884년 8월 조선과 맺은 인천화상전용지계장정[仁川華商專用地界章程]이야말로 오늘날 우리가 차이나타운이라 일컫는 청국 거류지의 시발점이다. 진수당이 1883년 5월에 이홍장에게 보낸 보고에 따르면 한성, 마포, 인천 세 곳의 중국 상민이 136인에 점포 28가였으나 두 개의 장정, 곧 조중상민수륙무역장정과 인천화상전용지계장정을 계기로 2년 뒤인 1885년 5월에는 중국 상인의

수가 5.5배인 753명에 달하는 수치를 보이게 되는 것이다.

위 인용부에서 필자인 진유광이 한성순보를 두고 친일세력 발행 운운한 것은 한성순보가 이른바 개화파인 박영효 및 김옥균이 주도해서 발간한 신문이고, 이들 개화파들이 훗날 갑신정변을 일으킨 다음 삼일천하로 실패하고 나서 대부분 일본으로 망명하는 사정과 연결되는 것이다. 일본의 득세는 청나라 군대의 약세로 이어졌고, 급기야 재한 일본 공사관의 외무 3등관원 아사야마 겐조淺山顯藏가 청국의 총판상무위원인 진수당을 무골無骨의 해삼이라고 놀리기에 이르렀다.

일본에 무골 해삼으로 일컬어진 진수당은 본국의 군기대신 이홍장의 눈 밖에 나기에 이르렀고, 그 후임으로 천진에 갇혀 있던 대원군의 조선 호송의 책임을 맡은 원세개가 들어선다. 하지만 원세개 역시 조선의 인삼으로부터 전혀 자유롭지 못한 인물이었다. 그것은 다음의 기록을 통해 금세 알아차릴 수 있다.

조선이 홍삼의 밀무역을 엄금하여 인천 세관은 예외 없이 반출을 금하고 있어서 수사가 심히 삼엄하다. 비부卑府(곧 원세개 자신을 칭함)가 조선에 부임해온 이래 줄곧 이 문제를 염려하여 이음오로 하여금 허리띠에 인삼 밀반출을 엄금하는 명을 내리게 하는 동시에 병선의 관리감독을 엄하게 하여 폐단을 두절시키고자 노력해왔으며 때로 밀반출품이 적발되면 관에 되돌려 보냈다. 하지만 어떤 때는 국왕이 하사하거나 조선 관리가 선물로 주기도 하고 관리로 있는 우인友人의 부탁을 받는 적도 있으나 그 양은 극히 미미해서 밀반출로 이득을 챙기기에는 못 미칠 만한 양인지라 엄금하기가 난감한 적도 없지 않았다. 전후 사정을 살펴 분별하여 처리함이 옳은 것이다. 특히 수삼미삼(수삼미삼, 곧 인삼의 잔뿌리)은 이 나라에서도 금하는 바가 아니어서 시장에서 공공연히 거래가 이루어지고 있으며 과거 나라 밖으로 반출이 이루어지기도 했다. 지난 달 병선의 수병이 병이 들어 인삼을 필요로 하게 되어 시중에서 수삼 몇 포를 사서 배에 오르고자 했으나 세관 당국이 그를 보고 밀반출품이라고 하여 관으로 압수한 일이 있었다. 게다가 수병의 계급 고하를 막론하고 수색을 받은즉 그 형국이 바람을 잡고 그림자를 체포하는 식이 그치지 않고 있음에야.

말하자면 언사는 제법 간곡하게 포장되어 있지만, 그 안에 담긴 내용은 청나라 군함을 통한 인삼의 밀반출에 대해 더 이상 수색과 압수를 방관하지 않겠다는 의사표시인 셈이다. 말하자면 군함의 군사적인 행위는 검색과 수사를 면할 수 있는 특권이 있다는 논리가 그 안에 깔려 있기도 한 것이다.

게다가 이홍장마저 자신이 임명한 조선의 총세무사 메릴[H. F. Merill]에게 이 문제를 그다지 중시하지 말라는 명을 하달에 온 것이다. 메릴은 인삼을 아편과 같은 성격이라고 생각했다. 곧 아무리 아편의 수입을 금해도 중국 안에서 수요가 엄연히 존재하는 한, 정부 당국이 아무리 엄밀히 감시를 한다고 해도 밀무역이 이루어질 수밖에 없지 않은가. 인삼도 조선 정부 당국에서 독점하여 교역을 실시하고자 하더라도 중국에서 수요를 근절시키지 못한다면 잠상은 막을 수가 없다는 결론에 이르렀다. 아편무역의 금지로부터 허용으로 옮겨가면서 최소한 국가의 관세 수입은 늘어난 사정을 떠올리며 총세무사 메릴은 조선정부에서도 이 일을 거울로 삼아야 할 것이라고 권고했다. 나아가 조선 정부의 해외무역에 관한 개념을 바꾸지 않으면 유사한 일은 얼마든지 일어날 것이라는 충고도 덧붙이는 것을 잊지 않았다.

이런 메릴을 총세무사로 임명한 것은 이홍장이 아니던가. 메릴은 언젠가 이홍장에게서 인삼과 관련된 일화를 들은 것을 떠올렸다. 조선의 인삼 생산을 대폭 늘리면 그만큼 조정의 수입이 늘어날 터인데 어찌 생산량을 묶어두는가 하고 이홍장이 물었던바 김윤식의 대답이 귀한 인삼의 생산을 늘리면 진귀한 인삼이 흔해지고 값이 떨어지지 않을까 우려한다는 것이다. 말하자면 인삼의 생산을 묶고, 해외 무역을 묶는 것이 조정의 대처 방식이었던 것이다.

물론 앞서 언급한 바 인삼 수요는 폭발적으로 급증하고 있었다. 종래 관이 인삼 재배 및 판매 유통을 독점하던 오랜 관행을 폐기하게 된 것이다. 이에 발맞추어 고려삼의 총본산인 개성 일대에서 인삼 재배가 폭증하였으며, 이와 더불어 새로운 인삼 판매 루트가 개설되고 있었다. 곧 인삼을 수출하기 위하여 정기선 항로가 있던 산동의 옌타이에 탁지부의 관리인 윤규섭을 파견하기에 이르는 것이다.

윤규섭은 개성 출신의 역관이었다. 말하자면 개성상인과 그들의 주요 취급 물목인 인삼에 대해 해박한 정보를 가지고 있는 인물이고, 그를 옌타이에 파견했다는 것은 상해와 천진을 잇는 중간 항구 옌타이를 통해 대중국 인삼수출을 종래의 방식, 곧 연행사절에 딸린 송상松商(인삼을 재배하고 팔던 개성상인)들의 북경 인삼 판매 혹은 의주 인근의 호시를 통한 판매와는 다른 중국 현지의 인삼 판매를 위해 탁지부의 대리인을 직접 보낸 것이다.

특기할 것은 당시 우당 이회영의 인삼과 관련된 동선이다. 우당은 21세 때인 1898년 독립협회를 중심으로 이상재^{李商在}, 이상설^{李相卨}, 이범세^{李範世}, 서만순^{徐晩淳}, 조한평^{趙漢平}, 여규형^{呂圭亨}, 이강연^{李康演} 등과 교류하면서 민중의 계몽, 신진 정치가들의 협력, 내치^{內治}와 외교정책의 수립 등 기울어져가는 나라 일을 수습하려 힘썼거니와, 우당은 이 같은 운동의 자금 조달을 위해 선산^{先山}인 풍덕^{豊德}에서 인삼 밭 경작과 경영에 나섰던 것. 1901년 채삼기^{採蔘期}에 이르러 일인^{日人}들이 작당, 착취·노략질해가는 것을 일경에 엄중 항의하는 한편, 당시 내장원경^{內藏院卿} 이용익^{李容翊}을 통해 고종 황제에게 진언케 했다. 이를 전해들은 고종은 선생을 '실로 백사^{白沙}(이항복)의 후예'라고 칭찬하고 탁지부주사^{度支部主事}를 제수했으나 강직한 선생은 벼슬 따위는 아랑곳하지 않았다는 사실이 전해지고 있다.

그럼에도 불구하고 인삼의 대중국 수출은 거대한 암초를 만나게 된다. 일제가 조선에 통감부를 설치하면서 이와 때를 맞추어 노다지 수출품목인 인삼 판매의 독점에 나선 것을 말한다. 이를 관장한 것이 훗날 일본 굴지의 재벌로 대두하는 미쓰이 물산^{三井物産}이다.

이로 말미암아 임오군란의 진압을 계기로 조선에 진출한 청나라 군역상인들은 막대한 타격을 입는다. 잠삼(무허가 인삼 농사) 등 청나라 상인들이 주로 행해온 인삼의 모든 네트워크가 일순간에 무너져 내린 것이다. 다음의 회고는 당시의 사정을 짐작케 하는 흥미로운 일화에 속한다.

화교華僑들이 본국으로 보내는 관棺에 대해 일제日帝의 감시가 심했던 것은 그 속에 혹시 금수품인 인삼人蔘을 넣어 보내지 않나 하는 의심 때문이었다. 당시 인삼은 일본日本 당국의 전매품이었다. 요즘보다 훨씬 귀했기 때문에 값도 그만큼 비쌌고 약효도 좋았다. 중국에서도 오래전부터 한국 인삼의 성가가 높았다. 19세기 말 이후 화교 무역상들이 인삼을 대량으로 본국에 수출한 것도 신기한 약효 때문이었고 이 때문에 수요는 크게 늘 수밖에 없었다. 특히 광동성廣東省 등 황하黃河 남쪽의 더운 지방은 물이 나빠 건강이 좋지 않은 사람들이 많았다. 이들 사이에 한국 인삼을 먹으면 생기가 나고 장수한다는 말이 퍼져 크게 인기를 얻기도 했다. 이렇듯 수요는 컸으나 일제日帝의 수출통제는 까다롭고 굉장히 철저했다. 자연히 밀수출이 성행하게 됐다. 일부 화교들도 여기에 관여해 짭짤한 재미를 봤다고 한다. 방법도 여러 가지였겠지만, 그중 하나는 관棺을 이용한 밀반출이었다. 이 방법은 당시 굴지의 화교 경영 무역상이던 D사社에서 많이 썼다고 한다. 당시 화교 중 가족의 상喪을 당해 시신屍身을 본국으로 보내려는 사람들은 관棺을 이 회사에 부탁해 탁송하곤 했다. D사社에서는 이렇게 맡겨진 관棺 속에 시신屍身과 함께 인삼을 감추어 반출했다는 것이다. 물론 나로서는 사실여부를 확인할 수 없는 얘기지만 아무튼 이런 정보 때문에 일경日警들은 본국本國에 수송되는 관棺에 대해 검색을 철저히 했다. 밀반출도, 검색도 모두 고인에겐 욕되는 일이었다. 이런 이유 때문에 나는 아버지를 고향에 모시려던 계획을 포기해 버렸다.

D사란 곧 동순태 다시 말해 광동출신 군역상으로 조선에 진출한 화상 가운데 최대 규모를 자랑하는 회사를 가리킨다. 관을 통해 인삼 밀반출을 시도하다가 일제에 적발되는 장면인 것이다. 이렇듯 일본이 인삼의 수매를 독점하면서 자연스럽게 중국의 인삼가격은 대폭 오르는 결과를 빚게 되고 이리하여 인삼을 대체할 품목으로 해삼이 각광을 받기에 이른다. 그리고 이 해삼은 주산지가 바로 발해만 인근 옌타이, 봉래, 웨이하이 등 교동^{膠東} 지방의 연안지역이었다.

　앞서 우리가 살핀 바대로 교제철로의 개통과 더불어 상권을 칭다오에 넘겨준 옌타이 그리고 그에 따른 찬관업의 쇠락은 새로운 돌파구를 찾아야 했으니 그것은 바로 북경 진출이었다. 그리고 북경 진출을 위해 특별히 강구된 것이 바로 옌타이 인근 앞바다의 해산물을 주재료로 한 메뉴들이었으니.

　여기까지 읽고 난 독자들이여, 나는 왜 이런 인삼 이야기를 길게 늘어놓는가. 하지만 인삼 이야기는 이걸로 끝이 아니다. 더욱 점입가경으로 들어가보자. 해삼 이야기로 넘어가야 한다는 말이다.

꿩 대신 닭, 인삼 대신 해삼

산동 지방을 여행하다가 보면 눈에 띄는 이상한 현상이 한둘이 아니지만, 그 가운데서도 제법 기묘한 것이 바로 말린 해삼을 파는 전문 점포가 대로변에 숱하게 자리 잡고 있다는 사실이다. 마치 우리 정관장 인삼 전문 숍처럼 동네방네까지는 아니더라도 심심찮게 눈에 들어온다. 그리고 무릎을 치면서 그 이유를 깨달은 것은 다음과 같은 문장을 처음 대하고 나서다.

> 海蔘, 遼東海濱有之, 一名海男子. 其狀如男子勢, 然淡菜之對也. 其性溫補, 足敵人蔘, 故名海蔘.
> 해삼은 요동의 해변가에 자란다. 일명 바다의 남자라 부르는데 그 생김새가 마치 남자의 세를 과시하는 듯하다. 담채와 짝을 이룬다.

연태시 대로변에 자리잡은 해삼판매상들

몸을 따뜻하게 보하는 것이 인삼에 필적할 만하다고 해서 이름을 해삼이라고 지었다.

명나라 사람 사조제^{謝肇淛}가 지은 《오잡조^{五雜組}》의 해삼에 대한 기술이다. 횟집에서 회를 먹을라치면 이른바 밑반찬으로 조그만 접시 위에 얹혀 멍게와 함께 올라오곤 하는 해삼에 대한 접대가 위의 기술대로라면 새삼 달리 보이기도 하는 것. 바다의 남자라니… 더군다나 담채라는 놈은 홍합의 다른 이름이니 음양이 바다에서도 이리 짝을 이루는 것이던가.

좀 더 설명을 보태면 해삼과 짝을 이루는 담채는 조개의 일종으로 다름 아닌 홍합을 가리킨다. 생김새가 '여음^{女陰}'(굳이 단어 해석을 하지 않고 독자의 추리에 맡기는 편이 좋겠다)과 유사하다고 해서 '해부인' 혹은 '동해부인'이라는 별명으로 부른다고 하니 알긴 알조다. 말하자면 이런 기술은 음양의 배치 속에서 어딘가 남성을 부각시키는 상상력을 자극하는 동시에 그 음식을 먹으면 이른바 정력에 좋을 것이라는 암시를 받기에 충분하다. 실제의 효능도 무관하지 않을 게다.

해삼에 대한 영양분을 말할라치면, 여러 가지 효능을 보장하지만 그 가운데 '能補腎益精, 養血潤燥, 加致精血運損, 虛弱老怯, 陰矮, 夢遺, 小便頻繁' 등등을 치료하는 데 탁월한 효과가 있다니 굳이 적어 토를 달기에도 뭣한 이런 모든 효능들은 남자를 겨냥한 것임은 두말하면 잔소리이다. 최근에는 해삼에서 진귀한 항노쇠물질^{抗老衰物質}인 유산연골소^{乳酸軟骨素} 및 종양^{腫瘍} 억제에 효과가 있는 산성당단백^{酸性糖蛋白} 따위의 물질을 찾아내는 개가를 올렸다고 전해진다.

해삼이 이처럼 바다의 귀한 음식으로 새삼 각광을 받은 것은 청나라 건륭제 시절이다. 건륭제가 누구인가. 황제 노릇을 60년을 하다가 심심하다고 은퇴한, 5대 현손까지 본 장수 계통으로는 타의 추종을 불허하는 신화적 인물에 속한다. 산동의 바닷가 고장인 제성현의 현 역사를 다룬 《제성현지》 권 12는 건륭제 시절을 다룬 기록으로 '해산물은 분간이 어렵다… 그 중 귀해서 쉽사리 손에 넣기 힘든 것이 해삼'이라는 기록이 보이는 이 구절을 실마리 삼아 다음 구절을 읽는 수고를 통과해야 한다.

이선의 《문선강부주^{文選江賦注}》는 《임해수토이물지^{臨海水土异物志}》를 인용

하여 말하기를 토육은 새까만 색으로 갓난애의 팔뚝 정도 크기에 길이는 다섯 치 정도로 몸 한 가운데 내장이 있으나 입도 없고 눈도 없이 다리만 서른 개이며 구워 먹는다고 했다. 내가 최근 등래에서 바다 속에 길이 한 자 남짓에 옅은 황색으로 순전히 육질에 뼈가 없고 입과 눈도 없으나 위와 장은 있음을 알았다. 해변가 사람들이 물에 들어가 건져오는데 뜨거운 햇볕에 한참을 놓아두면 물러서 녹아 없어지는 것처럼 된다. 소금물에 담가두면 다시 딱딱해지지만 맛은 짜지지 않는다. 나무를 태운 재에 담가두면 굳게 질긴 것으로 되면서 색은 검게 된다. 말린 놈은 대체로 대여섯 치 길이다. 먼 곳까지 보낼 수 있어서 먹는 사람은 진기하게 여기면서 해삼이라고 부르는데 이는 아마 인삼처럼 인체에 보익하는 까닭일 것이다. 《임해지(臨海志)》가 말한 것은 이를 가리키는 것이다. 또한 말하기를 다리가 삼십 개라고 했으나 다시 조사를 해보니 해삼은 다리가 없는 대신 등에 가시가 못처럼 돋아 마치 줄을 이루고 있는 것이 스무나문 개에 이른다. 《임해지(臨海志)》에서 말하는 다리가 아닌 것이다.

李善《文选江赋注》引《临海水土异物志》曰, 土肉正黑, 如小儿臂大, 长五寸, 中有腹, 无口目, 有三十足, 炙食。余案今登莱海中有物长尺许, 浅黄色, 纯肉无骨, 混沌无口目, 有肠胃。海人没水底取之, 置烈日中, 濡柔如欲消尽, 渝以盐则定, 然味仍不咸, 用炭灰腌之即坚韧而黑, 收干之犹可长五六寸。货致远方, 啖者珍之, 谓之海参, 盖以其补益人与人参同也。

　《临海志》所说当即指此, 而云有三十足, 今验海参乃无足而背上肉刺如钉, 自然成行列, 有二三十枚者, 《临海志》欲指此为足则非矣。

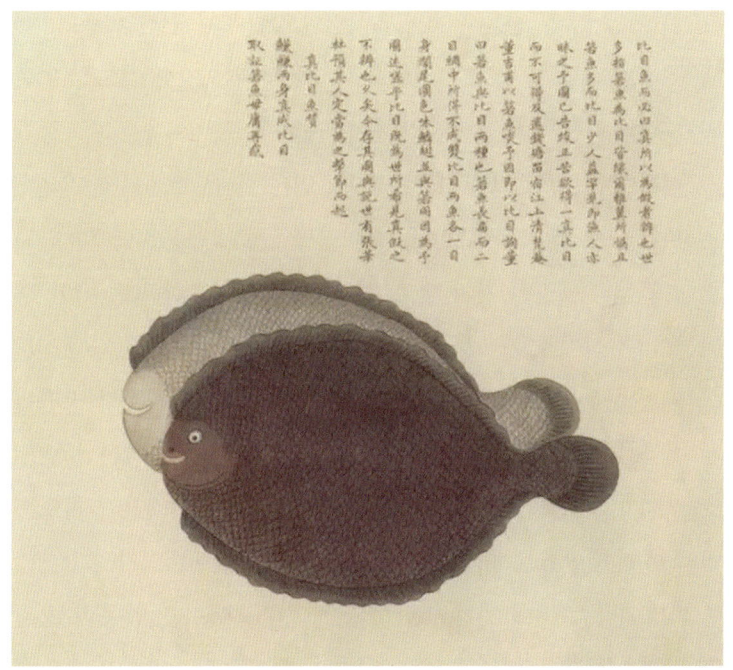

기해착

  학의행^{郝懿行}의 《기해착^{記海錯}》이라는 문헌에 실린 구절이다. 나는 이 구절을 읽고 나서 그리스말로 '유레카'를 외친 기억이 새삼스럽다. 왜냐, 본론으로 직행하기 전에 우선 학의행이라는 인물을 살펴야 한다. 이 학의행으로 가는 길도 직진은 아니고 돌아가는 길이다. 중국 음식을 논하자면 빼놓을 수 없는 문헌으로 《수원식단^{隨園食單}》이라는 문헌이 있다. 그리고 《수원식단》의 저자 원매는 이른바 성령설을 주창한 《수원시화^{隨園詩話}》의 저자이기도 해서, 건륭 치세 동안 문단의 거두로 북경의 기균과 더불어 남원북기(남방의 원매, 북방의 기균)로 병칭된 인물이지만, 음식방면으로 치자면 전당강^{钱塘江} 일대를 배경으로 하는 그의 남방 음식론에 맞서 북방 음식의 거두로 위치 지을 수 있는 인물이 학의행^{郝懿行}이다.

청대의 고증학을 배경으로 하는 그의 실증은 백성들의 민생에 초점이 맞추어졌고 특히 먹을거리 방면에서도 해산물에 대해 특별한 관심을 표명한 것이 바로 《기해착^{記海錯}》이다. 우리로 치면 정약전의 《자산어보》가 이에 맞먹는 저작이다.[1]

고증학을 경유하여 실학으로 넘어가면서 경세치용의 방면에서 취약한 부분이 바다의 해산물 이름과 그 특징을 적은 문헌으로, 기해착^{記海錯}이라는 제목을 풀이하면 바다에서 헷갈려 착오를 빚기 쉬운 해산물에 대한 기록이라는 뜻이니 말이다. 《기해착^{記海錯}》은 해양어류 27종에 관해 소략하게 적은 기록이지만, 산동의 발해만 일대 어류의 체형과 특징을 식별하는 해양생물 최초의 전문^{專門} 저작^{著作}으로 일컬어지기도 한다.

학의행은 산동 서하 출신이고 마찬가지로 문인의 반열에 이름을 올리고 있는 그의 부인 왕조원은 다름 아닌 복산현 출신. 따라서 산동 일대 바닷가 마을에서 해산물을 늘 보면서 살아왔다는 추정은

---

[1] 《자산어보》를 쓴 정약전이 아마 이 《기해착》을 읽었을 수도 있다. 예컨대 자산어보가 나오게 된 경위를 다룬 김훈의 소설 《흑산》에서 아래의 구절도 그 한 예에 속하겠다.

"경상도 청어는 등뼈가 일흔네 마디이고, 전라도 청어는 등뼈가 쉰 세 마디라고 창대는 말했다. 그것을 어찌 알았느냐? 청어가 고향이 있다더냐?
멀리서 온 어부들에게 물어보았습니다.
어부들이 그것을 알더냐?
모르기에 고향에 가서 알아보라고 했습니다. 다음에 올 때 어부들이 제 고장 물고기를 소금에 절여서 몇 마리씩 가져다 주었습니다. 그래서 제가 헤아려보았습니다." 김훈, 흑산, 학고재 2013 서울 191p. 후술하는 자삼의 가시가 다리가 아니라는 점을 밝히는 장면과 일맥상통하기 때문이다.

얼마든지 가능하다. 인용부로 돌아가 문장 안으로 들어가 보자.

　이를테면 해변가 사람들이 토육이라 부르는 것과 그 토육을 다시 인삼에 견주어 해삼이라는 명칭으로 개명을 한 사정을 짚고 있는 것이다. 이밖에 착오에 해당되는 것으로, 《임해수토이물지^{临海水土异物志}》를 참조하여 문선에 주를 단 이선이 해삼에 다리가 있다고 한 오류를 바로 잡은 것도 그 한 예가 되겠다.

이 자삼의 자를 가리켜 학의행은 "등에 가시가 못처럼 돋아 마치 줄을 이루고 있는 것이 스무나문 개에 이른다"고 적으면서 해삼의 다리로 오인한 이선의 설명을 바로 잡고 있는 것이다.

해삼에는 여러 종류가 있으나 남방의 바다에서 자라는 해삼을 매화삼이라 부르는데 반해, 교동 인근 바다 및 발해만 일대에서 자라는 해삼을 가리켜 자삼이라 부르며 이 자삼이 해삼 중에서도 상등품으로 친다는 점은 전당 일대 출신인 원매도 확인해주고 있다.

하지만 더욱 주목할 것은 학의행의 설명에는 이른바 산동의 길거리에서 심심찮게 눈에 띄는 해삼 전문점의 그 건해삼 혹은 수발해삼(물기를 뽑아낸 해삼)이 제시되고 있다는 점이다. 탄회炭灰에 재워둔다는 설명이 그것인데, 필시 숯이나 짚을 태운 재를 이용해 해삼의 수분을 앗아가는 해삼 건조법이 건륭제 당시에 이미 개발되었음을 추찰케 하는 구절이 되는 것이다.

여기서 횟집으로 돌아가 보자. 밑반찬으로 올라온 해삼이 푸대접을 받아 한두 점 집어먹은 다음 두어 시간 접시 위에 그대로 방치되었다 치자. 해삼이 어떤 모양새로 변하는가. 꼬들꼬들한 식감이 점차 사라지고 물컹거리면서 맛이 간다는 사실을 술꾼들은 대강 안다. 이쯤에서 다시 한 차례 타임 슬립을 해야 한다. 건륭제 시절이란 곧 연암 박지원의 시절. 18세기 말에서 19세기 초엽이다. 발해 만에서 잡은 해삼을 북경까지 특송하는 방법은 고작해야 말이다. 말에 싣고 배달되는 동안 해삼은 물러 형체가 있으나마나 할 정도로 물러버린다. 그럼 이 해삼, 인삼에 필적한다는 이놈을 말려야 하기 마련이다. 그럼 이놈을 오징어처럼 햇볕에 말린다? 더욱 말이 안 된다. 하여 어떻게 이놈을 장기간 보관하여 북경까지 배달하느냐가 문제가 된 건 당연지사다.

여기서 퀴즈를 하나 내기로 하자. 이 유모柳某가 앞서 이야기한 것처럼 유레카를 외치면서 환희작약한 단어를 맞춰보시라. 힌트는 두 글자다. 여전히 아리송한 독자를 위해 힌트를 또 하나 제공한다. 그것은 앞서 언젠가 읽었던 화교의 애사를 복습 겸 다시 읽기로 하자.

6.25 직후 부산에서 음식점을 하던 차지평車志平이란 화교가 있었다. 부산시 중화요리 협회 지부장까지 지낸 유지다. 그런데 그가 우동에 양잿물을 넣는다는 혐의로 고발돼 검찰의 심문을 받게 됐다. "우동 밀가루에 양잿물을 섞었지?" 담당검사가 계속 다그쳤다. 차씨는 극구 부인했다. 양잿물 아닌 '식소다'일 따름이라고 누누이 설명했지만 통하지 않았다. 궁지에 몰린 차씨는 주머니에서 뭔가를 꺼냈다. 식소다 덩어리였다. 차씨는 큼직한 식소다 덩어리를 그 자리에서 버석버석 절반이나 먹어버렸다. 그리고 말했다. "이게 식소다지 무슨 양잿물이요." 차씨는 결국 무혐의로 풀려났지만, 화교들은 아직도 종종 이런 이야기를 나누면 쓴 웃음을 짓곤 한다.

정답은 잿물, 단 양잿물이 아니라 잿물이다. 그리고 재라는 한 글자짜리 우리말에 해당하는 한자가 곧 회灰다. 그리고 이 회 앞에 한 글자를 더하여 탄회가 되면서 바로 이 탄회, 다시 말해 숯으로 해삼을 건조해서 말린해삼을 만들었다는 이야기이다. 소금물에 삶아낸 해삼의 수분을 앗아간 잿물에 우연히도 물이 섞였을 수 있고 이어서 물이 재에 걸러지면서 잿물로 변했을 테고, 그게 우연히 밀가루 반죽에 섞였는데 그게 탄력성이 증가하면서 라면拉面, 우리식으로 말하면 수타면의 개발로 이어진 것이 아닌가.

이런 우연한 발견과 대충 맞아떨어지는 것이 두부라는 음식이다. 연단술사煉丹術士가 콩물을 갈아둔 것에 바닷물이 들어가 엉기는 것을 보고 그게 나중에 두부라는 음식으로 된 것이 바로 우연의 소산인 것처럼, 해삼을 말리기 위해 마련한 숯의 재에 우연히 빗물이 들어가고 그걸 거른 물인지 모르고 그 물, 곧 잿물을 밀가루 반죽에 섞어… 이 생각을 하면서 내 머리통 속에 전깃불이 켜진 것이었으니….

여기에 다시 일본의 인스턴트 라멘 개발자 안도 모모후쿠가 옌타이를 일본 중화라멘(난킹소바)의 발상지라 지목했던 점을 합치면… 아아, 하나의 가설이 성립되었다고 할 수 있지 않겠는가. 그리고 이 말린 해삼 요리로 복산방은 북경의 요리계를 석권한 점도 빼놓을 수가 없으니….

3장
파, 너는 대관절 뭐냐

산동의 파 사랑, 장구대총

술자리를 펼치자면 물론 음식이 없어서 아니 될 일이지만, 술자리에서 술안주로 삼는 것은 요리만은 아니다. 음식과 관련된 이야기 혹은 스토리텔링으로 안주를 삼을 수도 있기 때문이다. 그런 가운데 음식점에 관한 것으로부터, 그 음식점의 메뉴 요리를 만든 주방 식구는 물론, 식당 주인의 철학이니 에피소드 등등이 밤하늘의 기라성처럼 흩뿌려져 있으니, 예컨대 복산방의 초패채^{招牌菜}(주특기로 하는 요리) 가운데 하나인 총폭해삼^{蔥爆海蔘}을 만드는 주재료인 해삼도 예외는 아니다. 아래는 해삼을 다룬 이야기 가운데 전해지는 하나이다.

봉래시 동쪽 한 마을이 있는데, 그 마을에 사는 사람들은 하나같이 건강하고 장수한다고 해서 장수촌이라는 이름이 붙었다. 장수촌에는 80세를 넘긴 노인이 한 사람 살고 있었는데 평소 병을 앓는 법이 없고 체력이 젊은 사람 못지않은 건강을 과시하고 있었다. 그 노인의 아들 하나가 마을에서 떨어진 내지에서 점포를 열어 장사를 하고 있었는데 50을 갓 넘긴 나이인데도 고혈압, 고지혈, 동맥경화 등 심혈관 질환을 앓고 있었다.

어느 날 노인은 아들을 볼 양으로 내지의 점포를 찾았으나 아들은 마침 점포를 비우고 출타 중이었다. 점포를 지키던 사환이 노인을 보니 환갑 전후한 나이로 보였으므로 점포 주인의 형인 줄로 알았다. 차를 따라 주면서 점원이 물었다.

―주인 나으리의 형님 되시는가 보죠? 무슨 일로 찾아오셨습니까?

노인은 점원이 하는 소리를 듣고는 빙그레 웃으며 대답했다.

―나는 이 점포 주인의 아비 되는 사람일세. 80을 넘긴 지 제법 오래라네.

점원은 그 소리를 듣고 얼굴이 새빨개지면서 되물었다.

―우리 집 주인 나으리도 평소 건강에 신경을 제법 쓰시는 편인데 어르신의 건강에 비할 수가 없으니 어찌 된 노릇입니까?

노인은 여전히 웃음을 머금은 얼굴로 대답했다.

―내가 사는 마을에는 나보다 나이를 많이 먹은 노인들이 부지기수라네. 90을 넘긴 노인들도 썰물 때면 자맥질로 바다에 들어가 해산물을 따온단 말일세.

노인이 이어서 다시 자랑스러운 표정으로 장수의 비결을 일러주는 것이었다.

총빠오하이션(葱爆海蔘)

―우리 마을 사람들은 남녀를 불문하고 나이 서른만 되면 매일 해삼 한 개 그리고 대파 한 뿌리를 먹거든.
―그걸 어떻게 요리해서 먹는가요?
　점원이 궁금한 듯 묻자 노인이 대답했다.
―총폭해삼이지.

이 이야기의 제목은 '매일 같이 해삼 한 개를 먹으면, 아흔 나이에도 바다를 건널 수 있네'(每天吃上一根蔘, 九十高齡能赶海). 이 야기의 공간적 배경인 봉래라는 곳은 행정구역 상으로 산뚱 옌타이시 소속으로, 특히 각별한 것은 이 일대가 지금의 해삼 양식이 몰려 있는 곳이라는 점이다. 제일 마지막에 등장하는 총폭해삼은 물론 해삼으로 만든 요리이다. 스토리가 갖추어야 할 기본인 기승전결이라든가 혹은 육하원칙 등을 갖춘다고 갖추었지만, 등장인물의 캐릭터가 그다지 세련되었다고 할 수 없는, 말하자면 평점을 매기자면 A에는 한참 미달된 그런 내용이다. 아울러 고증도 불분명해서 '세상에 이야기가 전해지기는 하는데 아직 실증이 되지 않는다'(傳世未與考證)라는 꼬리표를 떼지 못하는 그런 수준인데, 이 총폭해삼을 다룬 고사에서 대파에 주목하여 다음의 시편을 보강하면 사정은 약간 달라질 수도 있다.

> 蔥湯麥飯兩相宜, 팟국에 맥반이 서로 잘 어울리는 것은
> 蔥補丹田麥療飢. 파는 단전을 보하고 보리는 허기를 면해주는 까닭이라네.
> 莫謂此中滋味薄, 맛이 없다고 말하지 말게나
> 前村還有未炊時. 앞마을에는 아직 밥 짓는 연기도 피어오르지 않으니

송나라의 대유인 주희^{朱熹}가 제자이자 사위인 채침의 집을 우연히 들렀으나 사위와 딸은 출타 중이었고, 대신 외손녀가 집을 지키고 있었다. 외조부가 갑자기 찾아왔는데 마침 저녁 끼니 때였던 모양이다. 사위인 채침은 필시 가난한 서생이었던 듯해서 집안에는 외조부를 대접할 변변한 먹을거리가 없었다. 그때 외손녀의 눈에 띈 것은 대파 몇 뿌리에 뒤주에는 보리쌀뿐이었다. 별수 없

이 외손녀는 대파를 다듬어 국을 끓이고 보리쌀로 밥을 해 외조부를 대접했을 것이다. 외조부는 외손녀가 차려준 저녁상을 달게 먹고 남긴 것이 위의 시이다.

시의 압권은 물론 마지막 행. 사위집 앞마을에는 저녁 무렵인데도 밥 짓는 연기조차 올라오지 않았다는 것은 마을의 백성들이 끼니거리가 없이 주리고 있었다는 말이다. 그런 지경에 반찬 타령을 했다면 그건 주희가 할 노릇이 아니었을 테다. 하지만 이런 노백성들의 궁색한 사정보다 돋보기를 대야 할 것은 다름 아닌 팟국의 파가 단전을 보한다는 구절이다. 보단전이란 정기의 근본인 것이다. 이 대목에서 우리가 늘 상식하는 이 파라는 야채가 대저 어떤 식품인가에 대해 살필 필요가 있다.

음식과 관련하여 가장 초기 문헌에 해당되는 《예기禮記》라는 텍스트에 이미 "凡膾, 春用蔥, 秋用芥, 脂用蔥, 膏用韭무릇 고기 요리에는 봄에는 파를 쓰며 가을에는 겨자를 쓰고, 기름이 굳은 경우에는 파를 쓰며 기름이 녹은 경우에는 부추를 쓴다"라 하여 기름진 육식과 짝을 맞추어 조리를 하는 채소로 파와 겨자 그리고 부추를 사용하고 있었음을 알 수 있다. 여기서 한 걸음 더 나아가면, 이 파라는 근경 채소류가 이른바 노채魯菜의 주요한 특징을 이룬다[1]는 점을 짚는 것이 중요하다. 아울러 그 파도 제법 많은 종류 가운데 이른바 장구대총章丘大蔥을 살피지 않으면 노채魯菜는 물론 앞에서 언급한 이른바 총소해삼과 베이징카오야(북경오리구이)를 제대로 헤아리지 못하는 것이다.

---

[1] 王男 王金成 編著《齊魯文化》時事出版社 2008 北京 286 炸干里脊, 炸脂蓋, 鍋燒肘子, 双燒肉 등은 모두 蔥段佐食 북경고압

파를 가리켜 '菜也. 从艸恖聲^{채소이다 총의 소리를 땄다}'라는 설문해자의 간략한 설명에 대해 청대 단옥재^{段玉裁}는《설문해자주^{說文解字注}》에서 '菜也. 爾雅. 茗' 山蔥. 管子冬蔥. 皆蔥之屬<sup>채소이다. 〈이아〉라는 책에는 달래를 산에서 나는 파라고 했다. 〈관자〉에는 겨울파라고 했는데, 모두 파에 속하는 것이다.'라는 주를 덧붙이고 있다. 흥미로운 것은 관자동총^{管子冬蔥}이라는 구절이다.《관자》에 실려 있는 '齊桓公五年北伐, 山戎出冬蔥與戎菽(古胡豆), 布之天下^{제나라 환공 5년에 북쪽을 정벌했다. 산융 지방에서 겨울에 심는 파와 호콩을 가지고 와서 천하에 퍼뜨렸다}'라는 구절을 단옥재가 염두에 두고 한 발언이다. 이채를 발하는 것은 '관자'라는 인물과 파라는 채소의 관계이다. 산융이라 하면 필시 서방의 융적을 가리킬 테고, 그로부터 동총을 수입해서 천하에 퍼뜨렸다는 이야기다. 관자 곧 관중이라는 인물이 남긴 발언 가운데 인구에 회자되는 '의식이 족하고 창고가 차야 예절을 안다'는 구절로부터 파와 같은 식품에 대해 관중이 기울인 관심이 쉽사리 이해가 되기도 한다.

설명을 덧붙이자면 첫째, 관중은 제 환공을 춘추 오패로 만든 바 있는 제나라의 명재상이며, 제나라의 도읍이 임치라면 임치 인근에 자리 잡은 곳이 바로 대파의 명산지인 장구라는 점으로 연결된다. 둘째 단옥재가《관자》라는 텍스트에 실려 있다고 한 동총이라는 구절에 대해 보충설명을 덧붙이자면, 이른바 장구대총이라는 채소가 섭씨 영하 20도의 추위에서도 생육을 하는 채소라는 점이다. 셋째,《장구현지^{章丘縣誌}》건륭 22년(1755)조의 기재에 따르면 '山菜之屬芥, 韭, 蔥, 蒜, 瓜, 以産女郎山者爲最^{산에서 나는 나물에 속하는 겨자, 부추, 파, 마늘, 오이 당은 여랑산에서 생산되는 것을 최고로 친다}'라 하여 이미 건륭 당시부터 여랑산, 곧 장구 인근의 산지에서 재배되는 동총이 최고의 품질로 사람들의 입에 오르내리고 있었음을 알 수 있다. 그 가운데 대표적인 구절이 바로 '산동요리를 말할라치면 요리마다 파를 빼면 말이 안 되네'^{如言 山东菜, 菜菜不离葱}'라는 5언체의 입담일 것이다. 장구대총의 소산이 이른 바 '葱油泥', '葱椒泥', '葱油', '葱椒绍酒' 등으로 가지를 치면서 이들이 다시 카오야^{烤鸭}, 궈샤오주치^{锅烧肘子}, 칭짜따창^{清炸大肠}, 총샤오하이선^{葱烧海参}, 총샤오띠친^{葱烧蹄筋}, 총샤오러우^{葱烧肉}, 총파위춘^{葱扒鱼唇} 등의 메뉴에 없어서는 아니 될 양념으로 강구되면서 북경 전취덕^{全聚德}의 오리구이 카오야^{烤鸭}는 '장구대파가 아니면 쓰지 않는다. 이유는 제대로 된 맛이 나지 않으면 깔끔하지 않기 때문이다^{非用章丘大葱做作料不可. 否则, 味不正,}

味不純.'라는 구절이 인구에 회자되는 것이다.

장구대총을 가리켜 '총중지왕^{葱中之王}'이라는 별호를 붙이기에 손색이 없어서, 예컨대 '다우퉁^{大梧桐}'이라는 품종은 파의 전체 길이가 제일 긴 것이 길이 2m, 한 뿌리의 무게 1.5kg에 달한다고 하여 이른바 물경(놀라지 마시라는 뜻)이라는 단어를 구사하게 만들고도 남음이 있다. '세계총왕^{世界葱王}'이라는 표현도 허언이 아닌 게다. 1956년 장구의 슈후이^{綉惠}농장의 농사꾼인 류팅마오^{劉廷茂}라는 이가 전국노동모범대회에 참가하여 당시 주은래 국무원 총리로부터 대상을 수상한 뒤, 1959년에는 2킬로 이상의 대파를 거두어 중남해의 모택동에게 보냈다는 것이다.

이채를 발하는 대목은 내한성^{耐寒性}이 영하 20°C를 전후한 혹한에서도 생장^{生長}이 가능하다는 점, 이외에 이 장구대총이라는 대총이 연작은 불가능하지만 소맥과의 윤작은 가능하다는 점이다. 다시 말해 소맥과 장구대총은 천생연분이 아니라 지생연분쯤 되는 그런 관계라고 할까. 이런 지생연분에서 나온 입담을 또 하나 추가하자면, '大葱蘸酱, 越吃越胖'이라는 말이 그것이다. 다시 말해 장구대총을 첨장에 찍어먹는다는 이 발언에 바로 우리네 춘장이라는 단어의 비밀이 잠겨 있기도 한 까닭이다.

그럼에도 불구하고 아직도 부족한 것은 식용식물로서 파의 효용이다. 《본초강목》에 적힌 다음의 설명이 기다리고 있는 것이다.

파가 다스리는 증세는 모두 기를 통하게 하는 공으로부터 취한 것으로 기를 통하게 하는 까닭에 독을 풀고 혈액 관계의 병을 고친

대파의 단면

다. 기라는 것은 피의 장수인 것이다. 기가 통하면 피가 살아나는 법이다.²

말하자면 파의 효용은 통에 있다고 할 것이다. 여기에 다음 구절을 보강하면 더욱 그럴 듯해진다.

총^蔥은 창^囱을 따른다. 겉은 곧고 안은 비어서 창으로 통하는 모양새다. 규^扎라고도 하는 까닭은 풀 가운데가 비어 있기 때문이다. 그래서 글자가 공^孔을 따랐다… 처음 돋아난 것은 총침^{蔥針}이라 하고

2　"蔥, 所治之症 … 皆取其發散通氣之功, 通氣故能解毒及理血病, 氣者, 血之帥也. 氣通則血活矣." 습혜록 225쪽 재인용.

잎을 총청^{蔥青}이라 하며 겉옷과 같은 부분을 총포^{蔥袍}라 하고 줄기를 총백^{蔥白}이라 하는데 잎의 점액^{粘液}을 총염^{蔥苒}이라고 한다. 파는 여러 식재료와 두루 잘 어울려서 채백^{菜伯}이라고 부르는 것은 화합을 잘 하는 데서 말미암은 것이겠다. 식용하지만 사람에 따라서는 약^藥으로도 쓰는데 동총^{冬蔥}이 제일 좋으며 그 맛은 향기롭다. 겨울을 지나면서도 시들지 않으며 술자리에서도 안주로 곧잘 올라온다.³

　총^蔥을 구성하는 부품 총^囪은 창문 혹은 굴뚝이라는 뜻으로 파의 가운데가 비어 있다는 의미인 공과 맞물린다. 흥미로운 것은 공과 총^蔥과 총^囪이 모두 ong로 발음이 연결되고 있다는 점. 식용의 성분도 입말의 회로에 얽힌 것인가. 주목할 것은 화라는 글자다. 모든 음식과 잘 어울린다는 뜻으로 그로부터 채백, 곧 채소류 가운데 맏이라는 뜻을 얻은 게다.

　여기까지 이야기 하고 보니 파 자랑만 늘어놓은 꼴이 되고 말았다. 하기야 나는 저녁을 먹으면서 대파를 첨장 대신 마요네즈에 찍어먹기를 주저하지 않는 바이니. 정작 총소해삼이라는 메뉴에 대한 설명은 아무래도 북경으로 장소를 옮겨 풍택원을 찾아서 이야기를 이어가야 할까보다.

3　蔥從囪, 外直中空, 有囪通之象, 扎者, 草中有孔也. 故字從囪, 扎脈像之. 蔥初生曰蔥針, 葉曰蔥青, 衣曰蔥袍, 莖曰蔥白, 葉中粘液曰蔥苒, 諸物皆宜和蔥, 故云菜伯, 和事. 食用與人藥用, 冬蔥最好, 氣味也香. …經多不枯, 酒席間用之.

짜장면의 비밀을 풀 또 다른 관문, 춘장의 정체

우리가 먹는 짜장면에 들어가는 장을 가리켜 흔히 춘장이라고 부른다. 춘장이라… 이 춘장은 도대체 정체가 무엇인가. 우선 장이 뭐냐를 짚는 것으로 순서를 잡아보자. 이 물음에 대해서는 일찍이 조선 시대 농사요결서인 《증보산림경제》가 진즉에 대답을 마련하고 있다.

장醬은 장將이요 모든 맛의 으뜸이다. 인가의 장맛이 좋지 않으면 비록 좋은 채소나 맛있는 고기가 있어도 좋은 요리가 될 수 없다. 촌야의 사람이 고기를 쉽게 얻지 못해도 여러 가지 좋은 장이 있으면 반찬에 아무런 걱정이 없다. 가장은 모름지기 침장에 뜻을 두고 오래 묵혀 좋은 장을 얻도록 해야 할 것이다.

한 글자로 장은 장, 곧 두 글자로 하면 장수다. 장醬의 밑에 붙어 있는 유酉는 발효식이라는 뜻이므로 그런 발효식에 포함되는 술[酒]보다 계급이 높은 걸까. 간장, 고추장, 된장 따위의 장류가 모두 장수들이고 그들이 거느리는 것이 병졸이라면 그 병졸들에 포함된 것이 고기나 야채나 생선들인가? 음식 맛이 좋으려면 뭐니 뭐니 해도 장맛이 좋아야 한다는 주문을 되새기고 나서 다시 이어지는 것은 역시 춘장은 어떤 장인가이다.

한국의 간장, 고추장, 된장은 모두 곡장에 포함된다. 곡물로 빚어 만든 장, 다시 말해 콩으로 띄운 메주로 간장과 된장을 담그고, 고추장에 섞는 찹쌀가루도 곡물의 한 종류이므로 곡장류에 포함된다. 새우젓, 조개젓 등은 바다에서 나는 어류를 삭혀 만든 어장魚醬이다. 여기에 이금기 소스로 알려진 건 굴을 간장에 끓여 만들었으니 그것도 어장에 속한다. 이밖에 쇠고기를 간장에 넣고 끓여 졸이는 장조림은 육장肉醬이다.

춘장은 중국의 장 가운데 곡장에 해당한다. 중국의 화북 지방의 곡장에는 크게 두 가지가 있다. 색깔로 구분하여 흑장과 황장으로 나누는데 흑장이 바로 우리가 중국음식점에서 양파를 찍어 먹는 그 춘장이다. 흑장黑醬은 문자 그대로 검은 색깔의 장이고 황장은 색깔이 누렇다는 의미에서 황장이지만, 흑장보다 약간 갈색을 띠고 있어서 짙은 갈색에 가깝다. 모두 장독의 뚜껑을 열고 햇볕을 오래 쬔 까닭이다.

흑장은 티엔장甛醬 혹은 미엔장麵醬이라고도 하는데 모두 밀가루로 찐 빵을 주원료로 발효시킨 장이다. 황장은 밀가루 성분 이외에

콩을 메주로 쑨 것을 섞어 넣는다. 티엔장이 밀가루 성분이 많아서 좀 더 단 맛이 강하며 황장은 콩 성분으로 말미암아 고소한 맛이 진하다. 짜장면의 소스를 만드는 장, 베이징 카오야의 밀쌈에 싸서 먹는 오리고기와 대파와 오이를 찍는 장, 혹은 전병에 바르는 장, 만두를 먹을 때 대파를 찍어먹는 장 그리고 우리가 짜장면의 소스를 만들 때 양파와 돼지고기를 넣고 볶아내는 장도 모두 이 미엔장이나 황장이다. 우리의 된장과 진배없는 장인 것이다. 여기까지 이야기하고 나니 복잡한 이름들이 눈앞에 어른거린다. 정리를 하자.

이 춘장의 정식 이름은 총장葱醬에서 말미암는다. 여기에서 총葱이란 파다. 파를 찍어먹는 장인 것이다. 앞서 언급한 바 있듯이 이 대파와 춘장의 콤비가 한국으로 넘어오면서 그 결합의 성분이 대파 대신 양파로 바뀐 것은, 대파보다는 양파가 훨씬 보관과 저장이 편해서 그렇게 된 것이라 보아야 할 것이다. 말하자면 짜장면의 제일 맏형 격인 만두와 미엔장과 대파의 콤비에서 대파 대신 양파로 바뀐 것이다.

총이 춘으로 와전된 데는 중국어 모음의 발음구조로부터 다시 말미암는다. 이를테면 모택동을 중국어로 발음하면 마오쩌뚱이라고 발음하지만, 아무 물건이나 닥치는 대로 싸잡아 가리키는 명사인 동서東西라는 말은 똥시라고 발음한다. 같은 동을 경우에 따라 뚱이라고도 하고 똥이라고도 한다. 다시 말해 우리말의 'ㅜ'와 'ㅗ'처럼 모음의 음양 구별이 뚜렷하지 않고 서로 넘나든다. 듣기에 따라서 그리고 입으로 발음하기에 따라서 딱히 'ㅜ'도 아니고 딱 부러지게 'ㅗ'도 아니지만 실은 'ㅜ'이기도 하고 'ㅗ'이기도 한, 미묘한 발음체계 혹은 구강구조를 가지고 있는 것이다. 따라서 총장은 충장에 가깝게 들릴 수도 있다. 그 충의 'ㅇ'은 바로 뒤에 따라오는 'ㅈ'과 서로 부드럽게 잘 어우러지기 위해 'ㄴ'으로 바뀌고 말이다. 이를 테면 우리나라 발음의 자음끼리 결합하는 과정에서 서로 걸리적거리는 발음을 부드럽게 하려고 자음접변하는 것과 통한다고 보면 어떨까.

여기까지 이야기하고 나니 제법 여러 개의 이름들이 헷갈리므로 정리를 하자

	재료	다른 이름	색깔	별명	와명
장醬	곡장	면장, 첨장, 첨면장	흑장	총장	춘장
			황장		
	어장	새우젓, 느억맘			
	육장	장조림			

다시 말해 우리가 춘장이라고 일컫는 장은 재료는 곡장으로 면장, 첨장, 첨면장 등의 다른 이름을 가지고 있으며, 색깔로 나타낼 때는 흑장 그리고 마지막으로 총장은 별명인 셈이다. 그 총장이 한국으로 건너와 와전되어 춘장으로 되었으니 와명訛名(와전된 이름)이다. 춘장에 감추어진 이런 이름들을 알고 먹는 것과 모르고 먹는 것은 작지만 큰 차이이다.

여러 개의 이름들을 소개하는 것으로 견문을 넓혔으나 여기에 그치지 말고 한자 풀이로 썰의 진도를 좀 더 나가보자. 중국의 노자호老字號(노포의 중국말이라고 생각하면 됨) 가운데 으뜸으로 꼽히는 전문前門 앞에 자리한 500년 연조의 육필거六必居 매장에 들어간다고 치자. 장을 담은 용기에 첨장이라 적혀 있다. 이 첨甛이라는 글자가 뜯어보면 제법 재미있다. 甛 = 舌혀 설 + 甘달 감으로 부품을 뜯어 풀면 혀가 달다는 뜻.

이 첨이라는 글자가 들어간 영화가 있으니 장만옥과 여명이 출연한 《첨밀밀甛蜜蜜》. 밀蜜에 들어 있는 벌레 충虫은 벌이다. 곧 벌에서 따는 꿀이다. 영화에서는 장만옥이 섹시한 입술로 오물거리며 무언가를 먹는데 이 장면과 함께 장만옥이 여명과 키스를 나누는 장면이 눈에 들어와야 한다. 왜냐, 그 키스의 맛은 필시 혀가 달 것이므로. 흔히 달콤한 첫 키스의 추억이라는 말이 바로 그 말이다.

거기에 교태가 넘쳐흐르는 등려군의 노래가 반주로 깔린다. '티엔미미'로 시작하는 그 티엔이 바로 혀가 달다는 뜻. 교태 만점의 음색인 등려군의 이 노래는 온통 붉은 색 노래만 부르던 대륙 중국을 뒤흔든 바 있다.

그런데 이 혀가 달다는 말은 우리나라에서도 그 위력을 발휘하였으니, 내 연배쯤 되는 세대들, 곧 단 음식이라고는 별로 먹을 기회가 없던 세대에게 부동의 국민 외식 메뉴 1위로 짜장면을 올려놓은 비결이기 때문이다. 고추장, 된장, 간장이라는 곡장은 단맛, 곧 혀에 전해지는 달콤함을 맛보여주지는 않는다. 우리가 짜장면을 처음 먹고 그에 빠진 비결이 바로 이 달달한 맛에 있다고 추정해도 그리 큰 무리는 아니다.

그런데 이 짜장면이 최근 일 년 중 특정한 어느 날 얼굴을 일그러뜨린 채 먹는 음식이 되고 말았으니 이른바 블랙데이라는 날이 그날이다. 화이트데이에 초콜릿인지 사탕인지를 받지 못한 축에 속하는 이들이 먹어야 하는 음식이 되고 만 것이다. 그건 물론 흑장, 곧 색이 검다고 해서 오도된 노릇이다.

하지만 짜장면의 고향인 산동에 가면 그 검은 색은 완전히 다른 색이 된다. 산동을 무대로 하는 소설 《수호지》의 등장인물 송강 그리고 송강과 더불어 매력만점의 캐릭터인 이규, 이들 둘의 별호에 붙은 공통점이 바로 흑인 것. 호보의^{呼保義}(의리를 부르짖고 보위하는)라는 호를 가진 송강은 흑송강이요, 쌍판부 도끼를 마구

휘두르는 이규는 흑선풍이다.

  중요한 것은 이 흑이 바로 계열 다시 말해 문화 코드를 이루고 있다는 사실이다. 이 흑자 계열의 인간에는 장비로부터 판관 포청천과 공자의 호위 무사 자로가 포함된다. 반면 흰색 인물도 있다. 대표적인 이가 바로 간웅 조조. 흑백의 캐릭터 차이는 강직剛直과 간사奸邪. 다시 말해 심지가 굳고 성미가 곧은, 체질적으로 남에게 아첨 떨지 못하는 캐릭터이다. 흑은 직과 통한다.

  이런 직이라는 글자를 자신의 필명으로 삼은 이는 광인일기의 작가 노신. 직의 뒤에 입이라는 글자를 붙인 필명도 있다. 직입直入이라니 이건 무슨 말인가. 그 앞에 두 글자가 생략되어 있는 단어이다. 생략된 두 글자가 뭐겠는가. 다름 아닌 단도單刀다. 노신에게 묻는다 치자. 당신은 누구요? 노신이 '나는 직입이다 어쩔래?' 라고 대답했다고 하자. 직입? 하고 되물은 다음, 아아, 단도네. 선생은 어째서 단도라는 거요? 그건 다음에 이야기하기로 하자. 살벌한 이야기는 뒤로 미루기로 하자는 말이다.

  요컨대 짜장면이 검다고 해서, 흑장이라고 부른다고 해서, 블랙데이니 뭐니 하는 초콜릿 장사치가 만든 장삿속에 넘어가면 빙충이가 된다는 말이다. 평소에 많이 먹자. 짜짱면을. 곧고 굳은 심지, 영혼의 칼슘이 풍부한 음식이니 말이다.

파의 비밀 1

대파 길이가 자그마치 2미터

우리가 통상 춘장이라고 일컫는 그 장, 중국집 식탁 위에 양파와 더불어 조그맣고 앙증맞은 접시 위에 담겨 올라오는 그 춘장은 총장의 와명(와전된 이름)이라고 이야기했다. 여기에서 한 가지 궁금증이 떠오르지 않으면 이상하다. 총은 뭔가 하는 질문이다. 총은 파다. 따총^{大蔥}은 대파요, 샤오총^{小蔥}은 실파 혹은 쪽파다. 따라서 총장은 파를 찍어먹는 장인 셈이다. 그럼 왜 파를 찍어먹는 장에 양파를 찍어먹느냐. 아니, 파를 찍어먹든 양파를 찍어먹든 먹기 전에 우선 파란 어떤 식물이냐를 살피자. 그러자면 다음의 구절을 대하는 게 상수다.

삶은 계란의 껍질이

벗겨지듯
묵은 사랑이
벗겨질 때
붉은 파밭의 푸른 새싹을 보아라
얻는다는 것은 곧 잃는 것이다
—김수영, 〈파밭 가에서〉

당신은 파를 관찰해본 적이 있는가. 파라는 식용식물은 계란 껍질처럼 벗겨진다. 묵은 사랑, 진부한 사랑타령은 낡은 껍질과 더불어 벗겨지고 새로운 이파리가 돋아난다. 속에서 새 생명의 이파리가 돋아나면서 동시에 낡은 이파리는 한 꺼풀씩 마르고 시들면서 껍질이 벗겨지는 것. 새로운 것과 낡고 묵은 것의 교체가 이루어지는 것. 김수영은 파에서 생명의 모습을 본 것이다. 잃으면서 얻는 것이다. 인간의 삶도 파처럼 그렇다.

파는 생명력의 '대마왕'이다. 그 생명력은 생육이 거의 불가능한 차가운 겨울에도 끄떡 없이 유지된다. 식용식물 중에 겨울을 나는 농사에 들어맞는 식물인 것이다. 이런 파를 두고 《신농본초》에서는 '치상한治傷寒'이라고 설명한다. 곧 차가운 기운 때문에 상한 몸을 다스린다는, 따라서 감기 몸살에는 약효가 입증된 식용식물이다. 겨울을 난다고 해서 양기의 화신이라고도 불렀다. 나이 들어 양기가 떨어지는 늘그막에 파를 식용하는 건 강장에 보익하기 때문이다. 나도 어릴 적에 겨울에 감기가 걸리면 아스피린 대신 파 뿌리를 달인 물을 억지로 음용하곤 했다.

이런 대파를 생산하는 곳이 바로 중국의 산동 땅 장구章丘라는 곳이다. 이름하여 장구대총章丘大蔥이라 부르거니와, 중국 파 콘테스트에서 1등을 독차지할뿐더러 모택동의 식탁 요리에 쓰이는 대파다. 2007년 무렵에 중국에서 인기리에 방영된 50부작 드라마《틈관동闖關東》(1930년대, 산동 사람들의 동북 개척 역사를 그려낸 대하 역사 드라마)에서 장구 출신 주인공의 아내는 산동의 대파를 가리켜 한 뿌리면 겨울을 난다고 했다. 치상한이라는 말을 고스란히 옮긴 이야기이다. 여기에서 다시 산동이라는 고장을 이른바 '소채지향'이라는 별칭으로도 부른다는 사실, 곧 중국의 야채나 채소 가운데 1/6이 산동지방에서 생산된다는 점, 그들 야채 가운데 파를 일컬어《신농본초》에서는 채백茱伯 곧 야채의 제일 맏형이라고 부른다는 점, 따라서 산동요리에는 늘 파가 들어가기 십상이라는 점, 거기서 더 나아가 제남 바로 옆에 붙은 장구라는 곳의 대파는 전국적으로 유명해서 대파의 길이가 제일 긴 놈은 무려 2미터, 곧 사람의 키를 넘는데 그 잎이 얇고 맛이 달면서도 매콤해서 모택동의 식탁에 오르는 대파가 바로 이 장구대파라는 점 등 이들 점점을 이으면 파의 형상이 어른거리는 것이다. 2미터짜리 대파라니 '구라'치지 말라고? 구라가 아니다. 나는 유구라가 아닌 것이다. 팩트라는 말이다. 다음 사진을 보시라 할밖에….

다시 중국집, 중국집 식탁에 앉아서 짜장면을 기다리는 동안, 그 순수한 시간에 젓가락을 들어 양파를 집어 춘장을 찍어 먹어보지 않은 사람이 있다면 나와 보시라. 톡 쏘는 매콤한 향이 입 안에 전해오던 경험을 누구나 해보았으리라는 말이다. 그리고 이

산둥 장구대총 콘테스트 입상자들과 대파

양파 대신 만일 파를 찍어 먹어보라. 그 맛이 대동소이하지 않을까. 그 파의 맛을 식감으로 느낄 줄 아는 이는 별도로 있으니 다음의 구절이 그 증거이다

> 寶石같은 아내와 아들은
> 화롯불을 피워가며 병아리를 기르고
> 짓이긴 파 냄새가 술 취한
> 내 이마에 神藥처럼 생긋하다
> —김수영 〈초봄의 뜰 안에서〉

이 구절도 김수영의 시편에서 가려 뽑은 구절이다. 고인은 파

냄새를 신약처럼 생긋하다고 한다. 신약이라니. 신약이라면 신의 약 혹은 정신의 영약이라는 뜻인가. 그리고 생긋하다는 말은 무슨 말인가. 고인이 늘 하던 대로 사전을 뒤져본다. 네이버 사전에 따르면 '[동사] 눈과 입을 살며시 움직이며 소리 없이 가볍게 웃는 모양'이라고 되어 있다. 유의어에 '생긋이, 생끗, 쌩긋'이 이어지고 있는 게다. 가볍게 웃는다는 말을 한자어로 치환하면 미소를 짓다는 말로 고칠 수 있을 것이다. 아아, 파가 미소를 짓다니. 그 미소가 고인의 술 취한 이마에 생긋하다는 말은 이마에 대고 키스라도 하려는 건가. 그 키스의 맛은 아마 맵싸할지도 모르겠다. 술 취한 고인의 이마에 정신 좀 차리라고 맵싸한 미소를 날리는 건가. 윙크라도 하는 건가.

그 파는 다진 파가 아니라 짓이긴 파다. 파는 칼날로 다지는 게 보통이다. 마늘은 사정이 다르다. 칼을 눕혀 칼의 옆면으로 일거에 힘을 주어 내리치면 마늘은 다져지는 것이 아니라 부서진다. 하지만 짓이기는 데는 칼의 옆쪽 넓적한 면이 아니라 나무로 만든 둥근 손잡이의 뒤쪽으로 내리쳐서 짓이기는 것. 이때 파의 향기는 더 강하라고 그렇게 할 게다. 파의 끈적한 즙이 밖으로 나와서 맵싸한 식감이 입으로 곧바로 전달되도록.

이런 파가 최근에는 비록 짓이긴 것은 아닐지라도 길게 채를 친 모양으로 파닭이니 하여 통닭 위에 얹혀 올라오게 되었으니…. 예전에는 삼겹살에 곁들이는 파무침으로 버티다가 드디어 파닭으로까지 진출한 것이다. 치맥에도 진출해야 옳겠거니 생각하면서 치(킨 영어)맥(주 한자)이라는 괴이쩍은 합성어에 한글을 더하여 파닭이라고 하지 말고 파치맥이라고 하면 어떨꼬 하는 쓸데없는 망상도 해보는 것이다. 기왕에 짬뽕을 하자면 국적을 고루 갖추는 식으로 말이다. 파치맥에 곁들이는 술도 섞어먹는 소맥으로 하면 더욱 그럴듯하지 싶다.

파 냄새를 맡을 줄 아는 코, 그놈을 그냥 먹을 줄 알게 되는 나이라면 이른바 어른의 입맛을 가지는 나이로 접어든 거다. 예컨대 마늘을 된장에 찍어먹는 나이, 파를 춘장에 찍어먹을 줄 알게 되면 술을 배운 나이고 따라서 성년의 맛을 볼 자격증을 부여받은 나이가 되는 것.

하지만 이 것으로 파 맛을 다 알았다고 하면 큰코다치는 수가 있다. 날 파의 신약 같은 맛도 일품이지만, 파가 특단의 맛을 내는 메뉴는 별도로 있으니 바로 중국집 볶음밥에서 풍기는 향기다. 볶음밥의 중국어 원문은 초반炒飯차오판. 초炒는 불 화 옆에 적을 소少로 미루어 센 불기운에 후다닥 볶아내는 그런 불 다루기이다. 대신 그 센 불을 전문용어로 맹화猛火 혹은 왕화旺火라고 분류한다. 아울러 기름의 양은 적절해야 한다. 곧 파의 구근 부위가 노르스름을 넘어 가무스름의 직전까지로 때깔이 올라야 한다. 그 파의 향은, 날 파의 매운 맛은 가셨으나 파의 원 즙 맛을 보존하면서 불 맛이 가미된 그런 맛이다. 중국집 볶음밥을 제대로 하는 집은 그리 많지 않다. 이 파를 볶아 태운 맛을 제대로 내려면 불의 세기와 적절한 시간이 결합해야 하는 까닭이다.

참고로 볶음밥은 중국 요리에서 영토가 가장 넓은 요리이다. 지구상에 화교가 존재하는 곳에는 중국집이 있기 마련이고, 어

광동의 차오판, 곧 볶음밥

디든 그 중국집 메뉴판에 반드시 붙어 있는 요리가 바로 볶음밥인 것이다.

여기에 파가 들어가는 새로운 메뉴를 하나 추가하자. 이름하여 총소해삼^{蔥燒海蔘}. 파를 기름에 볶아 거기에 다시 수발해삼^{水拔海蔘}(물기를 말린 해삼)을 볶아낸 고급요리에 속하는 메뉴다. 해삼은 중국에서 인삼의 대용품으로 붙여진 이름이다. 인삼은 장수 황제로 5대손까지 본 건륭제가 장복한 강장제요, 서태후가 인삼절편을 늘 입에 물고 살았다는 이야기가 전해지는 귀한 약재인데, 이를 대체하는 식품이 바로 해삼인 것이다. 그 해삼을 생강도 아니고 마늘도 아닌 대파와 함께 볶아낸 요리가 총소해삼이다. 노인에게 좋지 않을 리가 만무하다.

그런데 이 총소해삼 이야기를 하는 이유는 별도로 있다. 지금으로부터 20여 년 전 그러니까 내가 짜장면이라는 메뉴에 새롭게 눈을 뜨던 무렵, 광화문 세종문화회관의 남쪽 길 건너편 이층 중국집에는 이런 문구가 적혀 있었다. '파 기름 사용'이라고. 어디에 파 기름을 사용하는가. 짜장면을 볶는데 파 기름을 쓴다는 거였다. 파 기름이라니. 고추기름까지는 알건만 파 기름은 금시, 아니 당시에 초문이었다. 그러고 나서 10년 세월이 흘렀다. 중국집에 가서 탕수육을 찍어먹는 초간장에 뿌리는 라유^{辣油}(고추기름) 이외에 총유^{蔥油}(파를 볶아낸 기름)라는 기름이 있다는 사실을 알았으니. 그런데 그 집은 주인장이 바뀐 뒤 파 기름이라는 말도 사라지고 말았다.

여기에 한 가지를 더 추가해야 할 것은 중국에서 대파를 찍어먹는 춘장이 한국에 오면서 대파가 양파로 둔갑을 했다는 사실이다. 하기야 대파나 양파나 그게 그거 아닌가. 파는 파니까 말이다.

역대 중국 최장신 농구선수인 야오밍보다도 키가 큰 장구 대파

양파는 중국어로 바꾸어 양총이다. 대총이나 양총이나 모두 총인 것처럼. 이런 생각을 하다가 문득 중국집에서 춘장을 찍어먹는 양파 대신 채친 대파를 내놓으면 어떨까 싶기도 한 것이다. 그 대파라는 게 장구 대파라면 더할 나위 없는 건 물론이다. 그러자면 먼저 장구 대파를 수입하거나 한국에 옮겨 심어야 할 일이다.

파의 비밀 2

양파와 대파

중국집에서 양파를 찍어먹는 춘장의 별명이 총장이라는 점을 알았으면 이 총장의 별다른 용도가 있음을 확인하는 것도 중요하다. 타임 슬립으로 미끄러져 금세기 초로 돌아가 다음 구절을 읽어보자는 말이다.

쿨리들은 맨손으로 돈벌이에 나선 사람들이었다. 그렇다고 그들이 원래 알거지들은 아니었다. 고향에 논밭 뙈기 등 최소한의 재산을 지닌 사람들이 많았다. 그러나 보잘 것 없는 땅뙈기에 매달려 입에 풀칠이나 하며 연명하느니 차라리 이방異邦에서 고생하더라도 돈을 벌겠다는 일념으로 길을 떠난 것이다. 그래서 당시 쿨리를 가장 많이 낸 산동성山東省의 농촌에서는 건장한 남자는 찾아보기가 힘들었

다. 튼튼한 남자는 모두 쿨리가 되어 집을 떠나 일하고 농사는 남은 노인네와 어린이들이 돌봤다. 농사를 짓기 위해 험한 언덕을 타며 비료를 나르고 밭 갈기와 수확에 땀을 흘리면서도 이들 남은 가족들은 불만이 없었다. 얼마만 지나면 일떠난 사람들이 어김없이 돈을 부쳐오고 보통 1년에 한 번씩은 돌아와 함께 지낼 수 있었기 때문이다. 물론 고생스럽기는 객지에 나선 사람이 훨씬 더했다. 여정旅程 중에는 눈비와 풍상風霜을 참아야 했다. 허름한 옷에 등에 자루 하나를 짊어지고 일터를 찾아서 돌아다녔다. 쿨리 방幇에 들게 되면 조금 편해지지만 여기에 가입하지 않았거나 하기 전까지는 혼자 지내야 했다.

식사는 自製자제 만두나 호떡으로 때웠다. 재고가 떨어지면 밀가루를 사서 노상에서 바로 만들어 먹기도 했다. 만두를 자루에 넣지 않고 실로 꿰매 마치 탄띠처럼 몸에 두르고 다니는 사람도 많았다. 반찬도 따로 없었다. 우물 옆에 앉아 물 한 모금씩 마셔가며 만두 한가지로 때우곤 했다. 심심하면 부추나 파에 싸먹고 때때로 동전 1錢^전을 주고 산 두부나 양파에 된장을 발라 먹으면 別食^{별식}으로 쳤다.

지금으로부터 40년 가까이 이전인 1979년 중앙일보에 실린 한 기사 일부를 그대로 옮긴 것이다. 필자는 당시 한국 화교협회장을 지낸 진유광 씨. 그는 직접 중화음식점을 경영하기도 해서 화교와 중국 음식점에 대해 남다른 견문이 있는 인물이었다. 훗날 타이완으로 돌아가 작고한 그가 남긴 이 글에서 주목을 하려는 건 역시 제일 끝에 등장하는 파와 양파다.

아니 그보다 앞서 쿨리에 돋보기를 들이대 보자. 쿨리는 청나라 말엽 전 세계로 송출된 인력, 다른 이름으로는 화공^{華工}이라 불렀다. 별명은 주짜이^{猪仔}, 풀면 돼지 저^猪에 새끼 자^仔라는 뜻이므로 인간이 아니라 돼지새끼 취급을 받았다는 말이다. 대표적인 쿨리로 꼽자면 미국으로 건너가 대륙횡단 철로를 깐 쿨리를 필두로 동남아시아로 내려간 쿨리는 고무 채집 등의 노역에 종사했다. 현금의 동남아 화교 곧 태국, 말레이시아, 인도네시아, 필리핀 등지에서 국부의 대다수를 소유하고 있는 이들의 조상이 바로 쿨리인 것.

한국에도 일제시기에 화교가 적잖이 건너왔는데 그 대부분은 산동 출신 쿨리^{苦力}였다. 그들이 동원된 공사판 역시 철로 건설이

1910년대 경성의 공사장에 동원된 중국인 노동자 쿨리들

대다수였다. 산동 쿨리는 교제철로(지금의 청도와 제남을 잇는 철로로 1904년에 준공됨)를 위시하여 연태烟台니 위해威海니 하는 곳까지 철로가 깔리면서 그 현장에 동원된 숙련 철도 노동자들로 일제의 식민지 경영에 필수적인 철도 건설 현장으로 불려 왔다고 하면 이해가 될 것이다.

귀향의 기약도 없이 멀리 미주나 동남아로 팔려가서 불귀의 객이 되고 마는 다른 지방 쿨리와는 달리 산동의 쿨리들은 춘절이면 귀향을 보장받을 길이 열리는 노정이었다. 게다가 바람을 잘 받으면 황해 바다를 건너는 데 하룻길이요, 오죽하면 인천에서 우는 닭 울음소리가 위해에서 들린다고 했을까. 그만큼 지근거리라는 메리트가 있는 것이다.

　아울러 산동 쿨리는 철로 현장 경험에 더해 여타 지방의 쿨리와는 신체조건이 달랐다. 《수호지》의 무송과 임충, 노지심이라는 백팔영웅의 산동대한자^{山東大漢子}에 호주^{好酒}하는 내력이 우리네 평안도 사내 기질과 영판 닮았다는 것. 거기에 다시 노사 분규 없이 공두^{工頭}(현장 노동자의 우두머리)의 명령을 잘 듣기도 했으니 이미 적색 노조의 입김을 쐬인 조선의 노동자와도 달랐을 것이다. 일제 총독부 철도건설 담당 관리로서는 불감청이언정 고소원이 바로 산동의 쿨리 화공들이었다.

　그런데 위의 인용부에서 약간 보강을 할 점이 있다. 부추와 파에 만두를 싸먹고 양파에 된장을 찍어먹기도 했겠지만, 아무래도 된장이 고향의 대파와 총장의 결합만 했겠는가. 여기서 100년을 넘긴 노자호^{老字號}로 브랜드를 인정받은 위해시의 '사해면장^{四海面醬}'이 새삼스러운 것이다. 사해 면장의 공장 관계자의 증언에 따르면, 총장을 말려서 책에 넣어 한반도로 가지고 갔다고 한다. 다시 말해 짜장을 말려 분말로 만들어 그걸 보따리에 넣고 괴나리봇짐에 싸서 황해 바다를 건너와 예를 들어 인천 부두에서 수인선 철로현장까지 걸어서 가는 동안, 길가 텃밭에서 파를 슬쩍하여 그 놈을 어깨에 차고 다니던 만두를 물에 푼 총장가루에 찍어 함께 먹으면 그게 바로 독특한 주식에 해당하는 그림이 아닌가 말이다.

　동학의 교주 최시형이 밥이 하늘이라는 말을 남겼을 때 그냥 본인이 만든 말이 아닌 것은 '王以民爲天^{왕이민위천}, 民以食爲天^{민이식위천}'이라는 《서경》의 문구에서 말미암는다고 보면 그리 틀리지 않는다. 그런데 이때의 밥은 쌀밥이 아니라 식食, 곧 먹을거리 전체를 가리킨다. 그리고 그 식 가운데 가장 큰 근본을 이루는 것이 바로 주식, 곧 곡물이다. 그리고 곡물은 크게 남미북면南米北面으로 나뉜다. 이때의 면은 국수가 아니라 밀 것 다시 말해 밀가루로 만든 모든 주식을 가리킨다.

여기서 산동의 쿨리들이 먹던 주식, 곧 만두와 대파와 춘장의 결합 비슷한 것이 우리네 한반도에 없다면 그것도 이상한 노릇이다. 하여 떠올려보기를, 밥(이때 밥이란 위에서 말하는 식이 아니라 우리가 먹는 쌀밥이니 잡곡밥이니 하는 주식을 가리킨다)을 물에 말아 집 앞 텃밭에서 나는 푸성귀, 그중에서 얼갈이나 풋고추를 된장과 고추장에 찍어먹는다면 그게 그거 아닌가.

이 이야기를 꺼낸 것은 나도 이 세 가지, 곧 물에 만 밥, 그것도 보리가 2/3쯤 섞여 쌀은 보일락 말락 한 보리밥을 물에 말아 된장에 찍은 풋고추와 함께 먹은 경험을 통과한 장본인에 속하는 까닭이다. 때는 바야흐로 1973년, 재수해서 대학에 들어간 그해였다. 그 해 봄 부친은 언젠가부터 별러온 산역을 감행했다. 산역이라는 두 글자는 산에서 하는 노역으로 풀이하는 게 아니다. 산에서 하는 노역은 대강 들어맞지만 별도의 특정한 노역이다. 곧 내 고향 안동 하회마을(실은 내 부친의 출생지일 뿐, 나는 거기서 나지도 자라지도 않았다)에서 칠십 리 떨어진 의성군 다인면에 터를 잡고 있던 증조모의 묘를 하회로 이장하는, 말하자면 대역사에 동원된 것이다.

의성 다인면의 한 여인숙에서 간밤을 지내고 새벽에 삽 한 자루를 걸러 메고 현장에 아우와 함께 도착한 것은 청명절 무렵인 식목일이었다. 학교는 자발적 휴강을 한 것은 물론. 조상의 일을 돌보는데 어찌 학교 수업 하루 이틀 빠진다고 대수겠는가. 4월 초라 다행히 내리쬐는 뙤약볕은 아니었지만 군대에 가기 전이라 도시 생활을 하면서 삽질 한 번 변변하게 해본 적 없는 서울내기들로서는 봉분을 파내리기 시작한 지 채 삼십 분도 못 돼서부터 그야말로 허리가 끊어질 듯 쑤셔왔다. 그렇게 점심때가 오기만을 기다리면서 아우와 함께 건성으로 삽질을 하던 끝에 해가 중천에 이르자 점심을 먹으러 오라는 기별을 전하러 아이 하나가 현장에 나타났다. 삽을 현장에 내팽개치다시피 하고 밥을 맞춰놓은 여인숙에 도착하니 툇마루에 양푼 하나에 밥이 담겨 있고, 주전자와 얼갈이배추 그리고 새끼손가락 크기가 될까 말까한 풋고추가 전부였다. 대경실색하여 여인숙 주인아줌마를 눈을 치켜뜨고 원망의 눈초리로 쳐다보니 아낙이 하는 말 왈, "찬이 시원치 않재요? 나도 몰래요. 어른이 그렇게 차려주라고 해서 내놓은 거 아닌껴."라는 거다. 필시 심술쟁이 영감이 우리를 골탕을 먹이려 한 게 분명했다. 하지만 별 수가 없다. 배에서는 쪼르륵거리면서 보리밥이라도 뱃속으로 어서 들이기만 하라고 난리다. 나는 평소 부친이 가끔 하던 말, 곧 "아무리 일류 주방장이 만든 음식이라도 뭐가 빠졌다고 할 줄 알고, 남이 토한 음식도 달게 먹을 줄 알아야 먹을 줄 아는 거다"라고 하는 발언 가운데 남이 토한 음식에 비하면 한결 낳은 상차림이 아니냐고 아우놈에게 위로의 말을 건네면서 꽁보리밥에 가까운, 쌀이라고는 보일락 말락 한 보리밥을 덜어서 물

중국의 대표적인 서민음식 짜만토우

에 말아 한 입 떠 넣은 다음 얼갈이배추를 고추장에 찍어 입으로, 다시 풋고추를 된장에 찍어 입에 넣고 열 번을 씹었을까, 아니 이게 웬일인가. 이럴 수가. 보리밥이 꿀로 변하더니 이어서 고추장과 어우러진 봄 얼갈이의 그 상큼한 향기에 다시 풋고추의 알싸한 맛을 감싸고도는, 여러 해 묵어서 쿰쿰한 냄새를 풍기는 된장의 맛이 입으로 전해져오면서 놀랄 만한 맛으로 화하는 것이 아닌가. 아아, 지상 최고의 음식이 따로 없는 것이었으니.

이 맛을 혀에 새겨둔 내가 산동의 한 현급 도시(하도 작은 도시라 기억이 가물가물한다. 아마 거야현이었지 싶다)에 들렀을 때다. 북경의 택시 기본요금 10원의 절반인 5원짜리 기본요금 그 도시에 들렀을 때 마침 끼니때가 되어 닥치는 대로 눈에 띄는 대로 허름하기로 별 다섯 개쯤 되어 보이는 식당에 들어가니 짜만토우炸慢头가 메뉴판에 올라 있었다. 소가 안 든 맨 밀가루 만두를 기름에 튀긴 놈이다. 한 근(500g)에 1원(대강 우리 돈 180원이 될까 말까 한 금액)이니 제일 싸구려 메뉴다. 그런데 문득 그게 당기는 것은 왜였는가 모른다. 시꺼먼 기름에 튀긴 만두를 한 입에 베어 문 다음 기다리고 있는 것이 바로 식탁 위의 통마늘. 껍질을 벗기지 않은 마늘이다. 만두가 튀겨지기까지 그 놈을 예비해야 하는 것. 손톱을 동원하다 보니 손가락 끝에 찐득한 마늘 즙이 배어 냄새가 진동을 하건만 그게 대수냐 하면서 옆의 민공들이 먹듯이 만두 한 잎 베어 물고 마늘을 춘장에 찍어 입에 넣었을 때의 그 짜릿함이란…. 주린 배가 아니면 결코 연출할 수 없는 마술이다.

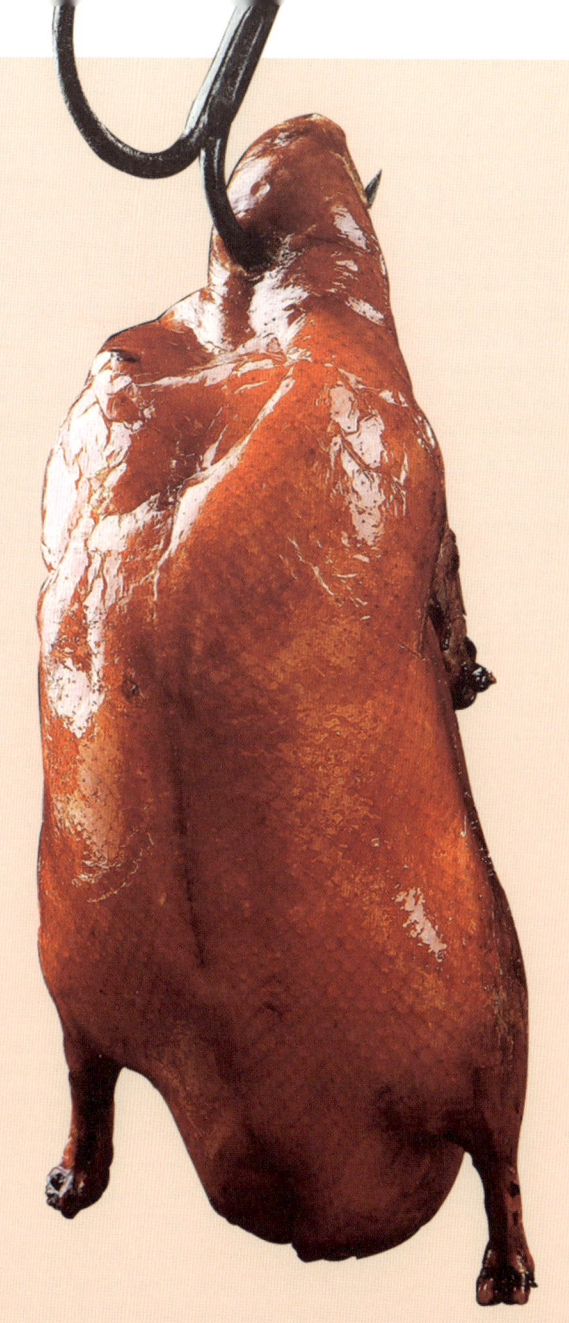

4장
짜장면의 친척들

다스 베이더의 퀴즈

북경을 둘러보자면 이른바 중축선^{中軸線}을 북에서 남으로 따라 내려오는 길을 걷는 코스가 첫 번째일 것이다. 중축선이란 도시 북경의 한 가운데를 뚫고 이어지는 선, 곧 수레바퀴의 굴대에 비유한 선인데, 고궁의 북문으로 들어와 남쪽 문인 천안문으로 빠져 지하도를 건너 천안문을 지나 다시 전문 앞 거리로 들어서는 코스다. 예컨대 그 길을 점심을 간단하게 먹고 난 뒤 출발해 전문 앞까지 진출했다고 치자.

아무리 점심을 든든하게 먹고 난 뒤라도 구중궁궐을 지나 천안문 광장을 이리저리 돌고 나면 걸어온 거리가 족히 7~8km는 되기 마련이다. 시간으로 치면 두어 시간 거리다. 배 안에 시장기가 돌 만한 거리를 걸은 셈이고, 하여 뭔가 주전부리를 할 게 없을

중국의 대표적인 거리 음식인 젠빙

까 하고 두리번 거리노라면 발걸음이 당도하는 곳이 전문 바로 앞에 자리 잡은 500년 노자호^{老字號}인 육필거^{六必居}다. 가게 안으로 들어가 우리로 치면 된장, 간장, 고추장에 해당되는 첨장, 황장, 라장이 잔뜩 담긴 단지들을 사진 찍고 나서 나오려는데 옳다구나 싶은 게 눈에 들어온다. 육필거 입구 한쪽 귀퉁이 좌편에서 만들어 파는 전병^{煎餅}이다.

입에 침을 꿀꺽 삼키면서 한 개를 주문하면 스푸^{師傅}는 전병 제작에 돌입하고 나는 그 과정을 카메라에 담는 것이니. 우선 아오^熬라고 부르는 직경 1m는 안 되지만 60~70cm는 족히 되어 보이는 시꺼멓고 둥그런 번철을 카메라에 담는다. 스푸는 번철 위에 기름 한 방울 두르지 않고 묽은 밀가루 반죽을 붓고는 둥그렇고 얇게 편다. 아랫면이 대충 익었다 싶으면 일거에 휙 뒤집는다. 그리고 나서는 계란 한 알을 탁 깨서 그 위에 붓고 아무렇게나 휘저어 편다. 윗면이 대강 익었다 싶으면 송송 썬 실파, 그리고 또 다른 야채 종류를 휘리릭 흩뿌린 다음 육필거에서 파는 검은 색의 면장을 붓에 찍어 이리저리 겉면에 바른다. 그러고는 밀가루 반죽을 얇게 튀긴 책받침 같은 이른바 뽀췌이薄脆(밀가루 버무려 바삭거리게 튀긴 놈)를 그 위에 올리고 나서는 둥그런 네 귀를 척척 접어 얇은 종이로 싼 다음 다시 비닐 주머니에 넣어 내게 건네면 그것으로 거래 끝이다.

나는 그 전병이라는 놈을 비닐봉지 채 말아 쥐고는 길거리를 걸으면서 먹는다. 주의할 것은 그냥 멀뚱히 서서 먹는 것보다는 전문 앞 비좁은 골목에서 파는 잡동사니 기념품 따위를 구경하면서 걸으며 먹어야 더욱 맛이 좋은데, 이는 내 경험에 따른 것이다. 말하자면 북경의 대표 간식이 바로 전병인데 이른바 워킹 푸드$^{walking\ food}$, 곧 걸어 다니면서 먹는 데 최적화된 메뉴의 하나라는 말이다. 물론 좌판 앞에 서서 먹는다고 공안이 잡아가는 것은 아니다.

그런데 그 전병을 다 먹지 못하고 1/3 가량 남겼다고 치자. 남은 전병을 비닐에 싼 채 배낭 안에 처박아 둔다. 그리고 집에 돌아와서 배낭 안에 든 남은 전병을 거실 탁자 위에 아무렇게나 집어 던지려는 찰나 막내놈이 그걸 보더니 뭐냐고 묻는다. 전병이라는 건데 맛이 꿀맛이니까 먹어보지 그래. 저녁 전이라 놈은 제법 시장했던 모양이다. 입에 넣고 우물거리면서 급기야 요즘말로 엄지 척을 해 보인다.

그리고 며칠 뒤의 일이다. 둘째와 막내가 제 엄마와 집에 들어오는데 돌연 이상한 냄새가 거실에 진동을 한다. 어인 발 고린내 인가를 추궁하니, 씩 웃으면서 스케이트를 타고 오는 길이란다. 사정인즉슨 북경대 안에 자리 잡은 미명호未名湖 호수가 얼자 스케이트장이 개설되었는데 거기서 빌려 신은 스케이트를 신고 한 시간 가량 타느라 발 냄새가 배었다나 어쨌다나, 그런데 놈들이 먹으면서 킬킬거리고 웃기에 왜냐고 물었더니 한번 먹어라보라고 전병 주머니를 내민다. 입에 베어 무니 다른 맛이다. 한국인 대부분이 질색을 하는 향채가 포함되어 있는 게다. 그러면서 놈들은 그 향채 냄새를 발 고린내와 같다고 하면서 낄낄거리는 것이다. 아, 놈들이 향채에 길을 내다니. 중국사람 다 된 거다.

그날은 마침 저녁 약속이 있던 날이다. 다른 애놈들(방학이라 한국에서 북경에 놀러온 대학원 아이들)과 한잔하기로 한 날이라는 이야기이다. 약속 장소는 집에서 자전거로 5분 거리인 궈린찬팅郭林餐廳. 홀이 넓은데다가 룸도 열 개가 넘는 대중식당이다. 우리 가족 다섯에 서울에서 온 놈들 다섯이니 도합 열인데, 먹고 마시고 해 봐야 당시 500원이면 그야말로 떡을 치는 그런 식당이다.

언젠가 오후 세시쯤 그 앞을 지나다가 궈린 안을 우연히 보게 되었는데 마침 종업원들의 점심시간이었다. 그런데 세상에나, 평소에도 싼 음식 값에 맛이 좋아서 테이블마다 손님이 바글거리던 집이지만 종업원 점심시간에도 수많은 종업원들로 바글거렸다. 나는 자전거를 세우고 손님을 찾는 척 식당 안으로 들어가서 밥 먹던 종업원의 수를 헤아려보니, 웃고 떠들고 먹는 종업원의 수가 줄잡아 1백을 넘는 숫자였다. 아아, 종업원의 수가 1백이라면 한국에서는 그 인건비를 어찌 감당할 재간이 없을 터인데 중국의 인구가 많다는 걸 실감하는 또 다른 체험이다.

좌우간, 이야기가 삼천포로 빠졌으니 되돌려 그날 저녁 회식에서 나는 퀴즈를 하나 낼 요량으로 메뉴 가운데 북경오리(카오야) 두 마리를 시켰다. 당연히 이튿날 아침 해장은 오리해장국이 올라올 것이었다. 먹고 난 카오야에서 살코기가 붙은 오리뼈를 따바오打包(포장)해 가지고 와서 중관촌 시장에서 산 숙주니 부추니 하는 나물을 넣고 고춧가루를 풀어 국을 끓이면 그게 바로 오리해장국이다.

이윽고 주문 메뉴가 속속 도착하면서 오리구이도 도착했다. 스푸가 카트에 싣고 온 오리를 칼로 저며 껍질 부위에 약간의 살점이 더해진 놈을 차곡차곡 쌓은 접시 두 개를 빙빙 돌아가는 유리 좐반轉盤 위에 올려놓는다.

이윽고 시식 개시. 손바닥 크기의 밀가루 쌈(하엽荷葉 곧 연잎이라는 이름을 가지고 있다) 위에 오리 한 점을 올려놓고 이어서 별도 접시 위에서 대파 채친 놈 그리고 오이 채친 놈을 올리고 티스푼으로 춘장을 얹은 다음 그놈을 직

사각형 모양으로 싸서는 입에 넣고 베어 문다. 아니, 베어 물기 전에 우선 고량주 한잔을 단숨에 입에 털어 넣으면서 "깐베이!" 하고 외친 다음 북경 오리를 입으로 베어 문다. 서울에서 온 놈들도 덩달아 "깐베이!"하는 거다. 그러고 나서 내 심술 퀴즈가 돗자리를 까는데, 우선 식탁 위에 모택동 형님의 얼굴이 그려진 붉은 계통의 지폐, 곧 100원짜리를 올려놓고는 무게를 잡으면서 애놈들에게 묻는다.

―방금 먹은 이 베이징 카오야라는 음식은 친척이 있다, 그게 뭐냐? 너희들이 먹어본 거다.

아니 친척이라니. 음식에 친척이 있다는 말은 놈들(우리집의 놈들이건 학교의 놈들이건 가리지 않고)로서는 금시, 아니 당시초문이었을 테다. 이리저리 서로 눈길을 교환하면서 머리를 굴려보지만 난데없는 질문에 황당하기만 하다. 그래도 거금 100원이 걸린 퀴즈니 기를 쓰면서 이리저리 머리를 굴린다.

―마감은 내가 이놈을 싸서 입에 넣을 때까지!

내가 낯으면서 단호하게 내뱉으니 놈들의 표정이 읽히는 것이 시간이 촉급한 정도가 아니라 너무 지나치지 않냐는 눈치다. 하지만 나는 아랑곳이 없이 밀쌈을 접시에 편다. 그리고 오리 고기 두 점, 대파 채친 놈과 오이를 올린 다음 티스푼으로 춘장을 떠서 위에 올리고 접기 시작한다. 시간이라는 놈은 물론 속절없고 가차

없는 놈이다.

승패는 갈리고 말았다. 승자는 물론 내 쪽이요 패자는 놈들 전체다. 득의만면한 미소를 머금으며 오리고기를 입에 넣고는 다시 한 잔. 이번에는 나 혼자서. 아무렴 어림없지, 내 돈 백 원을 함부로 먹으려면 너희는 아직 멀었어. ㅎㅎㅎ

그날 저녁 음주운전(물론 자전거)으로 돌아와서는 거실에서 TV를 보고 있는데 둘째와 막내가 오리고기를 뼈에서 발라내며 주고받다가 막내놈이 둘째놈에게 하는 말이 왈, "근데 형 있지. 스케이트 타고 먹은 전병하고 카오야 하고 맛이 비슷한 거 아냐?" 하는 거다. 나는 이크 싶었다. 막내놈이 문을 두드린 것이다. 알리바바와 40인의 도적에 나오는 그 보물의 동굴 문을. 그 안에는 내 돈, 생돈 100원이 들어 있고 말이다.

나는 서둘러 조치를 취하지 않으면 안 되었다. 하여 내가 놈들을 향해 뱉은 말은 이랬다.

―친척은 하나가 아니라 둘이거든.

그러자 놈들은 세모눈으로 나를 째려보며 툴툴거리는 것이었으니.

―아빠는 다스 베이더야!

참고로 혹시 스타워즈를 못 본 독자를 위해 한 마디 덧붙이자면 다스 베이더는 악부惡父, 곧 나쁜 아버지라는 뜻이다. 하지만 나는 대수롭지 않았다. 내 돈 1백 원을 뜯기지 않는다면 아빠를 악빠라고 부른들 그게 무슨 대수랴.

북경오리구이와 짜장미엔 그리고 지엔삥^{煎餅}은 친척

유럽의 음식 강국답게 프랑스는 대가들이 음식에 관해 일가견을 자랑하는 나라다. 프랑스를 들먹거리는 이유는 물론 앞서 낸 퀴즈 곧 북경오리구이의 친척이 뭐냐는 '심술 퀴즈'(놈들은 내가 내는 퀴즈를 이렇게 부르니 따라서 준용하기로 한다)를 풀이하기 위해서다.

근대 기호학의 첫 단추로 일컬어지는 소쉬르는 인간의 언어가 가진 구조를 연사체와 계열체로 양분한 바 있다. 예컨대 '나는 아침에 바게트를 먹었다'고 하는 문장, 곧 주어-부사어-술어-목적어라는 문장 성분으로 이루어진 것이 연사체다. 별 대단한 게 아니라 그냥 문장이라고 보면 된다. 그리고 나는 아침에 바게트를 먹었으니까 점심에는 스파게티를 먹고, 저녁에는 스테이크를 먹었다고 한다면 아침 점심 저녁이 계열체이고 거기에 따른 메뉴의 선택도 계열체가 된다는 설명이다.

별것 아닌 이 설명으로 인간 언어의 구조적 성격을 요약한 소쉬르에 이어 기호학의 후배로 롤랑 바르트를 빼면 섭섭하게 느낄 것이다. 바르트는 일본에서 몇 달 동안 머물고 나서 일본에 대한 인상을 《기호의 제국》이라는 책으로 남겼다. 《기호의 제국》에서 말문을 연 것은 기호학자답게 일본의 언어이지만, 본론으로 들어가면서는 일본의 음식을 언급한다. 스키야키를 날 것의 향연이라고 일컫기도 하고, 그 스키야키를 먹는 젓가락이라는 식구食具를 가리켜 지적과 선택의 도구라고 하면서 찬사를 남긴다. 포크와 나이프가 무기의 연장이라면 젓가락은 손의 연장인 셈이다. 물론 중요한 대목은 스키야키도 젓가락도 기호의 일환이다. 롤랑 바르트는 일본을 여행을 한 것이 아니라 일본이라는 텍스트를 읽은 것이란다. 《기호의 제국》이라는 제목이 바로 그걸 웅변으로 말하는 증빙이다.

그는 소쉬르의 연사체 그리고 계열체라는 말에서 한 걸음 더 나아가 통합체라는 말을 고안해냈다. 곧 나는 저녁에 스테이크를 먹었는데 스테이크 접시에 감자, 샐러드, 옥수수콘, 브로컬리 삶은 것 등의 야채도 곁들이고 식빵 한 조각을 곁들였다고 하자. 이때 스테이크 접시 위에 놓인 감자, 샐러드와 옥수수콘 그리고 삶은 브로콜리가 스테이크와 더불어 하나의 세트를 이루는 메뉴가 되면서 그것이 바로 통합체가 된다는 것이다. 비오는 날에 내가 버버리 코트를 입고 우선을 들고 장화를 신는다면 버버리 코트와 우산과 장화는 한 세트가 되니까 이것도 통합체라는 설명이다. 이 대목에서 나는 북경 오리구이야말로 롤랑 바르트가 말하는 통합

북경오리구이(베이징카오야)

체의 한 물증이라고 보는 것이다.

귀린에서 먹은 오리구이의 콘텐츠 다시 말해 내용물을 다시 한 번 복습해보자. 우선 대추나무 장작에 껍질이 노릇하고 파삭하게 구워진 오리, 그걸 싸먹는 밀쌈, 거기에 곁들여 함께 먹는 채친 대파 그리고 채를 썬 오이 그리고 첨면장이 바로 롤랑 바르트가 말하는 통합체를 이룬다고 본다면 나의 강변이거나 견강부회일 성 싶지 않다.

그리고 스테이크에 감자, 샐러드, 완두콩, 브로콜리, 식빵 한 조각 등을 얹어 놓아 통합체로 구성한 것은 맛의 어우러짐 그리고 영양의 안배, 곧 단백질(스테이크)과 탄수화물(감자 및 식빵 한 조각)에 비타민(전채로 먹은 샐러드와 브로콜리 등 야채류)은 기본이다. 이게 모두 영양과 맛을 고려한 소산임은 물론이다.

그리고 이런 음식을 롤랑 바르트는 문화인류학에 음식+기호학

을 합성해서 음식문화기호인류학을 구성해낸 것. 일본에서 최초로 인스턴트 라면을 개발한 안도 모모후쿠安藤百福가 '문화면류학'이라는 말을 만들어내기도 했으니 그런 긴 합성어를 만들어냈다고 책을 잡을 일은 아니다.

　물론 북경오리구이에도 영양과 맛이 안배가 되지 않았다면 이상한 노릇이다. 더군다나 북경오리구이를 가리켜 국채國菜(나라의 대표요리)라고 일컫는다면 거기에 걸맞은 통합체로서의 자격을 갖추고 있음직한 것. 그런데 북경오리구이도 기본적으로 단백질(오리고기), 탄수화물(밀쌈), 비타민(오이와 대파) 등의 기본 영양소를 갖추고 있다는 설명에 그치면 그건 국채에 대한 결례다.

　여기에 추가해야 하는 것이 바로 음식의 오행, 곧 동방의 유구한 시스템이 작동하고 있다는 점을 알고 먹어야 비로소 먹이먹는 수준을 벗어나는 것이다. 오행이라고 해서, 뭐 그리 대단한 게 아니라 달고 맵고 쓰고 짜고 신 다섯 가지 맛이 바로 오행이다. 밀쌈은 일단 밀가루가 주성분이므로 탄수화물 곧 단맛이고, 채친 대파는 매운맛이며, 오이는 쓴맛 거기에 춘장의 짠맛이 가세함으로써 하나가 빠진 오행이 완성된다.

다시 이야기를 추가해보자. 아이들이 스케이트를 타다가 돌아오는 길에 먹은 전병煎餅도 밀가루 쌈에 대파가 들어가고 춘장을 칠한 다음 거기에 향채를 뿌린 것이 대동소이하게 오행을 갖추었다고 할 수 있다. 이때 문득 떠오르는 질문. 우리가 늘 먹는 짜장면은 어떤가. 밀가루로 만든 면, 그리고 짜장, 거기에 파 대신 양파에 마지막으로 식탁에 내오기 전 짜장 위에 올려주는 오이채가 대동소이한 통합체라고 본다면?….

여기서 친척이라는 말을 사용한 대가를 지불해야 한다. 그것은 다시 프랑스의 기호학자이자 문화인류학으로 구조주의를 빚어낸 레비스트로스의 〈요리의 삼각형Culinary Triangle〉이라는 글로 접속해 들어가야 하는 까닭이다. 아, 식도락의 지난함이여. 이태백이 촉나라로 들어가는 길이 험악하다고 〈촉도난蜀道難〉을 읊은 것에 진배없는 게다. 프랑스의 기호학을 통과해야 하니 말이다.

레비스트로스는 그리 길지 않은 〈요리의 삼각형〉이라는 글에서 언어와 음식, 친족을 삼각형의 꼭지점으로 구성하면서 결론적으로 이들 세 가지가 상동구조를 이룬다고 설파한 바 있다. 이쯤에서 중국어로 식보食譜 혹은 채보菜譜라는 말을 더하면 사정은 더욱 그럴 듯해진다. 요즘 흔히 말하는 레시피라는 영어 단어를 중국어로 번역한

거리의 음식 자엔빙

게 이 식보라는 단어인데, 여기서 譜^{보}라는 글자가 눈에 들어온다. 보라는 글자 뒤에 붙는 말에 따라 족보니 계보니 하는 단어에 더해 악보, 인보^{印譜}(도장을 찍은 책)에 더해 자보^{字譜}라는 말도 덧붙이되, 자보라는 말은 생소하므로 설명을 덧붙이자면, 내가 늘 한자를 뒤지기 위해 들여다보는 전자사전의 이름이 바로 《中文字譜^{중문자보}》라는 데서 말미암는다. 중문자보에서 샘플로 먹을 食^{식}을 찾아보기로 하자.

匕	良	食	飾
		蝕	
	鄕	響	
		饗	

짜장면의 친척들 **149**

먼저 찾아갈 글자는 먹을 食^{식}. 먹는다는 뜻이란 뭘 어떻게 먹는 건가. 모름지기 뜯어보아야 한다. 글자를 어금니로 깨물어도 좋다. 글자가 부수어지도록 말이다. 요 방식은 명색이 내 '전공'인 노신^{魯迅}이 쓴 방식이라는 점을 밝혀둔다. 원어로는 씹을 嚼^{작} 자다. 글자를 씹다가 보면 그게 부수어지면서 부품^{部品} 세 개로 나뉜다. 제일 위 모을 집^{스} 그리고 가운데가 흰 백^{白} 제일 아래가 숟가락 비^{匕}다. 흰 白이 뭐냐? 뭔데 숟가락 위에 올려 놓느냐는 거다. 흰 백은 백반이라는 단어를 떠올리면 아주 그럴 듯하다. 백반을 풀면 흰 쌀밥이라는 뜻. 숟가락 위에 흰 쌀밥이 올려 있는 그림이다. 김이 모락모락 나면 더욱 좋고 아니라도 뭔 대수냐. 배가 고프면 더운 밥 찬밥 가릴 사이가 없는 법. 그래서 좋다는 뜻이 덩달아 생겨나면서 좋을 양^{良}이 떠오른다. 집^{스}은 삼각형 모양새다. 삼각형 안에 모아들인다는 뜻. 숟가락 위에 얹은 흰 쌀밥을 모아들인다는 뜻으로 풀면 대강 풀이가 완성된다. 食^{식}이 가진 이런 뜻을 아는 이가 몇이나 될까. 모르고 먹듯이 모르고 쓰는 것이다.

두 번째 글자는 향^{鄕}, 추석 혹은 설 때 아직도 우리는 돌아간다. 고향으로. 기천만씩이나. 인구이동을 한다. 중국에서는 어느 해 귀성객이 이용한 교통편 횟수를 재보니 물경(놀라지 마시라는 뜻이다) 22억 회였다는 보도를 본 적이 있다. 그만큼 고향이라는 놈은 센 놈인 것이다. 대관절 고향에 무슨 보물을 묻어두고 왔기에 그토록 고향으로 돌아가고자 하는가 하는 의문이 들지 않을 수 없다.

이렇게 설이나 추석이라는 명절 때 귀향 하는 민족이 우리나라와 중국 이외에 어디에 또 있는지 들어보지 못했으니 참으로 별난 민족들이다. 그런데 향鄕에도 식食 자 아래 부분에 있는 글자가 고스란히 박혀 있다. 역시 숟가락 위에 쌀밥을 얹어놓은 글자다. 마찬가지로 좋을 양良이다 . 왼쪽의 요幺는 실체가 명확하지 않고 아물거린다는 뜻이고 오른 쪽의 부阝(언덕이라 阜가 원자이다)는 고향 앞의 신작로가 난 언덕배기이다. 고향이라는 언덕 너머 아물거리는 흰 쌀밥이라는 뜻이다. 이 역시 알고 고향 타령하는 이를 본 적이 없다. 모르고 쓰는 건 다 마찬가지.

그런데 이들 식食과 향鄕 두 글자에는 윗대, 곧 아버지가 있다. 바로 양良이다. 그리고 그 윗대는 숟가락 비匕다. 그리고 자식도 있다. 식食의 아들은 飾식이니 蝕식이니 하는 자, 그리고 향鄕의 딸은 響향, 饗향이니 하는 글자다(여기서 아들과 딸은 바뀌어도 좋다). 발음도 같다. 더 이상 한자타령을 하면 삼천포로 빠져 아예 먹는 이야기가 아니라 한자 이야기가 되니 여기서 매정하게 끊자. 하지만 중요한 것은 보譜라는 글자. 곧 이 글자들이 얹혀 있는 자보, 곧 글자의 족보에 얹혀 있다는 점이다. 한자 매 글자는 각기 족보가 있다는 의미이다.

그런데 먹을거리, 우리가 앞에서 먹은 북경오리구이도 이런 식으로 기호들의 조립으로 이루어진 산물이다. 오리고기, 밀쌈, 춘장, 오이, 대파가 각각 고향의 요幺, 백白, 비匕, 부阝와 맞아떨어지는 것. 거기서 제일 으뜸은 역시 밀. 곧 밀쌈도 만들고 춘장도 만드는 곡식 중의 그 주곡이다. 이들 역시 기호로 풀면 그럴 듯한 것이다. '열려라 참깨!'라고 했을 때 알갱이가 쬐끄만 참깨가 돌로 된 거대한 보물창고의 비밀 문을 열만큼 힘이 세지 않은가.

따라서 결론은 짜장면으로부터 시작해서 만두에 대파를 춘장에 찍어 곁들이는 쿨리의 한 끼 식사 그리고 전병과 북경오리가 실은 하나의 통합체라는, 비슷한 기호들의 통합에 의한 먹을 거리라는 사실, 따라서 이들은 모두 친척 사이라는 것이다. 제일 조상은 누구일까, 제일 후손이 누구일까. 아마 만두가 제갈량 시대의 소산이니 거기 곁들이는 대파와 춘장이 가장 오래일 것이고, 그 다음으로는 오^{熬}라는 철판에 넓게 펴서 구운 밀반죽에 아무거나 넣어 만든 전병이 그 다음일 터이며 청나라 말엽에 수타면이 개발된 짜장면(면발에 대해서는 후술할 테니 기다리셔도 좋다)이 이어지고 비슷한 시기에 만들어진 북경오리구이가 제일 막내가 아닐까?

꺼우치엔
한국식 짜장면과 베이징짜장미엔의 분쟁을 풀 비밀의 단어

지금으로부터 10년도 넘어 전의 일이다. 가족들과 함께 북경의 한 대학에 방문학자로 있던 어느 날, 집의 아이들이 짜장면을 먹고 싶다고 하기에, 숙소로 삼은 아파트 근처 자주 가던 단골집인 한국식당(그 식당은 한국인 유학생들이 자주 가는, 김치찌개 된장찌개로부터 삼겹살을 거쳐 한국식 짜장면과 짬뽕도 파는 식당이었다)에 가려고 하다가 문득 다른 생각이 들었다. '오늘 이놈들에게 북경식 짜장면 맛을 한번 보여주면 어떨까?' 하는 생각이 스친 것이다. 아파트 정문을 나서서 택시를 잡으려 하자 놈들이 묻는다. 어디로 가느냐는 것이다. 왜냐하면 짜장면을 먹을라치면, 늘 집 가까이의 한국식당에 가곤 했고, 그러려면 언제나 자전거를 타고 가던 까닭이었다. 내 대답이 '오늘은 이상한 짜장면 맛을 한번 보여주마'였으니….

　택시를 타고 제법 멀리 떨어진 라오베이징짜장미엔(老北京炸醬面) 집에 들어서서 자리를 잡은 것까지는 좋았는데, 아니나 다를까, 놈들의 눈초리가 약간은 얄궂어진다. 시간이 좀 흘러 복무원이 커다란 그릇에 삶은 면을 담아다가 식탁 위에 아무렇게나 쿵쿵하고 세 그릇을 내려놓자 나는 내 그릇을 집어 들고 배식대 앞으로 다가가 그 위에 놓인 이런 저런 야채들을 주섬주섬 담고는, 이어서 조그만 국자로 짜장 볶은 고명을 얹으면서 엉거주춤 나를 따라 하는 놈들의 눈치를 살핀 뒤 자리에 돌아와 앉아 야채와 짜장 소스와 국수를 비비기 시작하는데 둘째가 입을 열고는 일성이 "와, 정말 별 희한한 짜장면 다보겠네."라고 내뱉자, 막내 놈도 맞장구를 치면서 "이게 무슨 짜장면이야? 정말 웃기는 짜장면이네"라고 말을 보탠다. 웃기는 짜장면이라니. 짜장면 모독죄에 형벌을 내릴까 하다가, 잠시 놈들의 동태를 좀 더 살피기로 했다.

　그도 그럴 것이, 복무원이 짜장면의 면만 담긴 그릇을 내려놓고 가면 자기가 알아서 각종 야채, 곧 숙주, 시금치, 배추, 당근, 순무, 오이, 완두콩을 삶거나 채 친 것을 얹은 다음 그 위에 짜장 볶은 고명을 조금 퍼 담아 비벼 먹는 식의 짜장면은 처음 먹어보는 거였기 때문이다. 한국의 짜장면에 채를 친 오이나 삶은 완두콩을 몇 알 뿌려주는 것과는 달라도 한참 달라 야채 종류가 그야말로 겁나게 많은 것이 그 하나요, 한국식 짜장면의 노르스름한 면에 얹어주는 짜장 소스의 분량과 달리 숟가락으로 두어 숟가락을 퍼 담는 정도의 양의 차이가 둘이다. 비비고 나서도 한국식 짜장면의

라오베이징짜장미엔

검정색에 가까운 초콜릿 계통의 짙은 갈색이 도는 때깔과는 달리 검기는커녕 희끄무레하다고 해야 할 때깔이었으니….

그 무렵 둘째는 그래도 미각이 제법 발달할 만한 나이인 중학교 2학년이었지만, 막내는 그야말로 초딩 2학년이어서 맛을 보는 방면에는 아직 천지도 분간 못하는 천둥벌거숭이나 다름없는 지경이었다. 내가 비비고 나서 입에 넣고 시식을 하려는 참인데 놈들은 아직도 젓가락으로 국수와 야채를 휘저으면서 용을 쓰고 있는 중이다. 도무지 비벼지지가 않는 것이다. 막내가 묻는다. "아빠 거는 왜 그렇게 잘 비벼지는데?" 그러자 둘째가 드디어 눈치를 챘다. 하나가 빠진 것을 알아차렸다. 그것은 내가 국수와 각종 야채

위에 짜장 고명을 두어 숟가락 얹은 다음 다시 그 옆에 놓인 걸쭉한 녹말 국물을 조그만 국자로 퍼 담은 것을 떠올린 것이다. 둘째가 막내를 끌고 가서 그 녹말 국물을 퍼 담아 와서 비비자 그제야 국수와 야채가 비벼지면서 그야말로 말을 듣기 시작했다. 그때 둘째 놈의 입에서 나온 말이, "아하, …별 요상한 짜장면도 다 먹어 보네."

집에 돌아가자 그날 점심 북경 짜장면 시식에 불참한 놈들의 모친이 형제를 향해 물었다. "짜장면 맛있게들 드셨어?" 하자 기다렸다는 듯이 막내놈이 "맛대가리 하나도 없었어."라고 외쳤다. 맛대가리라니. 맛에 대가리라는 부위는 별도로 없는 걸로 알고 있는데 말이다. "왜?" 하고 모친이 묻자 "피망이 들어 있었어"라고 내뱉는다. 막내놈은 일본 만화 《짱구는 못말려》에 나오는 주인공 짱구놈처럼 피망이라면 질색인 때문이다. 조금 전 시식한 노북경짜장면에 야채를 넣다가 가늘게 채친 피망 한 조각이 푸른 야채에 섞여 들어온 걸 모르고 비빈답시고 비벼 먹다가 그걸 씹은 뒤 다시 퀙퀙거리면서 뱉어낸 사단이 벌어졌던 것이다.

모친께서 둘째에게 묻는다. "너도 짜장면이 맛없었어?" 하자 둘째 놈도 "뭐 그런대로"라며 말끝을 흐렸지만 다시 먹으러 가자면 회식 행렬에서 빠질 뜻한 표정을 감추지 못하고 있는데 막내 놈의 입에서 나온 말이 "오늘 먹은 건 짜장면이 아냐."라는 것이 아닌가. 짜장면이 아니라니. 짜장면의 존재 자체를 부정하다니. 만일 누가 놈에게 넌 누구냐고 물은 다음 "너, 유한경이가 아니지?"라고 묻는다면 당장에 놈은 격분해서 달려들 것이 아닌가. 존재 내지 아이덴티티를 부정당하면 심각한 명예 훼손이 아닌가 말이다. 나라를 잃은 슬픔, 창씨개명을 당한다고 쳐보시라.

그런데 제법 시간이 흘러 북경에 들른 어느 해 여름 그와 유사한 사건을 귀로 듣게 되었으니…. 그것은 북경의 명소 따산즈^{大山子}에서 열린 한 작가의 미술 전람회에서 '한자가 뭐길래'라는 강연을 하고 나서 뒷풀이로 들른 한 중국집에서였다. 명동의 중국음식점 D의 라오빤^{老板}(사장 혹은 회장)이 후계자 수업을 위해 아들에게 북경에 중국 음식점을 차려주었는데 마침 그 집에 들르게 된 것이다. 전람회를 개최한 화가의 지인이었다.

저녁 늦게 도착한지라 테이블 손님들은 자리를 거의 비워 홀 안은 한적했고 손님이라곤 우리 일행을 제외하고 한 테이블이 남아 있었다. 그러다 보니 젊은 사장이 합석을 하게 되었고, 그가 억울한 이야기를 들려준 것이다. 그 억울한 사연은 이랬다. 하루는 식당에 한 떼의 한국 유학생들이 몰려와서 한국식 짜장면을 먹으면서 짜장면은 역시 한국식이 짱이라는 식으로 떠벌였는데 그 이야기를 그만 갓 배운 중국어로 떠든 것이 화근이었다.

대강 이런 중국어가 아니었겠나 싶다. '한궈 짜장미엔 비 베이징 짜장미엔 껑 하오츠'^{韓國炸醬面比北京炸醬面更好吃}(한국 짜장면이 북경 짜장면보다 훨씬 맛이 좋다). 그러자 옆에서 일행들이 "뒈뒈뒈이"^{對對對}(옳소) 하거나 혹은 '땅란^{當然}'(당근이지라는 뜻) 등의 단어를 내뱉지 않았을까. 그러다가 '베이징 짜장미엔 부하오츠^{北京炸醬面不好吃}'(북경 짜장면은 맛이 후지다)라 말하는 대목에서 갑자기 이들에게 소리를 지른 이들이 있었으니 바로 현지의 중국 젊은이들이었다. 시비가 붙고 언쟁이 벌어지다가 급기야 멱살 드잡이로 발전하여 종당에는 기물이 파손되는 지경에까지 이르렀다는 것이다. 음식을 둘러싸고 나라의 자존심을 건 다툼이 벌어진 것이다.

결국은 공안이 달려와 젊은 라오빤 포함 일동 일곱 명이 백차에 실려 끌려간 거였다. 나중에는 화해하는 걸로 결판이 나긴 했다지만, 그 젊은 화교 사장으로서는 하소연할 만한 노릇이, 자기는 어느 편, 다시 말해 북경 짜장면 편을 들어야 하는가 아니면 한국 짜장면 편을 들어야 하는가, 한국 편을 들면 조국 중국을 배반하는 것이 되고 북경 편을 들면 자신의 아이덴티티나 다름없는, 화교들이 개발한 한국 짜장면을 배신하는 거나 마찬가지이니 말이다. 그러면서 하는 말 왈, 우리 아버지 때는 대만이냐 중국이냐를 가지고 헷갈렸는데 이제는 북경 짜장면이냐 한국 짜장면이냐를 가지고 가랑이 찢어지고 있다는 웃지도 울지도 못할 에피소드를 들려주면서 고량주 잔을 입에 털어 넣는 것이다. 그 젊은 사장의 하호쑤이好帥(잘 생겼다는 뜻)한 얼굴이 지금도 생생하다.

베네딕트 앤더슨의 말마따나 이른바 민족이라는 '상상의 공동체'가 맛의 공동체로 둔갑하여 서로 네 편이 잘 났네 내 편이 맛있네를 연출한 장면이 벌어진 격이다. 언젠가 사람들이 하도 난리를 쳐가면서 무라카미 하루키 타령을 하기에 애놈들이 사놓은 《노르웨이의 숲》인가 뭔가 하는 제목의 소설을 읽어보다가 별게 없구만 하면서 집어던진 적이 있는데 그 무라카미 하루키가 남긴 말, 곧 '민족주의라는 게 싸구려 포도주나 다름없다'는 말만큼은 정곡을 찔렀다는 기억을 새삼 떠올리면서 이 짜장면을 둘러싼 민족분쟁을 어이할거나 하고 개탄한 기억도 난다.

어쨌거나, 그날 회식을 하던 일동 중에 한모^{韓謀}라고 하는 한국 출신 화교 한 사람이 자리 잡고 있었다. 그는 사진작가로 미국에서 활동 중 그날 지인의 미술품 전시회에 들렀다가 합석했다. 나이가 마침 내 동갑이었으므로 자신이 예전 살던 서울의 옛 거리 풍경을 이야기하던 끝에 나와 의기투합하게 되었으니, 예를 들면 이런 식이었다. 자기네 집이 안국동 일대에서 중국집 겸 호떡집을 하고 있었는데, 종로경찰서 맞은편 다방 이름이 뭐였더라 하고 기억을 더듬는 순간 내가 백양다방이라고 일러주면서 말이 통하기 시작했다. 그 일대 지리, 곧 청진동 해장국으로부터 신승반점^{新勝飯店}(종로 1가 피맛골 골목에 있다가 지금은 자리를 시청 앞, 플라자 호텔 뒷골목으로 옮겼다)을 거쳐 명동 개화^{開花}를 지나 을지로 3가 오구반점^{五九飯店}의 야끼만두로 이어졌다가 다시 그 건너편의 안동반점은 안동이 경상도 안동이 아니라 신의주 다리 건너편의 길림성 단동이라는 사실을 짚어가면서 그 일대 중국음식 맛집 지도를 그렸으니… 아마 나이가 동갑이다보니 그 시절의 감수성으로 한중의 차이를 넘어 공감대가 형성되었겠지 싶다.

그러던 그가 새로운 요리, 유산슬이 나오자 그걸 한 젓가락 입에 넣으며 하는 말이 왈, '산동요리는 도대체가 이 꺼우치엔을 모르면 이야기가 되지 않는다'고 뇌까리는 말이 귀에 들어박히는 거였다. 무슨 말인가. 금시초문, 아니 당시초문이었으므로 나는 그에게 다시 물었다. "깡깡 니수오더생츠스섬마? 꺼우섬마?"(방금 당신이 말한 게 뭔 단어냐? 꺼우… 뭐라고?) 그러자 그는 '그러면 그렇지 너 따위가 알 리가 없지' 하는 표정으로 빙긋이 웃으며 '꺼우치엔'이라고 두 번이나 이어가면서 천천히 말해주었다. 하지만 역시 당시 초문인지라 내가 "셰이셰바"(글자로 함 써주시지)라고 요구를 하자 젓가락에 찻잔의 찻물을 찍어 식탁 위에 勾芡[구검]이라는 난생 처음 보는 단어를 써보였다. 그게 뭔데 하고 다시 묻자 그는 또다시 빙긋이 미소를 머금으면서 '디엔펀'이라고 말하면서 써달라는 주문도 않았건만 스스로 알아서 다시 젓가락에 찻물을 찍어 식탁 위에 두 글자를 적어 보여주었다. 식탁 위에 쓰여진 글자가 뭐냐, 바로 전분澱粉이라는 두 글자였다.

    나는 그 단어를 식당 메모지에 베낀 다음 그날 밤 집에 돌아온 것까지는 좋았는데, 그날 술이 만땅이 된 탓에 방에 들어서자마자 침대에 나뒹굴어지고 말았고, 그 메모지는 까맣게 존재가 망실되어가고 있었다. 이튿날은 다른 바지를 입는 바람에 그 메모쪽지는 바지 호주머니의 어둠 속에서 며칠을 묵다가 마누라가 바지를 빤다고 주머니를 뒤지다가 그 구겨진 메모지를 아무렇지도 않게 휴지통으로 집어던지면서 하마터면 영원히 사라질 뻔한 것이었으니.

    예의 그 꺼우치엔이라는 단어야말로 한국식 짜장면과 북경 짜장면의 분쟁을 풀 만한 비밀을 담지하고 있는 중화요리업계의 이른바 전문용어라는 것을 깨닫게 된 것은 그로부터 다시 세월이 제법 흐른 뒤의 일이다.

꺼우치엔의 비슷한 말, 전분

북경시 안에는 바다가 자리 잡고 있다. 그것도 하나가 아니라 여럿이다. 중국의 링다오^{領導}들이 거주하는 바람에 일반인들의 출입이 통제되는 중남해(그리고 이건 내가 북경에서 피우던 바람 아니 담배 이름이기도 하다. 나는 담배를 피우면서 바람을 피우는 흉내를 냈던 거다)를 위시해서 원명원 안의 복해^{福海} 등도 포함된다. 이화원 안의 곤명호는 원명원의 복해보다 훨씬 크지만 이름이 곤명호라는 호수에 불과해서 억울할 수도 있다.

  내가 살던 청화대 인근의, 북경대·인민대·지질대·과기대 등 대학이 몰려 있는 학원로 거리는 행정구역 상으로 하이디엔취^{海淀區}다. 청화대 방문학자로 적을 걸면서 인사기록 카드에 해전구 학원로 화청가원 아파트 몇 동 몇 호라는 주소지를 적어 넣으면서 하하이디엔취^{海淀區}라는 이름이 기이하게 다가온 것은 이 동네가 도대체 바다하고 무슨 상관이 있나 하는 의문을 품고 있다가 인근 원명원 안에 복해^{福海}가 있다는 사실을 알게 되면서 의문이 대강 풀렸었다. 그런데 하이디엔취^{海淀區}의 디엔^{淀}은 도대체 또 뭐냐 하면서 여러 달을 보내던 참이었다. 디엔^{淀}이라. 디엔^{淀}이라는 한자를 사전을 뒤져보니 한국식 한자, 곧 대륙 중국에서 보자면 번체자인 澱^{전}의 간체자인 것. 녹말 전분^{澱粉}이라고 할 때의 그 전^{澱}을 간체자로 쓴 한자이다.

그러면서 사라진 메모지가 생각났고 거기 적힌 전분과 구검이라는 단어를 떠올리면서 다시 해전구의 전이 겹쳐졌다. 전은 전분이라는 말인데 바다의 전분이라면 바다에 전분을 풀어 녹말바다를 만든 건가 하면서 도대체 그 정체가 뭘까 하다가, 아파트 뒤편에 자리 잡은 중관촌 시장에 콩나물을 사러 가던 중에 그 말의 의미를 깨달았으니⋯ 도로포장이 안 된 시장 길을 자전거를 타고 가다가 자전거를 멈추고 내려 바지에 묻은 먼지를 손으로 털어내자 손가락에 묻어나는 흙먼지의 입자가 그야말로 가늘디 가는 가루였다.

그러면서 나는 숫자를 표시하는 한자들을 떠올리는 것이었으니, 그 한자라는 게 이를 테면 홀^{忽}, 섬^{纖}, 사^{沙} 등이었다. 홀은 실 사^{絲}의 1/10, 섬^{纖}은 홀^{忽}의 1/10 마지막으로 사^{沙}는 그 섬^{纖}의 1/10이었지 아마, 이걸로는 설명이 부족하다. 이 말이 무슨 말인지 알아듣는 독자들이 있다면 아마 그건 기적에 가까울 테니 말이다. 하여 보강을 하자면, 홀은 홀연히 사라지다는 그 홀인데 보통의 실[絲]

인추안의 황하

의 1/10 굵기로, 다시 말해 누에고치의 원사 한 가닥 굵기를 가리킨다. 참고로 누에고치 한 개를 가닥을 풀어 길게 늘이면 1.2km까지 이어진다는 걸 본 기억이 난다. 그런데 그 놈의 1/100 굵기, 가늘기로 치면 최강의 가늘기를 가리키는 글자가 바로 모래 사^沙라는 뜻, 그리고 이 모래 사는 다름 아닌 황사^{黃沙}의 그 사다. 이 황사는 바람을 타고 태평양을 건너 미국 실리콘 밸리의 반도체 공장까지 날아간다는 기록을 본 기억도 있다.

콩나물을 사가지고 자전거를 타고 집에 돌아오면서 떠오른 또 다른 생각, 인추안^{銀川}이라는 도시에 들렀을 때의 기억이다. 시간이 촉급해서 택시를 대절해서 돌아다니다가 은천이라 부르는 황하 강가에 이르렀다. 저 강물이 무슨 은천이냐. 은천이면 강물이

햇살을 받아 은처럼 반짝거려야 하거늘 강물은 누런 색 황하였으니 말이다. 그런데 택시 기사가 하는 말이 저 강물을 유리컵에 받아 하루를 놓아두어도 강물에 섞인 뻘이 가라앉지 않는다는 설명이다. 물과 진흙이 혼연일체라는 말이 바로 그 말이었다. 설탕물처럼 콜로이드가 되어 설탕물을 그대로 놓아두어도 설탕과 물이 분리되지 않는 거나 다름없다나.

다시 이야기를 되돌려 콩나물을 사가지고 온 그날 밤 나는 마침내 사전을 뒤져 그 낱말을 찾기 시작했다. 꺼우치엔(구검)은 아래 한글 사전에 따르면 갈고리 구^{勾}에 가시연 검^{芡}으로 되어 있었다. 가시연은 뭐고 갈고리는 왜 갈고리인가. 녹말 전분을 가리키는 가시연은 연근의 일종이란다. 그러니까 연근을 갈아 전분을 만든 모양인데, 그 전분이 왜 갈고리인가 하다가 퍼뜩 떠오른 것이 바로 탕수육이다. 돼지고기 튀김에 끼얹어주는 탕수육 소스가 바로 갈고리 모양인 게다. 무슨 소리인가. 탕수육을 젓가락으로 집어 들어보시라. 그럼 소스가 밑으로 쳐지면서 떨어지기 직전 뭉쳐지지 않는가. 그 뭉쳐진 모양새가 둥그런 갈고리 모양인 게다. TV 광고에서 본 우유의 왕관 현상이 탕수육 소스에서는 더욱 진하게 뭉쳐지지 않는가. 조금씩 의문이 풀려나간다.

구검을 다시 늘 들락거리는 중국 포털 사이트 사전 〈바이두 바이커^{百度百科}〉에서 뒤졌다. 설명이 자못 장황하다. 요컨대 전분이라는 것이다. 그리고 그 효용을 아래와 같이 적고 있다.

① 육즙 내지 탕즙의 보존

② 바삭한(香脆^{향취}) 맛과 부드러운(滑嫩^{활눈}) 맛의 보존
③ 요리의 국물과 주재료의 융합
④ 광택
⑤ 보온

전분 처리도 가지가지라서 전분과 물의 비율에 따라 농호유박의 네 종류가 있으며 각기 요리 종류에 따라 달리 사용한다는 설명이다. 흠 그렇구만. 예컨대 세 번째 흐를 流^{류}가 바로 꺼우치엔을 설명하면서 한국 화교 출신인 한 모씨가 유산슬에 마지막으로 풀어낸 습전분인 것이다. 탕수육에도 이 꺼우치엔이 활용되는 것이다. 전분 옷을 입힌 돼지고기 튀김에 끼얹어주는 그 녹말 소스는 도배 장판을 하는 풀 정도의 농도라고나 할까.

여기서 내친 김에 단어장에 단어 하나 더 추가하기로 하자. 강구講究라는 말이 그 단어다. 예를 들어 우리가 대책을 강구한다는 말을 이따금씩 쓰는데 머리를 짜내 방안이나 대책을 마련한다는 뜻으로 풀이하면 대강 통하는 해석이다. 그런데 이 단어가 중국어로 옮아오면 음식을 다루는 데에 쓰인다. 예컨대 '웃기는 짜장면'(곧 라오뻬이징짜장미엔)을 먹을 때 야채를 비벼 섞는 과정에서 녹말 국물을 별도로 넣어 비비기에 편리하도록 하는 것도 강구라 부를 수 있다는 말이다. 음식을 먹기 위해 디자인을 한다고 하면 음식기호학에 접근하는 길에 접어들 수 있는 것이다. 왜냐 디자인은 사인이라는 말을 넓힌 단어이므로.

하지만 꺼우치엔은 이 정도로 그치지 않는다. 노채 곧 산동요

소완간작

리의 주요한 특색을 이루는 만큼 거개의 산동요리에 이 꺼우치엔, 곧 녹말 전분 혹은 계란 흰자를 입히는 쟝지우^{講究}가 십분 활용되고 있기 때문이다. 이를테면 심지어 잡채밥에 들어가는 돼지고기를 가늘게 썬 놈에도 정종^{正宗}(정통 요리기법)으로는 꺼우치엔을 해야 옳다고 주장하는 스푸도 있을 정도이다. 그리고 그 전분의 농도는 가장 묽은 보치엔^{薄芡}에 해당된다. 여기서 하나의 의문이 떠오르지 않으면 또 이상한 노릇. 그렇다면 짜장면은?

늘 집에서 직접 짜장을 볶아 먹는 나로서는 그 녹말 전분의 묽기가 기분에 따라 달라진다. 춘장에 양파와 양배추 그리고 돼지고기와 오징어나 새우 따위를 넣어 볶는 것은 똑같은데 전분의 농도가 그날그날 달라지는 것이다. 간짜장 맛을 내고 싶으면 녹말의 농도를 짙게 하고, 농도가 옅은 짜장이 먹고 싶으면 물을 넉넉히 잡고 대신 녹말은 조금 묽게 풀어 하는 식의, 엿장수 아니 스푸 마음대로인 까닭이다. 그날그날 내가 먹고 싶은 입맛대로 만들어내는 것이다. 그런데 정작 중요한 사실, 곧 북경의 한 한국식 중국집에서 발생한 그 민족분쟁 사건의 원인이 바로 이 꺼우치엔에 감추어져 있으니 말이다.

좀 더 부연해 보자. 북경짜장면은 다른 말로 깐짜^{干炸}다. 이때의 깐^{干}은 번체자로 쓰면 건^{乾}이다. 다시 말해 건조한 짜장면이라는 뜻. 장류를 파는 북경의 노자호 육필거의 판매대에 오른 첨장에는 두 종류, 곧 희장^{稀醬}과 조장^{稠醬}이 있는데 전자는 묽은 놈 후자는 햇볕에 좀 더 말려 수분이 증발한 뻑뻑한 놈이다. 이들 중 뻑뻑한 놈에 돼지고기(민찌^{mince}를 한 것이라도 좋고 잘게 땅콩 크기로

전분액이 많이 들어간 한국식 짜장면

썰어도 안 된다는 법은 없다) 볶은 것을 야채와 비벼 먹는 식인데 이 깐짜가 한국으로 건너오면서 녹말 물을 끼얹어 한국식으로 변형된 것이다. 그럼 왜 문제의 이 녹말 물, 곧 꺼우치엔을 강구한 건가. 이 문제가 해결되어야 짜장을 둘러싼 민족분쟁을 해결할 실마리가 풀리는 것이다.

이럴 때는 최근 유행하는 타임 슬립, 곧 낯선 과거의 시간으로 미끄러져 들어가는 게 상책이다. 때는 1900년대 인천에서 제법 떨어진 철로 부설 현장. 물론 쿨리 곧 산동에서 배를 타고 건너온 화공들이 건설을 담당한 현장이다. 마침 공사 마감이 임박해서 작업은 마지막 피치를 올리는 중. 그런데 날씨는 으슬으슬 추워지기 시작하는 늦가을. 주식인 만두와 대파 그리고 춘장으로 끼니를 때우다가 오늘은 특식이 나오는 날이다. 그 특식이 짜장면이라고 치자. 특식 치고는 최고의 특식이 아닐 수 없다. 현장 작업 인원은 1백여 명에 이른다. 100명분 짜장면을 한 끼에 제공하자면 국수를 뽑는 일, 짜장을 볶는 일이 그야말로 장난이 아니다. 한꺼번에 음식을 제공하기가 난감한 것.

이런 질문을 던지는 이가 있는 것은 당연지사. 짜장은 미리 볶아두면 되고 국수는 기계로 뽑으면 되는 거 아냐? 쿨리가 있는 현장마다 국수를 기계로 뽑는다면 국수 뽑는 기계가 아마 조선 천지에 수도 없이 공급되어야 할 모양이니 세상 물정 어두운 희떠운 소리는 집어치우시라. 대신 랍면拉麵이라는 비법이 있다. 곧 우리가 지금 보는 수타면은 가닥을 뽑는 시간이 순식간이라면 허풍이지만 그 소요시간은 반죽을 해서 홍두깨로 밀고 칼로 썬 다음 그놈을 설설 끓는 물에 넣어 익히는 속도보다 결코 늦지 않다. 반죽한 밀가루를 상하로 움직이고 메쳐서 가닥을 짓고 국수를 뽑는데 한꺼번에 10인분 정도는 너끈히 뽑을 수 있으니 말이다.

그리고 짜장을 미리 볶아두면 되지 않느냐는 해법은 식은 짜장을 다시 덥히는 심각한 문제에 봉착하게 된다. 하여 앞서 꺼우치엔 효능을 설명하는 데서 언급한 다섯 번째 보온에 주목하자는 말이다. 녹말풀(전분)을 섞어 만든 한국식 짜장을 커다란 용기에 담아 뜨거운 물에 담가두면 같은 식으로 북경식 짜장(깐짜)의 열기를 보존하는 것보다 훨씬 효과가 좋은 데 착안한 것이다. 요즘 말로 하면 즉석 패스트푸드를 제공하기 위해 전분을 섞는 대책을 강구한 셈이다.

그럼에도 문제가 말끔하게 사라진 것은 아니다. 앞서 만두, 전병, 짜장면, 북경오리구이가 세대를 달리하여 족보에 얹힌 것처럼 이들 두 짜장면, 곧 북경식과 한국식이 혹시 형제 사이는 아닌가 하는 질문이 가능하다. 우열을 가리는, 곧 어떤 쪽이 맛이 있느냐는 문제는 차후의 문제이다. 누구를 호형하고 어느 쪽을 호제할 것인가, 아니면 난형난제인가. 이 문제를 해결하는 것은? 다음 이야기로 넘기자.

울면의 본명은 무엇인가

심심하니 이번 이야기는 퀴즈로 시작하자. 물론 심술 퀴즈다.

 Q1. 다음 메뉴의 공통되는 글자가 의미하는 동물은?
  ① 기스면 ② 깐풍기 ③ 유린기

이놈을 알아맞히는 건 중국어 HSK(한어수평고시)의 급수와는 별 상관이 없다. 왜냐 사투리이기 때문이다. 어느 고장의 사투리냐. 산동성 가운데서도 청도를 중심으로 동쪽 지방, 곧 쟈우뚱膠東 지방 사투리다. 우리가 짜장면을 알고 먹기 위해 중국어 사투리마저 공부를 해야 한다면 그건 너무 성가신 노릇 아니냐고 불만을 표시하는 사람은 이 이야기에 신경 끄시고 다른 일을 보셔도 좋다. 다만 알고 먹는 길로 접어든 바에 속는 셈치고 그 길을 따라 가자면 사투리나 틀린 이름의 메뉴 바로 잡기는 앞으로 수도 없이 만나게 될 테니까 이 이야기는 도입부에 불과하다는 점을 밝혀 두면서 일단 겁을 집어먹게 한 다음 정답을 말하자면 닭이다.

그런데 이 닭 계^鷄는 만다린 그러니까 북경관화의 표준어 보통화 발음으로는 지[ji]인데, 그 지를 교동 곧 쟈우뚱 지방에서는 기[gi]로 발음하는 것이다. 이런 사투리로 실마리를 잡는 것은 물론 노북경짜장면과 관련이 있기 때문이다. 기왕에 사투리가 나온 김에 교동 사투리를 몇 개 더 들어보자. 신부가 시집을 가면 새로운 나날(新日子)이 시작된다고 해서 교동 지방에서는 의자를 혼수품목에 포함한다. 새로운 나날의 신일자는 보통화 표준어로 읽으면 신르즈인데 쟈우뚱 커우인(사투리)으로 읽으면 신이즈가 되면서 신의자^{新椅子}와 같은 발음이 된다. 발음이 같으면 뜻이 통한다는 예로, 숫자 팔의 사례를 모르는 이가 없을 정도로 국민상식 비슷하게 되었는데 그게 바로 여기에도 적용되는 것.

그런데 이런 교동사투리가 통하는 곳이 두 군데 있다. 한반도와 부속 도서 다시 말해 우리 영토 안에서 화교의 발길이 미치는 곳과 북경이다. 한국 화교는 대부분 그러니까 90%에 육박하는 화교들이 교동 출신이고 그 가운데 최대 다수는 복산, 그러니까 지금의 옌타이 출신이다. 내 직장으로부터 기산하면 연남동 일대의 중국집 짱꿰^{掌櫃}(돈통을 손에 쥔 사람 곧 카운터를 보는 중국 음식점 주인이라는 뜻이 비칭 비슷하게 된 말로 애초에는 결코 나쁜 뜻이 아니었다)들로부터 내가 아는 화교 대부분이 옌타이 출신이다. 이들은 교동 사투리를 지금도 쓴다. 그 증빙이 바로 위의 유린기, 깐풍기, 기스면이다.

그 사투리를 듣기 위해 우리가 들러야 할 또 한 곳인 북경을 살피자면 다시 타임 슬립, 곧 잃어버린 옛 시간 속으로 미끄러져 들어가서 20세기 초의 한 식당 주방 안으로 들어가는 게 상수다. 그 식당의 이름은 동화거同和居. 지금도 운영을 하고 있을 뿐만 아니라 중국을 대표하는 노자호 가운데 하나로 이름을 올리고 있는 곳이다. 노자호는 우리말로 풀자면 노포, 곧 청진동해장국 같은 집으로 북경에는 이런 노자호가 제법 여러 곳 자리 잡고 있어서 100여 개를 헤아린다. 앞서 든 춘장을 파는 육필거가 가장 오랜 연조를 자랑하는 축에 속하고 최인호의 소설 《상도》에도 등장하는 약포인 '동인당'을 비롯해 비단가게 '서부상'으로부터 차를 전문으로 파는 집 등등이 노자호로 거명되지만 가장 많은 비중을 점하는 것은 역시 식당이다. 중국인들이 원래 먹성을 밝히는 국민이니 전혀 이상할 게 없다.

노자호에 포함되는 이들 식당들은 각기 출신지를 달고 있다. 상해요리로부터 길림요리 전문식당까지 이 중에는 조선식 냉면을 파는 곳도 있지만, 이들 노자호 식당 가운데 가장 다수를 차지하는 식당들이 바로 노채 곧 산동 요리요 그 산동요리 가운데 복산요리 식당이 가장 많다. 내가 들러 시식을 해본 동화거, 혜풍당, 동흥루, 풍택원 등등이 바로 복산 출신이 경영하는 식당이다. 그러다 보니 주방식구들도 자연스레 복산 출신이라 교동 사투리가 아니면 말이 통하지 않았다는 이야기이다.

삼불점

　　동화거의 특기할 만한 메뉴는 삼불점三不沾으로 점이라는 그 이름이 특이하다. 젓가락에 들러붙지 않고 접시에 달라붙지 않으며 마지막으로 입에 들어붙지 않는다고 해서 지어진 이름이다. 그런데 이 삼불점이라는 요리는 무엇으로 만드느냐. 간단하다. 녹말, 계란 노른자, 설탕 이 세 가지가 전부이다. 이들 셋을 함께 섞어 중국집에서 보는 둥그런 과(프라이팬)에 넣고 그야말로 약한 불에 열나게 휘저어 만들어낸다. 그러면 그 점성이 농도가 세서 들러붙지 않는 것. 여기서 두 번째 퀴즈가 파생된다.

　　Q2) 삼불점에는 앞서 우리가 익힌 중국 요리 계통의 단어가 숨어 있다. 무엇인가? 복습이다. 바로 꺼우치엔 그 놈이다. 녹말의 농도가 가장 짙다고 해서 농치엔濃芡이라고 분류하는 것. 그리고 이 삼불

점은, 이미 다른 자리에서도 썰을 푼 적이 있거니와 일본 천황의 입맛을 사로잡은 바 있는 음식이다. 중일 수교를 기념하여 이가 성치 못한 일본의 늙은 소화 천황 히로히토에게 추천된 메뉴이다. 맛은 달달해서 카스테라 맛 비슷한데 흐물거리면서도 입안에 들러붙지 않으니 이가 좋지 않은 노인네에게는 딱인 메뉴였던 모양이다.

그런데 이 메뉴를 추천한 이는 바로 사가 히로^{嵯峨 浩}라는 일본 여인이다. 그녀는 영화 《마지막 황제》에 주인공인 부의^{溥儀}(청나라 마지막 황제)의 동생인 부걸^{溥杰}의 일본인 아내, 다시 말해 만주국 시절 정략결혼으로 시집온 여인이다. 그녀가 만주국 황제의 동생에게 시집오면서 일본의 궁궐에서 받은 주문이 바로 중국요리를 배워보라는 것이었다. 그리고 그 남편인 부걸은 동화거의 간판을 제자한 장본인으로 이른바 미식가로 이름을 올린 인물이기도 하다.

명민한 그녀는 그 주문대로 중국요리를 배워 책을 펴냈으니 이름하여 《식재궁정食在宮廷》. 그런데 정작 중요한 것은 그 요리책 가운데 내 눈길을 잡아당기는 메뉴가 있었다는 점이다. 메뉴의 이름은 바로 작장반면炸醬拌面. 작장면은 곧 짜장면인데 반拌이라는 난생 처음 보는 글자가 박혀 있지 않은가. 중문과 교수 노릇 10년 하고도 절반을 넘기던 시점에 난생 처음 보는 글자가 짜장면의 가운데 턱하니 박혀 있으니 순간 등에 진땀이 날 지경이다.

당장 사전을 찾았다. 찾아보니 그 반拌은 별 뜻이 아니라 그냥 비빈다는 뜻으로 풀면 된다. 비벼 먹는 짜장면이라는 뜻이다. 혹시나 했다가 별 재미를 못 보았지만, 실은 그게 아니었으니 그 비빈다는 말을 몇 번이나 곱삭히고 나서야 겨우 비빔밥을 떠올리면서 만시지탄을 하였던 것이니. 그러다가 얼마 후 다음과 같은 문장이 눈에 들어왔다.

교동지방에 속담이 하나 있는데 이른바 '손님을 맞을 때는 만두요, 손님을 떠나보낼 때는 면이다'라는 말이 그것이다. 만두는 함께 친하게 지낸다는 뜻이요, 국수는 붙들어 매둔다는 뜻이니 말은 간결해도 짙은 친밀한 정 혹은 고향의 정을 담은 말이다. 교동 사람들은 국수를 좋아해서 나이가 든 주부라면 대부분 수타면을 뽑을 줄 안다. 면을 먹을라치면 교두가 있어야 하는 법인지라, 민간에서는 이를 면마 혹은 면로라 부른다. 涼鹵량로, 热鹵열로, 浓鹵농로, 清鹵청로, 咸味鹵함미로, 多味鹵다미로로 나뉜다. (…중략…) 이들 면류에 얹어 먹는 교두 가운데 제일 강구한 것이 봉래 소면의 어로다. 민간에서 늘 쓰는 교두에는 온로와 작장이 있는데 그 가운데 온로는 녹자, 홍두, 변자 등의 생선에 조개와 채소 및 조미료로 만든다. 작장은 비계가 포함된 돼지고기, 면장, 파와 생강, 녹말가루, 조미료로 만든다. 고급연회에 올리는 작장은 돼지 갈빗살을 다져서 면장과 기타 재료를 볶아 만드는데 물이나 전분을 가하지 않는다. 비벼 먹으려면 뻑뻑하므로 비벼 먹기 편하도록 별도로 맑은 국물을 곁들인다. 《청패류초淸稗類抄》에 적혀 있기를, '북방 사람들은 오로지 면을 밝히거니와, 끓는 물에 면을 삶아 상에 올릴 때 날 야채를 담은 접시 몇 개를 상 위에 올리는데 이를 두고 면마라고 부른다.'

胶东民间有一句谚语, 叫做"迎客饺子送客面". 饺子象征团圆, 面条寓意"拴住". 谚语简洁, 却包含着浓浓的亲情、乡情. 胶东人喜食面条, 老一辈的主妇大多擅擀手擀面. 食面要有浇头, 民间又称之为面码或面卤. 有凉卤、热卤、浓卤、清卤、咸味卤、多味卤之分. (…중략…)在这些面食浇头中, 最讲究的莫过于蓬莱小面所用的鱼卤. 民间常用的则是温卤和炸酱, 其中温卤是用绿刺、红头、辫子等鱼肉加蛤肉、菜蔬、调料做成, 炸酱是用肥肉丁、面酱、葱姜米、湿淀粉、味精等制成. 高级宴会上用的炸酱, 是选用猪里脊, 切成肉末状, 加面酱和其它调配料炒成, 不加水, 不勾芡. 因其干稠, 所以都要另外配碗清汤, 以便拌食.《清稗类钞》中记载:"北人惟其面, 率为白水所煮, 将进面时, 即有生蔬数小碟, 陈于几, 曰'面码儿.

복산 그러니까 연태의 한 일간지에서 뽑은 문장이다. 면마麵碼가 뭐냐는 한 독자의 질문에 다른 독자가 그 설명을 들려준 글이다. 단어 공부를 한다더니 알지 못할 단어가 잔뜩 포함된 중국어 원문이나 마구 인용해대는 품새가 어지간히 잘난 척을 한다는 비난의 소리가 들리는 듯하다. 짜장면을 알고 먹는 길로 가는 데에는 이처럼 장애물이 한둘이 아닌 걸 어떡하란 말인가. 나로서는 이것들을 피해 갈 재간이 없으니. 하여 다시 단어공부를 잇는데 필수 단어 몇 개만 주목하자고 강조점을 표기했으니 거기에 주목하시기 바란다.

1) 교동^{胶东}은 앞서 말한 바 있듯이 산동성 청도의 동쪽 지방. 다시 말해 우리나라의 대부분 그러니까 90% 이상 화교의 출신지이다. 그리고 이 지방에서 가장 중심지는 청도가 아니라 복산^{福山}, 다시 말해 지금의 연태인데 이곳 출신 조리사들이 북경의 내로라하는 음식점의 주방을 석권하면서 주방에서는 그 사투리가 아니면 통하지 않았다는 전설이 전해져 온다는 점은 이미 언급한 바 있으므로 복습을 한 셈이다.

2) 수간면^{手擀面}이라는 한자는 손으로 어쩌구 하는 뜻인데 그 말은 쉽게 말해서 우리말로 수타면이라고 읽으면 어김없다. 집안에 아낙네들도 국수 면발을 늘이는 데 능란하다니 상상해보라. 여성이 짜장면을 늘이는 장면을 본 적이 있는가. 그만큼 이 복산 지방에서는 수간면이 일반화되어 있었다는 말이다. 나중에 별도로 이야기할 요량이지만 이 수간면이라는 단어가 바로 우리의 라면이라는 말의 다른 단어이기도 하다.

원루미엔[울면]

3) 우리말로 읽으면 온로(溫滷) 그리고 작장(炸醬)이다. 이해를 돕기 위해 두 단어에 면을 붙이면 그게 바로 울면과 짜장면이다. 온로면을 빨리 열 번만 발음해보자. 온로면온로면올로면올면울면울면 울면으로 발음이 변해가는 것을 감지해보시라. 그러고 보니 울면 역시 꺼우치엔이라는 조리기법을 활용하고 강구한 요리라는 점을 짚자.

그리고 울면이라는 이름도 한국에 와서 둔갑을 한 대표적인 사례이다. 본 이름은 원루미엔인데 한국식으로 와변되어 울면이 되고 만 것이다. 이 사실을 알고 먹는 한국인은 아마도 열 명 미만 이리라고 내기를 걸어도 좋다.

하지만 이걸로 그치는 게 아니다. 짜장면을 알고 먹기 위해서는 다른 장치가 필요하다. 그 장치란 바로 거울이다. 무슨 말인가. 짜장면의 실체를 알기 위해서는 거울에 비추어 보아야 하는데 그 거울 노릇을 하는 음식이 바로 우리의 비빔밥이라는 사실이다. 아래 국내의 한 요리책에서는 비빔밥을 다음과 같이 요령 있게 설명하고 있으니,

비빔밥이 처음 나오는 문헌은 1800년대 말의 《시의전서》이다. 이 책에서는 부빔밥이라 하여 밥에 나물과 볶은 고기, 전유어, 튀각 등을 넣고 소금과 기름을 넣어 비벼서 그릇에 담고 웃기로 알지단과 고기 완자를 얹었으며, 쇠고기와 내장을 끓인 잡탕국을 곁들였다.

전주비빔밥의 특색은 무엇보다도 정성 들여 기른 콩나물과 오래 묵은 좋은 간장과 고추장에 있다. 전주비빔밥도 예전과 맛이 많이 변했다고는 하나, 50여 년 간 대를 잇고 있는 한 음식점에서는 비법으로 육수로 지은 밥에 오래 묵은 장으로 나물을 무친다고 한다. 또 짧고 통통한 콩나물을 교동 샘물로 끓인 콩나물국을 곁들여야 제격이라고 한다.

두 문장의 끝부분에 공통적으로 들어있는 게 뭔가. 비빔밥에 대한 설명에 이어서 비빔밥 말고 또 다른 메뉴를 덧붙이고 있는데 하나는 잡탕국 하나는 콩나물국이다. 여기서 비빔밥을 먹을 때로 돌아가 보자. 나물과 육회 따위가 든 비빔밥을 비빌 때 그릇 위로 국물을 두어 숟가락 더하지 않고 비비는 이는 필시 비빔밥을 많이 먹어보지 않은 사람이라고 단정해도 좋다. 내가 여론조사(앙케트가 아니라 주로 수업시간이나 외부 강연을 통해 실시간 거수로 조사하는 방식)를 해본 결과에 따르면 백이면 백이라고 하기는 힘들어도 열이면 열 모두가 비빔밥을 비비면서 그 비빔밥 위에 국물을 두세 스푼을 끼얹고 나서 비빈다고 한다. 그냥 비비면 잘 비벼지지 않는다는 말이다.

다시 앞선 인용부로 돌아가자. 왔다갔다 하는 수고를 감내해야 알고 먹는 길로 들어설 수 있으니, 아아, 알고 먹는다는 건 실로 고달픈 길이런가.

　4) 반拌은 비빈다는 뜻. 비벼지지 않으니까 청탕을 곁들인다. 그 청탕이라는 게 맑은 국물이니까 전주비빔밥의 콩나물국이 바로 그거다. 아니 짜장면에 콩나물국의 국물을 넣다니, 이게 도대체 어찌된 노릇인가. 하지만 콩나물국을 들이붓는 게 아니라 아무 맑은 국이나 두어 숟가락을 끼얹어도 표가 나지 않을 테니 정의 심스러우면 직접 실험을 해보시라는 수밖에. 앞서 우리 집 둘째와 막내가 노북경짜장면을 비비면서 터득한 그 녹말 국물은 필시 한 걸음 진화한 국물인 것이다.

　여기에서 그 짜장이라는 게 앞서 이야기한 간조干稠, 곧 춘장 치고는 햇볕을 오래 쬐어 농도가 짙은 짜장, 곧 우리네 진미춘장이니 청정원 춘장에 비해 한결 더 빽빽한 놈이다. 그걸로 돼지고

기만을 넣고 볶는다. 비빔밥 제일 위에 얹힌 고추장을 생각하면 대차 없는 것.

여기서 다시 동화거 식당으로 돌아가자. 동화거의 식당을 소개하는 한 북경의 일간지 기자는 예전 동화거가 소완간작小碗干炸이 유명했다고 적으면서 지금은 그 소완간작을 만들지 않아서 안타깝다고 아쉬움을 토로한 바 있다. 소완간작을 우리말로 풀면 작은 그릇에 담긴 간짜장면이라는 뜻. 다시 말해 꺼우치엔의 기법을 활용하지 않은 짜장면이다.

이쯤에서 우리는 또 하나의 관문을 통과해야 하나니,

1) 山東省산동성 福山縣복산현 출신인 徐廣賓서광빈 씨가 한국에 이주해 온 것은 20세 때인 1890년이었다. 그는 당시의 華僑화교 중에서는 꽤 유식한 편이었다. 고향에서 私塾사숙에 오래 다녀 중등교육 이상의 지식을 갖고 있었으며 특히 경리에 밝았다. 서울에 정착한 徐씨는 華僑화교 잡화상과 음식점 경리점원 노릇으로 7년을 일했다. 1907년께 어느 정도의 돈이 모이자 徐씨는 그동안 사귄 친구 20명과 함께 음식점을 개업했다. (중략) 徐씨의 음식점 경영방침은 '料理第一主義요리제일주의'였다. 물론 어느 음식점이나 마찬가지이겠지만, 요리 맛에 대한 徐씨의 열성은 대단했다. 개업 초부터 中國중국 대륙 각지의 큰 식당을 돌아다니며 주방장 감을 물색했다. 마땅한 사람을 발견하면 거금을 주고 韓國으로 데려왔다. 요즘의 인기 운동선수 '스카우트' 작전과 견줄 만 했다. 그 대표적인 예가 초기 주방장이었던 李秉科이병과 씨다. 李씨는 徐씨가 두 달 이상 中國 각지를

돌아다니며 발굴한 조리사였다. 얼마였는지는 확실치 않지만 당시로서는 막대한 금액으로 계약을 맺고 雅敍園^{아서원}으로 데려왔다.[1]

2) 개업 직후부터 雅敍園^{아서원}은 뛰어난 요리 맛으로 명성을 떨치기 시작했다. 中國의 음식점들을 돌며 맛을 본 후 일류 주방장을 '스카우트'해 왔으니 맛이 일품일 수밖에 없었다. 당시의 전문은 北京^{북경} 요리로 韓國에는 이곳에서 처음 도입한 것으로 알려지고 있다. 주방장 李秉科씨는 雅敍園의 대표 요리사였을 뿐만 아니라 韓國·中國 요리업계의 大師父^{대사부}격이었다. 그는 데리고 있는 요리사들을 철저히 훈련시켜 모두 일등급으로 만들었다. 데리고 있는 사람들뿐이 아니었다. 雅敍園 요리 맛이 소문나자 中國에서까지 수많은 청소년들이 몰려와 요리수업을 자청했다. 이런 수련생이 항상 20여 명 이상 있어 雅敍園 주방은 마치 요리학원처럼 북적대기도 했다. 이들은 조리법을 배우는 한편 잔심부름을 도왔다. 물론 보수는 요구하지도 않았다. 이를테면 사부^{師父}와 도제^{徒弟} 격이었다. 수련기간은 보통 10~15년이나 됐다. 대부분 어린소년으로 들어와 일류요리사가 되기 전에는 그만두는 일이 거의 없었다. 때때로 韓國人 수련생들도 들어오곤 했지만, 이들은 2~3년 정도 배운 후 나가곤 해 진득한 中國人들과 대조를 이뤘다. (중략) 雅敍園 주방의 이 같은 전통은 훗날 李秉科^{이병과}씨가 물러난 뒤에도 계

---

[1] 남기고 싶은 이야기들 2658 秦裕光 〈華僑 雅敍園〉 중앙일보 1979년 10월 25일. 진유광의 중앙일보 연재는 별도로 《旅韓六十年見聞錄―韓國華僑史話》(中華民國韓國研究學會編 民國 72년 臺北)로 간행된 바 있다. 한국의 중앙일보와 연재된 내용과 약간의 차이가 있기는 하지만 대체로 대동소이하다.

1894년 청일전쟁 당시 인천 제물포에 상륙한 일본군

속돼 현재 국내 웬만한 中華 음식점의 주방장은 거의 모두가 李씨의 제자 아니면 그로부터 2~3단계 거친 제자들이라고 해도 과언이 아니다. 이 때문에 雅敍園 종업원을 지망하는 사람도 많았다. 보수는 특별히 나은 것이 없었지만 기술을 배울 수 있었기 때문이다. 그러나 50년대까지만 해도 韓國人은 거의 뽑지 않은 데다 中國人도 山東省 福山縣^{복산현} 출신이 아니면 채용을 거의 안했기 때문에 종업원으로 들어가기도 쉽지 않았다.

1890년이면 청일전쟁 이전 그러니까 1882년 인천이 개항을 하면서 청인들의 거주지역이 들어서고 이후 한성까지 진출한 시기이다. 여기에서 한국 최초의 중화요리집인 아서원이 등장하는데 그 주방장이 복산 그러니까 연태 출신의 이병과라는 화교였다는 것

짜장면의 친척들 185

이다. 그가 내건 요리는 산동요리 대신에 북경요리였다. 왜냐. 북경이 중국의 수도이므로 북경을 브랜드에 박는 편이 매출에 이로웠기 때문이다.

여기서 나는 드라마 아니면 웹툰 한 장면을 떠올려보는 것이다. 소완간작으로 이름을 날리던 동화거의 주방, 칼을 다루는 사내들인 조리사들 사이에 시비가 붙고 불상사가 생겨 그만 사람을 다치게 하고 말았다. 가해자는 몸을 숨겨야 했다. 그런 그는 일단 고향인 복산으로 돌아간다. 북경으로 돌아가는 길은 감옥으로 가는 길이므로. 그런데 이웃 나라 한성 혹은 인천에서 연락이 왔다. 주방의 자리가 비었으니 일하러 올 생각이 없느냐는 것. 이병과라는 주방장이 복산의 주방식구를 구한다는 기별이 전해지면서 그 사내는 인천행 배편에 몸을 실었다. 그러고는 인천의 공화춘이나 경성의 아서원 어디라도 좋다. 철로공사장의 주방장일 수도 있다. 그런 그가 만든 짜장면을 바로 비벼먹기 편한 한국식 짜장면의 원조로 그려보면 어떨까.

여기서 기이한 등식이 하나 떠오른다. 북경 간짜장+울면=한국식 짜장면이라는 등식이다.

5장
북경을 점령한 복산요리

노자호^{老字號} 풍택원의 총소해삼^{蔥燒海蔘}

북경으로 나들이를 할 때 만리장성-고궁-천안문을 보고 이어서 북경오리구이를 시식했다면, 그건 아마도 초보의 단계를 벗어나지 못했음을 가리킨다. 그 다음 단계로 진도가 나아가야 하는 것. 이때 북경의 참맛을 보려면 이른바 노자호의 문을 열고 들어가야 그럴 듯하다. 노자호라는 말은 우리로서는 생소한 단어이지만 일본이나 한국의 노포^{老鋪}라는 단어에 해당된다.

중국의 노자호에서 별도의 감상 포인트는 제자^{題字}, 곧 누가 간판 글씨를 썼는가 하는 점이다. 이를테면 북경의 여러 노자호들 가운데 샤오마이^{小麥}(우리로 치면 크기가 작은 만두)를 파는 도일처^{都一處} 현판은 건륭제가 쓴 것으로 단연 최고봉이고, 이밖에 내로라 하는 명필 혹은 명사들이 현판을 제자하는 것은 우리나 미국의

간판과는 달라도 한참 다르다.

그런데 이 간판들이 수난을 겪기도 했다. 풍택원豊澤園은 문화대혁명 시절, 해삼 등 귀족음식을 판다고 해서 홍위병들로부터 간판이 내려지고 주방의 각종 식기들도 내팽개쳐졌다. 대중음식점으로 바꾸라는 홍위병의 압력에 못 이겨 중남해 안의 한 건물의 이름을 딴 춘풍반점으로 간판이 바뀌고 말았다.

그런데 이때 구세주로 등장하는 이가 중국의 외교부장을 지낸 희붕비姬鵬飛. 풍택원이 일찍이 호지명, 시아누크, 키신저 등이 거쳐 간 국제적 명찬관인데 함부로 이름을 없애는 것은 문제라고 보고 희붕비가 압력을 넣어 원래 이름을 되찾도록 조치를 취했다는 것이다. 아마 모르긴 몰라도 풍택원의 단골이었던 모택동이 이 찬관의 메뉴인 회오어탕膾烏魚湯을 평소 즐겨 먹었던 때문인지도 모른다.

아아, 기왕에 회오어탕이라는, 대부분의 한국인이라면 필시 듣도 보도 못한 메뉴가 나왔으니 여기서 잠시 삼천포로 빠지는 것을 양해해주시길….

이야기는 다시 건륭제 시절로 거슬러 올라가야 한다. 지금으로 치면 소주시 코앞에 자리 잡은 곤산의 연희, 곧 곤산강의 애교 넘치는 음색에 반한 건륭제는 곤곡 극단을 북경으로 끌어들여 이른바 경극으로 거듭나는 데 결정적 역할을 하거니와, 이른바 순행이라 하여 전국을 순회하면서 각지에서 대접해 올리는 산해진미를 즐기다가 메뉴가 맘에 들면 그 자리에서 조리사를 불러 이것저것 물어 자질을 헤아린 다음 북경의 어선방으로 불러올리는 일을 능사로 하였다. 황제가 이렇다보니 대소 신하 문인들도 먹는 방면을 밝혀 길을 내게 되었으니 당시 문단의 거두 원매가 남긴 《수원식단隨園食單》이 바로 그런 책이다. 수원식단은 제법 기이한 메뉴를 소개하고 있으니, 이른바 해산물과 관련된 여러 항목 가운데 다음의 구절은 이채를 발한다.

오징어 알의 맛은 신선하지만 그 조리법은 가장 어렵다. 반드시 강물에 여러 차례 흔들어 씻어 모래와 비린 맛을 없앤 다음 닭고기 육수에 버섯을 넣어 흐물흐물하도록 끓인다. 사마 공운약의 집에서 먹어본 것이 제일 훌륭하다.

한국에서 중화요리를 먹어온 '식객'들에게는 필시 생소한 이름의 요리인 오어단에 관한 설명이다. 물론 한 줄도 채 안 되는 소략한 설명이라 그야말로 감이 잡히지 않는다. 우선 오어鳥魚라는 해산물의 본명이 오적어烏賊魚이며 묵어墨魚라는 별칭이 있다는 점을 짚은 다음, 그 오적어가 우리말로 오징어로 변했다는 점을 다시 연결시키고 나서, 그 오어에 알이라는 뜻을 가진 단蛋이 붙은 것이 대관절 무엇인가 하는 점이 궁금해져야 한다.

단은 오징어 암수 가운데 암컷의 알집(纏卵腺전란선)을 가리키는 것으로, 말하자면 오징어 내장의 일부인 셈이다. 해산물치고는 별난 음식인 것이, 오징어라면 모르겠거니와 오징어의 난소 부위라는 별난 부위의 요리라면… 나아가 오어단烏魚蛋은 이른바 해진품인 동시에 어선가품이며 나아가 공품, 곧 황제의 식탁에 올리기 위해 공물로 거두어들인 특별 메뉴의 하나였던 것이다. 청나라 강희 54년 《일조현지》에 적힌 바 '오징어에는 입 안에 알이 있어서 바닷팔진미의 하나로 꼽힌다烏賊魚口中有蛋, 属海中八珍之一'라거나, 혹은 건륭 29년 《제성현지諸城縣誌》 가운데 '오징어는 그 맛이 뛰어나다烏賊其蛋尤味'는 구절이 그를 증빙하는 참증이 된다.

이 대목에서 반드시 짚어야 하는 점은 이 오어단으로 탕을 만든 요리인 오어단탕烏魚蛋湯이나 혹은 회오어단이 복산방의 주요 초패채였다는 사실이다. 본시 원매의 출신지인 강남 일대에서 먹던 메뉴를 복산방의 조리사들이 북경을 점령하려고 슬쩍 가로챈 것이나 다름없다. 하기야, 음식을 가로챈 거나 노신의 소설 공을기에서 공을기가 책을 훔치는 건 죄가 안 된다는 것과 통하지 않는가. 하나는 먹기 위해서이고, 다른 하나는 공부를 하기 위해서니 말

오어단탕

이다. 이 신기한 해산물 요리를 복산방들은 자신들의 주특기 메뉴로 만들었다.

이 대목에서 다시금 새삼스러운 것이 바로 오징어를 햇볕에 말린 포脯, 우리말로 하자면 오징어포다. 그리고 그 포에도 중국적 음식지리학에 걸맞게 북포와 남포가 있어서 남포는 절강, 곧 《수원식단》에서 오어단을 소개한 원매의 고향인 전당강 일대의 오징어포를 남포라 부른다면, 오어단을 어선가품 혹은 공물품으로 조정에 바치는 지방인 제성이나 일조 등지의 오징어포를 북포라 부른다는 것이다. 여기서 다시 돋보기를 들이댈 것은 일조라는 지명이다. 일조日照라면 햇볕이 내리쬐다는 바로 그 말이 아닌가.

거기서 다시 강태공의 고향이라 일컬어지는 여현이 바로 일조 인근인 여현莒縣이며, 제성현 역시 일조로부터 그리 멀지 않은 곳에 위치한 현이라면… 이런 추리가 가능하지 않을까. 곧 오징어를 잡아 바다에서 멀리 떨어진 내륙으로 보내자면 햇볕과 바닷바람에 말리는 갈무리 과정이 필수이며, 거기에서 오징어의 배를 갈라 내장을 빼내는 과정이 뒤따랐을 것이고, 그 과정에서 오징어 암놈의 난소가 버리기 아까웠을 수도 있을 테고, 누군가가 그 오징어 난소의 연한 육질에 주목하여 도공 솜씨를 발휘하여 종잇장처럼 얇게 저미거나 혹은 꽃잎 모양으로 재간을 부려 장식하여 부드러운 육질을 더욱 먹기 좋게 만들어 이가 시원찮은 늙은 왕공노야에게 조리를 해서 바치는 그림이 자연스럽게 떠오르는 게다. 다시 말해 일조와 제성 일대의 식재료인 오어단이 강희제로부터 건륭제를 거치는 동안 북경의 식단을 주름잡던 미식가 원매의 입맛을 사로잡기에 이르고 이어서 다시 20세기를 전후한 청말민초에 복산방 혹은 교동방이 그 요리를 자신들의 주특기로 개발했다고 본다면, 그리고 그것이 다시 모택동에까지 이르는 것이라면….

북경의 노자호 타이틀을 붙이고 있는 상점 가운데는 음식점이 제일 많고, 그들 음식점 중에서도 제일 많은 비중을 점하는 게 노채, 곧 산동요리를 근거로 하는 음식점이라 했다. 그런데 그런 노채 맛을 보자면, 아무래도 풍택원의 문을 열어야만 그럴 듯하다. '풍택원에서 음식을 먹으면 노채는 죄다 맛볼 수 있다吃了丰泽园, 鲁菜都尝遍'는 말이 전해지고 있기 때문이다. 우리나라에 건너온 화교 대부분이 산동 그것도 교동 출신이지만, 그들이 지금 한국에서 만드는 요리는 실은 정종 산동요리와는 거리가 멀어서 정통 중국요리 특히 지방요리를 맛보자면 산동도 산동이지만 북경에서도 경험이 가능하다.

다시 말해 북경에 여행을 가면 뭘 먹어보느냐. 북경 오리구이는 여행사 단체여행에서도 먹을 만큼 먹었으니 다른 메뉴를 추천하자면 바로 이 오어단탕, 곧 모주석이 즐겨먹던 오어단탕을 추천할밖에. 값도 엄청 싸서 전혀 부담 없는 가격으로 맛을 볼 수 있다.

아, 나는 왜 이렇게 삼천포를 좋아하는가. 이야기가 본시 총소해삼으로 가려던 참이었는데, 다시 삼천포로 빠졌으니 길을 또 다시 되돌리자는 이야기이다. 총소해삼이라는 메뉴는 우리네 동네 중국음식점에서 흔히 주문할 수 있는 요리는 아니다. 해삼이 워낙 값이 비싸 메뉴판에는 대체로 시가라는 말로 가격이 매겨지는 까닭이다. 보통 바다의 해삼 스물하고도 여섯 근(한 근은 500g)을 말려야 한 근이 된단다. 그러다 보니 값이 천정부지일 수밖에. 하여 호기를 부려 이 총소해삼이라는 메뉴를 제대로 맛보는데 풍택원이 제격인 이유는 해삼왕 왕의균이라는 주방장이 버티고 있었기 때문이다. 왕의균의 별명이 해삼왕으로 불리게 된 그의 이력을 대강 정리하면 이럴 것이다.

- 1933년 복산에서 출생하였으니 영락없는 복산방의 한 사람이다.

풍택원의 총소해삼

- 1945년 12살에 주방에 들어와 선배 주방 식구들의 사오자^{勺子}(국자처럼 생긴 조리도구, 그 동네에서는 귀^龜를 방패 그리고 이 사오자를 칼로 비견하기도 한다)를 씻는 일부터 시작하면서 그 국자에 묻은 요리의 국물을 맛보면서 혀의 감각을 기른 것으로 전해진다.
- 1949년 이윽고 독일 라이프치히 세계박람회에서 중국을 대표하여 요리사로 참가하여 조수 노릇을 하면서 절배장안(조리할 재료를 갈무리하는 주방의 직책, 보통 중국집에서는 전문용어로 칼판이라 부른다. 칼로 조리할 재료를 일정한 크기로 써는 임무를 맡는다)에 오른다.
- 1955년 9월 27일은 그의 요리 경력에 첫 관문이 되는 날로, 당 중

앙과 중앙군사위원회가 중남해의 회인당에서 거행한 십대 원수, 십대 대장의 직함을 수여하는 자리, 곧 '백탁장군연'(장군들을 위한 백 개의 요리탁자 잔치)에서 왕의균이 책임 요리사로 선정된다.
- 1957년 같은 복산 출신인 조리계의 거두 모상훈(1895년생)의 수제자로 등록.
- 2003년 70수를 맞아 해삼요리의 달인이라는 해삼왕의 칭호 부여.
이리하여 풍택원 반장은 왕의균과 함께 해삼 요리의 아성으로 북경에서 자리를 확보. 700여 테이블은 주로 송수연의 단골 메뉴인 총소해삼이 초패채로 자리 잡게 됨.

이상이 그의 간단한 이력이다. 요즘에는 풍택원 입구에 당일 조리할 해삼의 가격이 적힌 매대가 설치되어 있어서 고객이 그날 먹을 해삼을 직접 고르거니와, 최고로 비싼 해삼 가격은 한 마리에 인민폐 600여 원에 달하니 한 접시 열 마리가 오를 경우, 요리 값은 우리 돈 100만 원에 달한다는 계산이 나온다. 혀를 내두를 만한 것이다. 풍택원 반장에서 내는 총소해삼은 조명을 받아 윤기가 흐르며 맛과 향이 일품인데 특히 향이 별난 것은 물론 장구대파 이외에는 쓰지 않는 까닭이라는 점에서 북경오리구이 전문점 전취덕과 마찬가지이다.

어떤가. 음식으로 호사를 떨 의향이 있으시면 풍택원 반장으로 가서 총소해삼 한 접시에 고량주 한 잔. 이러다가 내가 풍택원 반장의 한국담당 영업사원이 되는 건 아닌지 모르겠다.

혜풍당惠豊堂과 서태후

북경에서 태어나 새 진주라는 중국 이름을 가진 펄 벅은 대지의 작가로 유명하거니와 여성인 그녀가 서태후를 자신의 이야기로 끌어들인 것은 어쩌면 대단히 자연스럽다. 함풍제의 귀비로 뽑혔다가 동치를 낳으면서 황제의 생모가 된 그녀가 어린 동치를 대신해 수렴청정을 하면서 국사를 오로지 하는 것으로 그치지 않고 동치 사후 황제 자리에 오른 광서 때까지 무려 48년을 권좌에 있었던 반세기에 이르는 기간 동안 무려 세 명의 황제를 능가하는 황실 최고의 실력자였던 서태후. 만청을 장식한 그녀의 생애야말로 중국의 몰락 과정을 증언하는 더할 나위 없는 자료이기 때문이다.

서태후가 귀비로 뽑히고 나서 친정 나들이를 갔을 때 장면은 여인 서태후의 별난 면모를 엿볼 수 있는 흥미로운 장면이다. 여성

인 펄 벅도 이 장면을 놓치지 않고 있는데,

A

곧 이어 가족들 간에는 이야기꽃이 피었고, 여자들은 자희에게로 다가와 그녀의 손을 쓰다듬고 반지와 팔찌를 살펴보며 탄성을 질렀다.
―살결이 이렇게 희고 부드러울 수가!
누군가 탄복했다.
―대체 피부에다 뭘 바르시는 거지요?
―인도에서 온 연고인데 신선한 유지와 귤껍질을 빻아서 만드는 거죠. 이 연고는 우리가 바르는 양 기름보다 훨씬 좋아요.
―그러면 어디서 그런 유지를 얻는단 말이에요?
누군가 물었다.
―나귀의 젖에서 뜨는 덩어리를 걷어내는 거예요.

서태후의 피부가 남달리 희고 부드러운 사실을 엿보게 하는 장면인데, 여기에 우리는 펄 벅과 마찬가지로 벽안의 미국인 화가 칼 캐서린의 다음과 같은 회고를 첨가하면 더욱 그럴 듯하다.

B

태후가 올해 이미 예순아홉 살이나 된 노인이라는 것을 만일 알지 못했다면, 나는 그녀를 곱게 나이가 든 마흔 살 정도의 여인으로만 보았을 것이다. 과부인 태후는 전혀 화장을 하지 않았기 때문

만년의 서태후

에 그녀의 얼굴은 건강하고 자연스러운 붉은 빛으로 빛나고 있었다. 겉모습의 단정한 아름다움 이외에도, 그녀는 자신의 얼굴색과 어울리는 장식품을 완벽히 갖춤으로써 자신의 신비한 용모를 더욱 젊어보이게 만들고 있었다.

중국에서 세관 업무를 보던 오빠를 좇아 중국에 건너온 칼 캐서린이 자금성을 들락거리면서 서태후의 초상화를 그리기 시작한 첫날의 인상을 적은 것인데, 1835년 생 서태후가 예순아홉의 나이라면 1904년 무렵의 일이다. 화장도 하지 않은 칠순을 코앞에 둔 노파의 얼굴이 마치 40대의 여인처럼 자연스러운 붉은 빛으로 빛

나고 있다고 적고 있다.

여기에 또 하나 추가해야 할 것은 서태후를 찍은 허다한 사진들이다. 황실 종친인 훈령이라는 전속 사진사가 늘 호종하며 서태후의 중요한 장면들을 사진으로 연출하여 서태후의 자태를 만방에 과시했던 것.

그러나 청조를 호령하던 여걸 서태후도 어쩔 수 없는 여인이었던가. 서태후는 미용에 유달리 신경을 썼는데 그 가운데서도 특히 피부 관리에 남다른 노력을 기울여 늘 비취로 만든 롤러로 안면을 마사지한 것은 비취의 성분인 게르마늄이 피부미용에 효과가 있어서라는 것이며, 아울러 갓난아이 같은 피부를 위해 모유를 제공한 만주족 여성들의 명단이 아직도 남아 있을 정도다. 비취로 만든 롤러가 직접 피부에 닿는 미용법이었다면, 나귀의 젖이나 모유는 식이요법인 셈인데, 이 식이요법에 반드시 첨가해야 할 것이 음식이다.

서태후의 음식호사는 역대 황실 구성원을 통틀어 가히 독보적인 수준으로 알려져 있다. 서태후의 전용 주방인 서선방은 황제의 어선방 규모를 능가하는 수준이었다. 서선방의 우두머리 환관은 성이 사씨謝氏였는데, 사 환관의 동생인 사이謝二는 '소맥燒麥'을 주특기[1]로 해서 서태후로부터 칭찬을 받았다는 점. 이밖에 조리사 왕옥산은 볶은 요리에 능해서 '조초왕'이라는 칭호를 얻었다는 후일담이 전해지고 있다. 아울러 이들 이른바 어선방 소속의 정식 조

---

[1] 蘇寶敦 編著 頤和園與西太后 北京華僑出版社 1999 北京 33p.

리사인 '정패' 이외에도 자금성 밖으로부터 조리사 가운데 특기를 가진 이들을 부르는 호칭이 '액외초모주역額外招募廚役'이었다.[2] 이 별난 호칭의 조리사 가운데 특기할 인물이 유덕장이라는 조리사인데, 그가 바로 혜풍당의 조리사로 자금성을 제집 드나들 듯 드나들었다.

여기서 혜풍당이라는 찬관의 이름이 눈길을 끌거니와, 주방에서 복산 사투리가 아니면 통하지 않는다는 복산방의 본거지였던 곳이다. 당시 전문 앞에 자리 잡은 혜풍당으로 타임 슬립해 미끄러져 걸음을 해볼 밖에.

서태후의 식탁에 오르는 허다한 메뉴들 가운데 줌업의 대상이 되는 것들이 별도로 있으니 이를테면 샤오주피러우燒猪皮肉[3], 잉타오러우櫻桃肉[4] 등을 특필해야 하지만, 특히 전자는 젤라틴 성분이 포함되어 있어 여성들의 피부를 윤기 나게 하는 요리다. 그리고 이 샤오주피러우라는 메뉴는 혜풍당의 초패채로 샤오후이좌지앤燒燴爪尖과 더불어 돼지족발요리로 서태후에게서 특히나 총애 받던 메뉴였다. 하지만 이걸로도 모자란다면 다시 같은 돼지앞다리를 흐물흐물하도록 삶아 만든 여름 메뉴 슈징저우즈水晶肘子를 추가해야 할 것이며, 이 메뉴가 겨울이 되면 호박주자로 둔갑하여 서태후의 피부미용을 위해 상에 오르는 메뉴가 된다는 사실을 덧붙여야 하는 것이다.

2 이 별난 직함은 드라마 대장금의 대령숙수로 보면 그리 어긋나지 않을 것이다.
3 돼지껍질로 만든 이 메뉴가 '향령'이라는 별명을 가지게 된 것은 필시 저작咀嚼할 때에 나는 소리 때문이라고 한다. 李春祥 編著 名饌名人 知識産權出版社 2006 北京 161p
4 앵도 역시 서태후의 입술 미용을 겨냥하고 강구된 메뉴가 아닐까 한다. 참고로 중국에서 서양체리(앵도)가 선교사들에 의해 처음 과종된 것은 산동의 옌타이였다. 陳華殿 蘇洪泰 姜瑞珍 主編《烟臺歷史大編年》中國文史出版社 2006 北京

슈징저우즈

이 슈징저우즈는 본디 돼지를 많이 기르는 산동 제남의 특산 요리로 돼지 앞다리 껍데기의 젤라틴 성분이야말로 피부의 수분을 유지하여 노인들의 피부건조증을 막는 특효의 음식이라는 점을 추가한다면, 그리고 슈징저우즈 역시 혜풍당의 초패채였다는 사실을 알고 나서 혜풍당이라는 간판의 제자를 서태후가 맡았다는 점까지 자연스럽게 연결되지 않는다면 그건 이상한 일이겠다.

하지만 혜풍당의 스토리텔링은 이걸로 그치지 않는다. 경극광 서태후가 오버랩되어야 혜풍당의 브랜드 스토리가 완성되기 때문이다. 북경이라는 도시 브랜드를 붙이고 있는 대표적인 콘텐츠가 바로 경극임은 주지의 사실이거니와, 그 경극의 유력한 패트론이 바로 청 황실이고, 그 황실 가족 가운데에서도 가장 경극에 매료된 인물이 바로 서태후라는 점 역시 주지의 사실이다. 그러니 펄 벅이 경극과 관련된 서태후의 동선을 놓쳤을 리가 만무하지 않겠는가.

C

그녀는 매일 아침마다 황실 배우들이 공연하는 연극을 관람하면서 생전 처음으로 보고 싶은 만큼 연극을 볼 수 있었다. 물론 역사책을 읽거나 전통 서화를 공부하는 것도 좋았지만, 연극을 통해 살아 숨 쉬는 역사 속의 인물들과 만나는 일은 무엇보다도 즐거웠다. 그녀는 연극 속에 등장하는 여러 후궁들과 황후들에게 긴밀한 유대감을 가졌고, 자신보다 앞서 태어나 나라를 통치하고 죽어간 인물들의 삶에서 자신의 모습을 발견했다. 그날의 연극 내용이 사색적이었다면 잠자리에 들어서도 생각에 잠겼으며, 그 내용이 즐거웠다면 그날은 무엇을 하든지 즐거웠다.

D

자희는 여름 궁전에서 돌아온 이후로 황실 배우들을 가까이 두고 황실 재정을 지원해 맛있는 음식을 대접하는가 하면 자금성 밖의 별채에 편안한 자리를 마련해 주었고, 심지어는 궐내에 극장까지 지었다. 그리곤 명절 때마다 공연을 지시해 황제를 대동했고, 황실의 부인들이나 후궁들 환관들 그리고 서열이 낮은 왕들과 가족들까지 참석토록 했다. 모든 남자들과 그 가족들은 저녁 무렵이 되기 전에 궁을 떠나야 했지만 연극은 매일 두세 시간씩 계속되었다.

E

태후는 대략 한 시간쯤 산책을 하고 휴식을 취하며 간식을 먹는 다음 기다리고 있던 궁녀들에게 상냥하게 말했다.
―오늘 유달리 공기가 맑구나. 바람도 없고, 햇살은 따스하고… 오늘 같은 날 경극 '자비의 여신'을 보는 게 어떻겠느냐?

이 말에 모두 박수를 쳤지만 이연영 만은 경의를 표하며 태후에게 말했다.
―마마, 배우들이 아직까지 대사를 다 외우지 못한 것으로 아옵니다. 이 경극은 아주 섬세해서 대사를 확실하게 말하지 않으면 흥미가 반감될 듯합니다.

그러나 태후는 그의 말을 무시했다.
―시간을 충분히 주었노라. 지금 당장 가서 오후에 막을 올리라고 지시하라. 그 동안 나는 잠시 염불을 외우고 있겠다.

서태후와 경극을 언급하자면 이화원 안에 자리 잡은 경극 극장을 우선 거론해야 할 일이고, 경극 극장을 이야기하자면 그 규모를 살펴야 한다. 서태후 한 사람을 위한 전용 경극 감상 시설임에도 그 규모는 전문 앞 경극의 희대戱臺를 넘어설 만큼 서태후의 경극 애호를 반영한 것임은 물론이다. 서태후를 포함해 아들인 동치나 손자뻘인 광서제로 이어졌으며, 나아가 황실 전체는 물론 황실을 중심으로 하는 반경 안에 들어 있는 왕공노야들을 경극으로 끌어들이는 결과를 가져왔고, 이어서 각급 벼슬아치들에게도 파급력을 행사하면서 경극은 북경의 상층 인사들에게 가장 중요한 오락거리가 되었다.

이 대목에서 중요한 것은 이연영이라는 환관의 역할이다. 위 인용부 E에서 보듯이 서태후를 위한 경극 연출에서 배우의 선별 및 레퍼토리 선정의 임무 가운데 많은 부분이 이연영을 통해 이루어졌음을 알 수 있거니와, 이연영과 경극 배우들의 관계는 밀접한 것이었다고 할 수 있다. 아울러 권력의 최고 실력자인 서태후에게 접근을 시도하는 많은 이들이 경극을 매개로 하였으리라는 점도 짚을 수 있다. 경극 배우들 입장에서 보자면, 이연영은 자신들의 황실 전용 매니저였다고 할 수 있다. 서태후로부터 상찬을 받은 배우는 자신의 명망을 황실 및 궁중에서 확보하는 것은 그리 어렵지 않았을 테고, 그로부터 최고 권력자 서태후로부터 실력을 인정받은 배우들의 인기는 자연스럽게 왕공노야에게 전파되기 마련이며, 거기에서 그 인기는 다시 전문 앞 극장가로 이어지는 연계 구조를 가지는 것이다. 그 가운데 핵심인물이 바로 이연영이었던 것도 대단히 자연스럽다.

이 대목에서 짚어야 할 것은 혜풍당이라는 찬관의 이름에서 당이라는 글자는, 다시 말해 당시 북경의 유명 찬관을 나타내는 이른바 십대당十大堂 팔대루八大樓 팔대거八大居에서 말하던 그 당이다. 이연영의 양아들이 복산 출신의 조리 계통 혹은 식당 경영 전문

행차하는 서태후

가와 동업으로 운영한 이 찬관은 이른바 십대당의 하나로 팔대거 팔대루의 거와 루와는 격을 달리하는 찬관이다. 이 말은 곧, 그 당이라는 것이 규모 면에서 거와 루를 압도하고 있었지만, 이밖에 또 한 가지 경극을 비롯한 연희의 공연이 가능한, 말하자면 무대와 객석을 구비한 극장식 찬관이었다는 점을 아울러 짚어야 한다. 북경의 황실 주변에 포진한 왕공노야들과 그 가족들의 허다한 생일잔치와 혼례 등이 혜풍당에서 이루어졌던 것이다. 산해진미에 곁들인 경극 공연은 연희의 빼놓을 수 없는 대목인 동시에 혜풍당만의 마케팅 포인트였다고 보면 그리 어긋나지 않는다. 게다가 이연영과 그 양아들 및 그 주변의 명배우들이 운집해 있었으니 혜풍당이야말로 '대박'을 보증하는 여러 마케팅 포인트를 구비한 찬관으로 읽어내야 하지 않을까.

그리고 하나 더, 그 무렵 혜풍당을 드나들던 경극 배우들과 조리사들 사이에 인구에 회자되던 입담 하나를 추가하면 더욱 그럴싸해진다. 곧 '조리사는 탕으로 승부하며, 군인은 창으로 승부하고, 창희는 강으로 승부한다'(주사적탕, 당병적창, 창희적강)이라는 문구가 그것이다. 이 네 글자까지 성어가 각운을 밟고 있음은 두말하면 잔소리거니와 매란방, 상소운 등 경극의 명배우들과 단기서, 장훈 등 북양 군벌들이 어울린 자리에 요리를 올리는 조리사가 이 말을 토설하는 장면이 그림처럼 주마등처럼 스쳐 지나간다면… 아울러 이들 경극 배우들이 창을 한 마당 마치고 나서 컬컬한 목의 피로를 혜풍당의 탕으로 풀어주었으리라고 상상한다면….

6장
불놀이의 인문학 혹은 문명론

주방의 필살기
과^{鍋} 와 작자^{杓子} 다루기

재직하고 있는 학교 구내 동문회관에 자리 잡은 한 중국 음식점에 이따금씩 들러 짜장면을 먹으면서 음식과 더불어 감상하는 것이 한 가지 있다. 유리 안으로 들여다보이는 조리사들의 묘기다. 이른바 수타면으로 직접 면발을 뽑아내는 음식점이 아닌지라 이른바 '랍면^{拉面}'의 솜씨를 감상할 수는 없지만, 그래도 흥미진진하게 보는 것이 없지 않으니 그것은 이른바 '불판'이 재주를 뽐내는 광경을 먼발치서나마 훔쳐볼 수는 있기 때문이다.

얼마 전까지만 해도 중국 음식점에 대한 평판이 그다지 좋지 못한 이유 가운데 하나가 위생이나 청결 방면에서 별반 높은 점수를 받지 못했던 까닭이었겠는데 그런 문제들을 해결해 가는 과정에서 여타의 식당에서 손님들에게 주방이 들여다보이게 하는 주방 공개라는 추세에 동참하고 있다고 보면 그리 어긋나지 않은 짐작일 것이다.

위생과 청결을 염두에 두고 주방을 공개한다는 이런 마케팅의 점수 얻기에서 여타 요식업 분야와 달리 중국 음식점이 비교적 높은 점수를 따게 하는 포인트가 바로 이 면 뽑기 묘기이다. 한식 주방을 오픈한다고 해서 고객들이 그 조리과정을 보면서 별도로 주목을 할 만한 포인트가 있을 성싶지 않고, 일식집에서 기껏 볼 수 있는 것이 칼잡이들의 회를 써는 솜씨라면 중국 음식점의 경우는 이보다 더욱 진진한 '비디오'를 감상할 수 있으니 그게 바로 이른바 과와 작자를 각기 왼손 오른손으로 놀리면서 연출하는 불놀이 그림이다. 과^{鍋}와 작자^{杓子}의 손놀림을 무예에 비유해 방패와 칼로 표현한다고 치자면 영락없는 십팔반무예에 견줄 수가 있으며, 중국 음식 조리에 필수적인 시퍼런 불꽃을 치솟아 오르게 하여 순식간에 볶아내는 차오차이와 폭향의 특유한 풍미야말로 여타 국가나 문명의 조리법에서는 맡을 수 없는 중국 음식의 고유한 풍미인 까닭이다.

중국 음식 조리법의 대강을 이루는 이른바 화후^{火候}를 다루는 솜씨 가운데 폭^{爆}이 있다고 치자. 왼 손으로 과^{鍋}를 상하좌우로 놀려 과[웍] 안의 기름이 과 밖의 불과 서로 닿아 만나게 하는 순간 화염이 일순 치솟아 오르는 그림을 보면서 문득 떠오르는 것이 다름 아닌 삼국지의 압권을 이루는 적벽 싸움에서 제갈량과 주유가 손바닥에 적힌 한 글자 곧 화^{火}를 떠올리면서 동시에 연환계라는 화공을 써서 조조의 배를 일시에 태워버리는 장면이 눈앞에 어른

거리기도 하는 것이다. 화공을 펼치는 이때 결정적인 것은 바람의 향방 곧 동남풍인 것은 물론이려니와, 머잖아 동지를 지나면서 서북방을 대표하는 음의 기운을 대신하여 동남방의 양의 기운이 갈마듦이라는 천시의 교체를 탄 것임은 주지하는 바이다.

  화공의 명수인 제갈량이 삼국지의 마지막에 이르면서 펼치는 화공으로 호로곡 전투를 들 수 있거니와, 사마의의 군사를 호로곡이라는 계곡 안으로 끌어들인 다음 계곡을 에워싸고 있는 산 위에서 섶을 잔뜩 실은 치중에 불을 질러 계곡으로 내려 보내는 화공 장면에서 바람을 타고 기세가 오르는 불기운에 힘입어 튀어 오르는 불씨들로부터는 짜장면의 그 작炸, 곧 예컨대 탕수육을 만들 때 튀김옷을 입힌 고기를 기름이 담긴 과 안에 떨어뜨리는 순간 마치 수류탄이 터지면서 파편이 사방으로 퍼져 나가는 그런 그림을 떠올린다면….

지금으로부터 30년 전 미국의 한 대학출판부에서 간행된 책 《The Eater's Guide to Chinese Characters》는 제목에서 보듯이 중국음식과 한자를 연관지어, 음식 메뉴를 통해 한자를 익힌다는 발상에서 나온 책자다. 저자인 매컬리James D. McCawley는 이 책에서 실제로 자신이 찾아가 먹어본 음식점의 메뉴를 통해 그 메뉴의 실체와 상을 떠올리도록 시도한다. 흥미로운 것은 저자가 음식의 이름을 보고 한자를 연관 짓는 행위를 일컬어 'decipher', 곧 '암호문자의 해독'이라 적고 있다는 점이다. 이방인이 중국 찬관의 메뉴를 보고 음식의 이미지를 떠올리는 것은 실로 암호문자를 해독하는 것에 진배없는 일인 게다. 다음은 매컬리McCawley가 홍콩의 한 찬관의 정미소채精美小菜라 적힌 메뉴를 그대로 옮겨 적은 것이다.

芙蓉三鮮 18원, 生鷄綠海蜇 24원, 宮爆明蝦 20원, 蝦子海蔘 16원, 炸芝蔬蝦 12원, 賽螃蟹 18원, 油爆双脆 20원, 糟溜魚片 16원, 貴妃鷄 16원, 蔥爆三樣 14원, 干炒牛肉絲 14원, 蟹肉扒双蔬 12원, 二菘桃仁 18원, 瑤柱燒豆腐 12원, 龍鳳羹 12원, 上湯四寶 12원

메뉴판에 적힌 찬관의 상호인 만희루萬禧樓는 영어 Manhattan

Restaurant Ltd의 음역이겠고, 아울러 Courtesy Manhattan Restaurant라는 옥호를 가진 그 찬관이 자리 잡은 301 Hennessy Road, Wanchai, Hong Kong라는 지명으로 미루어 한영 쌍어를 쓰는 홍콩에 위치한 중화 찬관이겠지만, 메뉴는 여전히 한어 그대로라서 이국인이나 중국 음식의 문외한에게는 그야말로 암호문자나 다름없는 게다.

메뉴에 별도로 병기된 식재료로 三鮮(세 가지 해산물), 鷄(닭), 海蜇(해파리), 蝦(새우), 海蔘(해삼), 芝蔴(참깨), 螃蟹(게), 魚片(생선포), 蔥(파), 牛肉(쇠고기), 蔬(채소), 菘(배추), 桃仁(복숭아씨 속살), 豆腐(두부), 龍鳳(잉어와 닭) 따위 재료가 눈에 들어오지만, 이들 가운데 부재료로 보이는 총蔥 등을 제외한 나머지 가운데서 과반을 점하는 것이 해선인 것으로 미루어 만희루라는 이 음식점은 해산물 요리를 잘하는 곳인가 보다고 일단 추정할 수 있다.

이어서 눈에 들어오는 것이 바로, 위에서 통계숫자를 운위하면서 언급한 바 있는 불 화^{火} 자이다. 16가지 메뉴에 포함된 불 화는 爆^{폭}, 炸^{작}, 溜^{류}, 炒^{초}, 燒^{소}, 羹^{갱} 도합 여섯인데 그 중에서 폭^{爆}이 宮爆明蝦^{꿍빠오밍시아}, 溜爆双脆^{유빠오쌍취}, 蔥爆三樣^{총빠오싼양} 세 개의 메뉴에 포함되어 있다. 이 역시 무슨 암호인가. 이들이 모르스 부호처럼 암호로 이루어져 있다면, 이 모르스 부호에서 폭이라는 화후가 세 가지 곧 절대다수까지는 아니지만 빈도 1위를 구성하는 것 역시 암호의 일종이 아닌가.

중국이라는 나라를 표상하는 데 지대물박^{地大物博}이라는 네 글자의 성어가 설득력을 얻고 있는 것은 주지의 사실이고, 땅이 넓다는 사실로부터 동서로는 서고동저니 하는 말이 생겨나고 남북으로는 남선북마니 남도북유니 하는 문화적 지형도 혹은 문화지리학적 코드들을 구성하거니와, 흥미로운 사실은 이런 문화코드가 다시 요리나 음식에도 예외 없이 적용되어 불을 다루는 데에서도 그것이 남북의 차이를 코드로 아로새기고 있다는 점이다.

중국 요리에서 불을 다루는 법을 별도로 일컬어 화후라는 용어를 사용한다면, 그 화후에도 다시 구분이 있어 문화^{文火}와 무화^{武火}로 나눈다는 점은 이채를 발한다. 곧 화후에도 문무라는 부호학적 대위 코드가 어김없이 작동하고 있는 것이다. 이 화후의 차이라는 코드를 통해 중국의 4대채 가운데 하나인 광동채를 보면 광동요리의 초패채 가운데 하나인 죽 요리는 문화^{文火}의 일환인 민^{燜}, 곧 찌는 듯한 찜통더위, 다시 말해 중국의 3대 화로라 일컬어지는 남경, 중경, 무한의 기후를 가리키는 말인데, 이 찌는 듯한 더위가 요리로 옮겨오면 제일 약한 불이 되어서 약불로 죽을 천천히 끓이는 화후가 되는 것이다. 마찬가지로 4대채 가운데 북방을 대표하면서 사대채 또는 팔대채의 으뜸으로 꼽히는 노채는 무화^{武火} 가운데 일환인 폭과 작을 주특기로 삼고 있다는 점이 그것이다. 아래의 표가 그것을 웅변으로 입증하는 증빙이다.

一品鴿蛋燕菜	白扒通天翅	蔥燒海蔘	扒釀海蔘	㟃蝦蘑海
奶湯活鮑	油爆魚芹	山東蒸丸	滑炒魚絲	油爆肚仁
油爆腰花	湯爆双脆	爆瓦楞腰子	炒蝦腰	芫爆烏魚條
白汁釀魚	脯酥魚片	賽螃蟹	九轉大腸	清炸腰花
清炸蠣黃	清炸大腸	清炸鷄珍	芫爆腰條	焦鷄絲蜇頭
鍋燒肘子	焦熘肥腸	糖酥丸子	炸雪麗豆沙	拔絲苹果

중국 역사전통노채 30례

중국팽임고급기사^{中國烹飪高級技士}의 한 사람인 치지펑^{奇曉峰}은 노채 가운데 '역사전통채' 30례를 앞의 표와 같이 꼽은 바 있는데, 이들 불을 다루는 팽임기법 가운데 가장 다수를 점하고 있는 것이 다름 아닌 폭^爆(7회)이고, 그 뒤를 잇는 것이 작^炸(5회)이다. 다시 말해 우리가 즐겨 먹는 작장면의 그 작이 노채 가운데 가장 대표적인 화후에 해당하는 조리기법의 하나인 점을 확인하는 것은 제법 의미가 없지 않다.

여기서 매컬리가 제시한 만희루의 메뉴에서 암호 풀이의 연습문제로 떠올린 바 있는 폭 역시 노채의 폭과 무관하지 않다면 홍콩에 자리 잡은 만희루는 노채를 주특기로 하는 찬관이라는 암호의 해독이 가능하다.

그때 내 입에서는 이런 소리가 새어나오고 있었다. '흠, 이건 이를 테면 배갈과 소흥주의 차이, 그러니까 북백남황, 곧 북쪽에서는 백주를 마시고 남쪽에서는 황주를 먹는다는 것과 같구만.' 물론 남쪽에서 배갈을 먹으면 불법이고 북쪽에서 황주를 먹으면 벌금을 매기는 건 결코 아니지만, 그럼에도 날씨의 춥고 덥고가 술의 도수에 영향을 미친 건 자명하다는 말이다.

그러면서 예전 대만에 갔을 때 생각이 문득 났다. 2006년이던가, 십 년도 더 전에 대만에 들른 때가 12월 초. 그곳에서 유학으로 장기체류를 해본 적도 없는지라 그야말로 철 모르는 철부지가 되고 말았던 기억이다. 겨울인데 그곳 사람들은 짧은 바지에 반팔 차림에 슬리퍼를 끌고 거리를 활보하는 게 이따금씩 눈에 띄었다. 이 유모라는 작자로 말할라치면 몸에 열이 많아 예컨대 인삼 계통은 잘 맞지 않는 체질임에야. 나는 현지에서 일단 샌들과 짧은 팔 티셔츠를 사서 입고는 타이난까지 여행을 하고 나서 샌들은 정말이지 잘 샀다고 주억거리면서 그 샌들을 한국에 가지고 와서 10년을 넘게 신다가 작년에야 폐기처분한 것이었다.

하지만, 음식 방면에도 이런 자연 지리의 구분이 반영되는 건 자연스런 이치이지만, 거기서 그치는 게 아니라 실은 인문 지리에도 영향을 미쳐 별도의 지방색을 구성하는 것이라는 사실을 알았으니 그것은 궁폭계정(宮爆鷄丁)이라는 싸구려 요리가 그러했던 것이었던 것이다.

요리사 시험의 필수코스
꽁빠오지띵 宮爆鷄丁

지금으로부터 25년 전, 곧 사반세기 전이다. 내가 중국 땅을 처음 밟은 것은. 아아, 그때는 정말로 호랑이가 담배를 피우던 시절이었다. 6만 몇천 원쯤에 환전한 100달러짜리 그린백 달러는 인민대학 앞 암달러 장수에게 바꾸면 1400위안을 주었으니 돈값으로 치면 지금의 1/4 정도였던 시절이다. 인민대학 안의 상창(슈퍼)에서 생닭 한 마리가 이콰이(일 원. 당시 돈 가치로는 약 50원쯤?)이었던 시절이었다는 말이다.

당시 북경의 겨울날씨는 제법 추워서 밤길에는 며칠째 녹지 않은 눈이 얼어 미끄럼을 타면서 걸어가야 했는데, 그런 밤길을 걸어 몇 백 미터를 걸어가면 학교 근처에 학생들의 단골 식당이 몇 자리 잡고 있었다. 문을 밀치고 들어가면 자욱한 담배연기 그리고 소음,

웃음소리 고함소리. 그때 내 눈길을 잡아당긴 건 테이블 위에 올라온 안주 접시. 김이 모락모락 피어오르는 데 눈에 띄는 게 땅콩에 대파에 말린 빨간 고추 그리고 나머지는 분간이 안 된다. 이름을 모르는 요리다. 테이블에 둘러앉은 중국 학생들이 젓가락으로 연신 그 놈을 입에 집어넣으며 맥주를 벌컥 벌컥 들이키고 있었다.

우리 일행도 그걸 시켰다. 이름을 모르니 복무원에게 손으로 가리키면서 말이다. 그러고는 이과두주 한 병이다. 조금 뒤 이과두주가 올라오는데 아, 글쎄 640밀리 맥주병에 담긴 52도짜리다. 메뉴판에 붙은 가격을 보니 3원이다. 그리고 우리가 시킨 안주가 드디어 테이블 위에 올라왔다. 땅콩과 대파 그리고 말린 고추를 볶은 건 맞는데 고기가 닭고기이다. 닭고기, 땅콩, 대파, 고추 볶음이다. 가격을 확인하니 5원이었던가 7원이었던가 기억이 가물가물하지만 어쨌든 10원 미만이었던 건 분명하다. 육류가 들어간 안주 중에서 제일 싸구려 축에 속하는 경장육사 京醬肉絲와 더불어 그 요리는 이름하여 꽁빠오지띵 宮爆鷄丁 곧 궁폭계정이다. 이 궁폭계정을 처음 먹은 게 지금부터 25년 전의 일이라는 이야기다.

그 후로 몇 년 뒤, 소동파의 동파육처럼 이 궁폭계정이라는 요리를 개발한 사람이 있다는 사실을 알았다. 아래 인용한 글은 그 요리의 개발 과정을 거칠게 묘사한 대목이다.

그는 매양 직접 요리를 하곤 했다. (…중략…) 무슨 재료를 쓸 것인가? 처음에는 죽순과 버섯을 쓰려고 했으나 죽순은 사천에서 허구헌날 먹는 것인데다가 요리마다 들어가는 것이므로 내키지가 않았

꿍빠오지띵

다. 향고초계정도 마찬가지로 구태의연한 요리였다. 무슨 특색 있는 요리를 만들 수 없을까 궁리를 하던 끝에 갑자기 땅콩 생각이 떠올랐다. 물에 불렸다가 쓰면 뜻밖의 맛이겠다 싶었다. 마른 고추와 서로 짝이 되어 노랗기도 하고 붉기도 해서 재료가 서로 잘 어울릴 성 싶었다. 볶아서 맛을 보니 뜻밖에도 닭고기 조각은 기름기가 도는 부드러운 맛이고 땅콩은 바삭한 데다 입에 넣은즉 약간 알알한 매운 맛이 감돌면서 향미가 일품이었다. 그는 득의만면한 미소를 머금었다

위 인용 글에서 '그'는 궁보계정을 최초로 만든 정보정이라는 인물로 궁보계정이라는 요리의 이름은 그가 청나라에서 제수받은 궁보라는 벼슬로부터 말미암는다. 아아, 요리의 개발자가 떡하니 요리 이름에 붙어 있다니. 이런 경우가 우리 음식에 있는가 하고 잠시 생각하다가 결국은 노라는 결과에 이르고 만다. 특이한 경우다. 물론 앞서 언급한 인스턴트 라멘의 발명자 안도 모모후쿠

외에 별도로 떠올리기가 여간 어렵지가 않다. 예컨대 삼겹살 구이를 누가 발명했다고 하는 게 말이 될 법한 일인가. 아니면 보쌈을 누가 발명해서 특허를 획득함으로써 다른 사람이 그걸 먹을 때마다 얼마간의 지적 재산권을 내야 한다면… 이 말이 되는가 말이다. 물론 궁보계정을 먹을 때 정보정에게 특허료를 내고 먹는 중국인은 없지만 말이다.

여기서 정보정이라는 인물의 이름자가 돌연 이상하게 다가오는 것이니. 정이라는 성이 바로 궁보계정의 정과 같은 글자가 아닌가. 그러나 그걸로 그치지 않는다. 정보정의 보도 궁보계정의 보와 같은 발음이요, 궁보계정의 별명을 궁폭계정이라고 불렀을 때 그 폭도 보와 발음이 같은 '빠오'로 발음되니 말이다. 발음이 같으면 서로 어떻게든 연결시키려는 것이 중국인의 습벽, 이를 테면 북경 올림픽의 개시를 2008년 8월 8일 8시로 맞춘 것은 공희발재恭喜發財의 발이라는 글자와 맞춘 것은 우리나라 사람 가운데 중국을 한 번이라도 갔다 온 사람은 다 아는 사실이다.

이어서 정보정의 이력서가 두 번째로 기묘하다면 기묘하다. 그는 귀주성 출신으로 사천으로 옮겨 벼슬살이를 하다가 만년에는 북방의 산동으로 올라와 순무 노릇을 했다. 벼슬살이에서 공을 세워 청 황실에서 궁보라는 명예직을 제수 받음으로써 그게 궁보계정이라는 요리 이름으로까지 이어진 것이다. 기묘하다고 한 것은 그가 옮겨 다닌 곳과 고향들이 모두 요리와 연관이 있는 까닭이다.

우선 고향인 귀주와 초년에 벼슬살이를 한 사천 일대는 매운 걸 밝히는 고장이다. 모택동의 고향인 호남성과 더불어 어느 지방이 매운 걸 더 잘 먹느냐는 걸 놓고 시비를 걸기도 하는데 그걸 바로 중국어로 등급을 매긴다. 다음의 퀴즈를 풀어보는 걸로 그 등급을 매겨 보자.

① 辣不怕^{랄부파}(매워도 안 두렵다)
② 不怕辣^{부파랄}(매운 걸 두려워하지 않는다)
③ 怕不辣^{파불라}(맵지 않을까 두렵다)

제일 높은 등급은 ③이다. 먹는 음식이 죄다 매워서 매운 걸 제일 밝히는 단계이다.

바로 이 대목에서 사단이 발생한다. 곧 궁보계정의 족보를 두고 시비가 발생한 것. 곧 궁보계정이 산동요리냐 아니면 사천요리냐를 가지고 땅따먹기 싸움이 벌어진 것이다. 매운 고추가 들어가니 응당 사천요리인데 정보정이 사천에서 벼슬까지 지냈으니 더더욱 사천요리라는 주장이다. 이런 시비가 벌어진 것은 다름 아닌 채계^{菜係}라는 단어에서 비롯되거니와, 중국의 요리가 계보를 가지고 있다는 점, 예를 들면 노채, 천채, 오채, 민채, 상채 등 각 지방요리의 어디에 속하는가를 묻고 따지는 게 그야말로 항다반사인 까닭이다.

이어지는 건 궁보계정의 계, 곧 닭이다. 이 닭은 산동에 끌어다 붙이면 가장 그럴 듯하다. 맹상군이 등장하는 고사성어 '계명구도^{鷄鳴狗盜}'가 있다. 맹상군이 진나라 군대에 쫓겨 도망을 칠 때 휘하의 일행 중에 닭울음소리를 주특기로 하는 식객이 있어 그 소리를 흉내 내자 동이 튼 걸로 알아들은 진나라 병사가 지키던 관

산동 지방의 투계

문을 열었다는 고사다. 그런데 이걸 왜 산동과 연결 짓는 건가. 산동이라면 중국의 제일 동쪽 지방, 동쪽은 해가 뜨는 곳, 해가 뜨면 닭이 운다, 아니 문학적으로 이야기하자면 그 반대, 곧 닭이 울면 해가 뜨는 것이다. 그만큼 산동 지방의 닭은 힘이 좋다. 해를 띄워 올릴 정도로 말이다. 태양은 양의 화신, 그런 양의 기운을 띄워 올리는 짐승이 바로 닭이다.

하여 산동의 닭은 호전적이라서 투계로도 유명하다. 공자가 살던 노나라 일대에서는 귀족들이 온통 투계에 열을 올렸다. 그래서인지 산동 일대 제법 큰 도시, 예컨대 제남시의 아파트에서도 닭들이 오가는 풍경을 심심찮게 볼 수 있다.

그 다음은 대파, 대파는 하도 여러 번 이야기해서 독자들의 귀에 딱지가 앉았을 테니 장구대파라는 말 한 마디만 하고 넘어가면서 이어지는 것은 땅콩이다. 그런데 이 땅콩은 별도의 인용문을 통과하면 더욱 그럴 듯하다.

1862년 미국 선교사 매리스가 등주로 들어오면서 땅콩 250g을 가지고 들어와 기독교도 양득래楊得來로 하여금 심게 해서 점차 퍼짐.[1]

1880년 독일 상인 앙사양행 조양가 북단로 동쪽에 개설. 일대에서 최초로 서양 양품 및 서양 의료기기를 취급한 양행으로 앙사양행은 옌타이의 땅콩 최대 수출상이며, 옌타이는 전국 최대의 땅콩 수출항이 되었다.[2]

1862년은 옌타이의 개항 시점. 곧 선교사들이 산동에 자리를 잡자마자 그곳 지형을 살핀 다음 배수가 잘 되는 곳임을 알고 땅콩을 심었던 모양이다. 그러고 나서 20년 뒤 옌타이는 중국 최대의 땅콩 수출항이었다는 점. 이 사실은 정보정이 산동에 근무하던 그 시절과 겹쳐진다. 곧 바다 연안 방어사업에 힘을 기울여 옌타이를 뻔질나게 들락거리던 시점이었다는 말이다.

여기까지 이야기하고 나서 궁보계정의 채계菜系를 다시 떠올린

---

[1] 陳華殿 蘇洪泰 姜瑞珍 主編《烟臺歷史大編年》中國文史出版社 2006 北京 111p
[2] 陳華殿 蘇洪泰 姜瑞珍 主編 같은 책 128p

다면 우선 닭과 대파와 땅콩이 산동으로 기울어지고, 말린 고추 한 가지만 사천 쪽이다. 하지만 사천 고추가 부득부득 고집을 피우면서 제논에 물대기를 할 양이면 이 문제를 어떻게 해결해야 하는가. 여기서 궁보계정이라는 이 메뉴가 중국의 조리사 시험에 단골로 오르는 문제(메뉴)라는 사실을 짚다가 보면 해결의 실마리가 풀리지 않을까. 대관절 어떻게 해서 이 메뉴가 조리사 자격시험의 단골메뉴가 되었던가. 그건 불 솜씨를 보자는 데 있다.

우선은 땅콩이 기준이다. 닭고기 크기를 땅콩 크기에 맞게 썰어야 한다. 거기에 다시 불이 조응한다. 땅콩은 미리 볶은 놈이고 따라서 땅콩 알 크기의 닭고기가 익을 불의 화후를 어떻게 조절하는가. 센 불에 빨리 볶을 것인가 아니면 약한 불에 오래 볶을 것인가. 답은 물론 전자, 곧 센 불이다. 거기에 단순히 볶는 게 아니라 기름을 넉넉하게 두르고 볶다가 보면 기름방울이 궈 밖으로 흘러 갑자기 불이 과를 뒤덮는다. 그러면 솟구치는 불길과 함께 말린 매운고추의 매운 맛이 얼마간은 증발하게 되는 것. 매운 맛을 더는 것이다. 이때 구사되는 폭爆이라는 글자가 재미있다. 폭은 돌연, 갑자기라는 뜻이다. 폭력이나 폭격爆擊, 폭포처럼 성급하다.

그리고 이 폭은 앞서 우리가 살핀 홍콩의 만희루 메뉴판 그리고 제로전통요리 30선에서 가장 많은 비중을 점하는 바로 그 글자가 아닌가. 그러니 이 폭이라는 글자가 이것으로 그친다면 뭔가 미진하다. 이건 단순히 요리의 불 솜씨가 아니라 산동이라는 문화 코드에 얹힌 글자이기 때문이다.

노채^{魯茱}와 폭^暴

수호지의 애독자 모택동이 십면매복^{十面埋伏}, 양동작전, 유인책 등 허다한 전술과 전략을 수호지로부터 챙겨온 것 이외에 또 한 가지 살필 것은 수호지의 등장인물에 대한 정통한 캐릭터 포착이었다고 해야 할 것이다. 모택동은 소설의 말미에서 송나라 조정의 이른바 '초안^{招安}'을 받아들인 송강에 대해서는 폄하하면서, 다른 인물 곧 이규와 무송, 노지심에 대해서는 극도의 상찬을 보낸 바 있다. 곧 1959년 8월 2일에 개최된 중국공산당 팔중전회^{八中全會} 석상에서 "이규는 우리 당의 노선에 부합하는 인물이다. 이규, 무송, 노지심 이들 세 인물은 내가 보기에 공산당에 입당해도 될 만한 인물인데, 만일 아무도 추천하지 않는다면 나라도 소개를 할 양이다."(李逵是我们路线的人、李逵,武松,鲁智深、这三个人我看可进共产党,

没人推荐, 我来介绍)라고 한 발언이 그것이다. 단순히 우스갯소리로 치부할 수 없는 것은 모택동이 이들 세 주인공으로부터 무엇인가 공통이 되는 캐릭터를 보아냈기 때문은 아닌가. 그러니 아래에서 이런 퀴즈를 풀어보는 것도 한 접근법이 될 듯싶다. 곧 세 인물의 행동거지 혹은 생김새를 묘사한 아래 세 문장에서 공통되는 키워드 하나를 찾는다면?…

A

노준의가 수레들을 한 옆으로 멈추어 세우게 하니 차부와 수레를 따르던 사람들은 모두 수레 밑으로 기어들어가 와들와들 떨었다.

―내가 찔러 넘기거든 너희들은 묶기만 해라!

노준의가 호령하는데 수림 언저리에서 사오백 명의 졸개들이 나타나고 그들의 뒤에서 또 징소리가 나더니 역시 사오백 명의 졸개들이 달려 나와 길을 막는다. 이때 갑자기 수림 속에서 화포 소리가 울리고 웬 호한이 뛰쳐나왔다.

진붉은 두건에 금화를 비스듬히 꽂았고
봉황 투구 철갑 차림에 비단 저고리를 입었다.
수염은 핏빛 같고 기세는 범같이 사나운데
큰 도끼 두 자루엔 사람마다 질겁한다네.

이때 이규가 손에 도끼 두 자루를 들고 큰 소리로 외쳤다.

―노원외는 이 벙어리 시자를 알겠소?

노준의는 그제야 깨닫고 소리쳤다.

―내 너희 도적놈들을 잡자고 벼르 오던 중에 오늘 일부러 찾아왔으니 송강이더러 당장 산에서 내려와 항복하라고 해라. 만약 듣지 않고 고집하면 네놈들을 씨도 남기지 않고 죽여 버리겠다.

이규는 하하 너털웃음을 치고 말하였다.

―여보 원외, 당신은 오늘 우리 군사軍師의 묘책에 걸렸으니 빨리 와서 교의交椅(등받이와 팔걸이가 있고 다리를 접을 수 있는 옛날 의자)에나 앉소!

노준의가 대노하여 박도를 들고 달려드니 이규도 쌍도끼를 휘두르며 그를 맞아 싸웠다.[1]

---

1 卢俊乂教把车仗押在一边。车夫众人都躲在车子底下叫苦。卢俊乂喝道:"我若挪翻, 你们与我便缚!"说犹未了, 只见林子边走出四五百小喽罗来, 听得后面锣声响处, 又有四五百小喽罗截住后路。林子里一声炮响, 托地跳出一筹好汉。怎地模样, 但见:茜红头巾, 金花斜裊;铁甲凤盔, 锦衣绣袄, 血染髭髯, 虎威雄暴;大斧一双, 人皆吓倒。当下李逵手搭双斧, 厉声高叫:"卢员外, 认得哑道童么?"卢俊乂猛省, 喝道:"我时常有心要来拿你这伙强盗, 今日特地到此, 快教宋江那厮下山投拜!倘或执迷, 我片时间教你人人皆死, 个个不留!"李逵呵呵大笑道:"员外, 你今日中了俺的军师妙计, 快来坐把交椅!"卢俊乂大怒, 搭着手中朴刀, 来斗李逵, 李逵抡起双斧来迎。(第六十一回 吴用智赚玉麒麟张顺夜闹金沙渡)

불놀이의 인문학 혹은 문명론　229

B

댕그랑 소리가 나는 쪽으로 찾아가니 대장장이가 메질을 하고 있는데 바로 그 옆에는 문 위에 '부자객점'이라고 써 붙인 집이 있었다. 우선 대장간 문 앞으로 가서 보니 세 사람이 메질을 하고 있었다.

―여보, 주인! 좋은 강철이 있소?

지심이 묻는 말에 돌아보던 대장장이는 끔쩍 놀랐다. 면도를 한 턱에 삐죽삐죽 돋아나기 시작한 수염으로 시꺼멓게 덮인 노지심의 얼굴은 소름이 쭉 끼치게 무서웠다.[2]

C

  경양강 산마루에 광풍이 몰아치니, 만리의 검은 구름 햇빛을 가리우네

  빛 진한 저녁노을 숲 위에 비껴 있고, 차디찬 저녁 안개 하늘을 뒤덮었네

  벽력 같은 고함소리 갑자기 울리더니, 산중호걸 산허리에 나타났다.

  머리 들고 날치면서 이와 발톱 드러내니, 노루 사슴 따위들은 넋을 잃고 내빼누나

  청하의 장사는 술도 깨지 않은 채, 산마루에 홀로 있다 엉겁결에

---

[2] 听得那响处, 却是打铁的在那里打铁, 间壁一家门上, 写着 "父子客店". 智深走到铁匠铺门前看时, 见三个人打铁. 智深便道: "兀那待诏, 有好钢铁么?" 那打铁的看见鲁智深腮边新剃, 暴长短须, 戗戗地好渗濑人, 先有五分怕他. (〈第四回 赵员外重修文殊院 鲁智深大闹五台山〉)

맞섰다네

　주리고 갈해서 사람 찾던 호랑이, 사납게 덥쳐드니 흉악하기 끝없구나

　달려드는 호랑이 무너지는 산이런가, 맞다드는 사람은 무너지는 바위던가.

　주먹과 발길이 포석처럼 떨어지니, 발톱으로 허빈 곳엔 구덩이 패이네.³

　이규와 노지심 그리고 무송이라는 세 인물의 외양과 행동거지를 묘사한 위의 장면의 우리말 번역에는 가려진 부분이 있다. 이규를 그린 '수염은 핏빛 같고 기세는 범같이 사나운' 모습, 노지심을 그린 '수염으로 시꺼멓게 덮인' 얼굴 그리고 무송의 '주먹과 발길이 포석처럼 떨어지니'라는 구절은 각기 '血染髭髯, 虎威雄暴'과 '暴长短须' 그리고 '臂腕落时坠飞炮'에서 보는 것처럼 글자를 강조해서 보아 내야만 제대로 된 읽기가 되는 것이고, 아울러 바로 이 활자 크기의 변환이야말로 모택동이 이들 세 인물을 가리켜 중국 공산당에 입당 추천서를 쓰겠노라고 발언한 진가가 숨어 있는 것이다. 모택동이 수호지에서 챙긴 것은 바로 이 세 인물, 곧 산동호한자로 불리는 캐릭터가 중국혁명의 기본이 되는 무장폭동의 폭과 맞물린 기호로 읽은 까닭이다. 그런 의미에서 수호전이야말로

3　景阳冈头风正狂, 万里阴云霾日光. //触目晚霞挂林薮, 侵人冷雾弥穹苍. //忽闻一声霹雳响, 山腰飞出兽中王. //昂头踊跃逞牙爪, 麋鹿之属皆奔忙. //清河壮士酒未醒, 冈头独坐忙相迎. //上下寻人虎饥渴, 一掀一扑何狰狞! //虎来扑人似山倒, 人往迎虎如岩倾. //臂腕落时坠飞炮, 爪牙爬处成泥坑.(〈第二十三回 横海郡柴进留宾 景阳冈武松打虎〉)

자로(왼쪽)

혁명의 기호가 감추어진 텍스트라고 본다면… 그리고 바로 이 폭은 궁보계정이라는 메뉴의 이름 뒤에 숨은 폭이라는 화후와 맞물리는 것이라 본다면?….

그럼에도 우리는 이들 폭이라는 기호로 구현되는 이들 세 인물이 우연의 소산이 아니라 실은 오랜 기원에 유서를 두고 있음을 헤아려야 한다. 그것은 사기라는 텍스트로의 접속을 의미한다.

중유의 자는 자로이며 변 땅 사람으로 공자보다 9년 연하이다. 자로의 성벽은 거칠고 용맹스러워 힘쓰기를 즐겼으며, 심지가 강직했다. 수탉의 꼬리로 관을 만들어 쓰고 수퇘지의 가죽으로 주머니를 만들어 허리에 찼다. 공자의 제자가 되기 전에 공자에게 폭력으로 욕을 보이려 했다. 공자가 예로 대하여 조금씩 자로를 꼬여 들이자 자로는 훗날 유자의 옷을 입고 폐백을 바치면서 문인들을 통

해 제자가 될 것을 청했다.[4]

자로라는 인물을 공자의 허다한 제자들 인명록에 이름을 올리고 있는 그렇고 그런 사람으로 위치 짓는다면 그것은 패착이 된다. 이를테면 제자들 가운데 문장에는 자사요, 이재에는 자공이라는 식의 인물별 주특기를 통해 캐릭터를 포착해야만 제대로 된 캐릭터 구성이 가능한 그런 인물에 속한다. 위에서 보듯이 자로는 필시 출신이 변卞, 지금의 사수현 일대 '어깨' 가운데 한 사람으로 보아도 된다는 의미다. 무력 혹은 용력을 주특기로 하고 있다는 말이다.

자로의 복식에 대한 사마천의 묘사는 이른바 '코디'라는 것을 의식하고 기술한 뚜렷한 증빙인 셈인데, 머리에 쓴 관을 만드는 데 쓰인 수탉이라는 짐승 역시 그냥 지나치기 힘든 코드로 작동한다. 닭은 주지하다시피 날이 샌다는 신호를 알리는 날짐승이며, 방위로 치면 동방에서부터 날이 새므로 태산의 동쪽인 산동과 연결되는 코드에 올려져 있고, 그로부터 맹상군의 식객 삼천 가운데 닭울음 소리를 그대로 성대모사하는 주특기를 가진 인물이 진나라의 관문을 열어 맹상군을 무사히 도주하게 한다는 내용의 계명구도라는 고사성어 역시 마찬가지로 산동의 코드 위에 얹어놓아야 하는 것이다. 거기에 더하여 산동 일대에서는 제후들이 수탉을 싸움을 붙여 승패를 가르는 투계에 빠져 있었다는 이야기를 곁들이

---

[4] 仲由字子路, 卞人也. 子路性鄙, 好勇力, 志伉直, 冠雄鸡, 佩豭豚, 陵暴孔子. 孔子设礼稍诱子路, 子路後儒服委质.

면, 자로가 머리에 쓴 관에 꽂은 이 수탉 깃털이야말로 자로라는 인물의 캐릭터를 한 눈에 알아보게 하는 코드 가운데 최상의 부호로 작동하고 있는 것이다. 앞서 궁보계정에 주재료로 쓰이는 닭도 산동의 닭과 여타 지방의 닭이 다르다 한 것은 바로 자로가 관에 꼽은 수탉(웅계)의 꽁지깃을 보면 알 수 있는 노릇이다.

수탉을 언급하면서 수돼지[豭豚]를 지나쳐 보면 그 역시 맹목이 되고 만다. 豭豚^{가돈}이라는 단어에 박힌 돼지 豕^{시} 자를 눈여겨 보아야 할 일이며, 그 시를 호걸의 豪^{호} 자 아래 부위에 박혀 있는 시^{豕}와 다시 연결해 보아야 제대로 보는 것이 된다. 그리고 이 시^{豕}는 자로뿐만 아니라 이른바 산동대한자라는 별호로 부르는 허다한 인물 캐릭터의 신체상의 중요한 특징이기도 한 고슴도치 수염이라는 형상을 빚어내는 부품이고 기호인 것이다.

자로의 외모에 대한 이런 몇 가지 묘사야말로 이른바 붓칠 몇 획으로 인물을 포착하는 백묘의 수법이거니와, 거기에 더하여 포용력이라든가 강직 등이 더해진 다음에 마지막으로 용의 눈을 그리듯이 이어지는 묘사가 바로 능폭공자^{陵暴孔子}라는 네 글자인데, 공자의 권위를 언덕을 넘듯이 능멸^{凌蔑}하다가 공자의 눈빛에 눌려 결국은 어깨 혹은 조폭의 옷을 벗고 유자의 복식으로 갈아입는 자로의 모습이 눈앞에 약연한 것이다.

물론 이 대목에서 우리가 간과해서 아니 될 기호는 그 폭이 바로 사기의 다음 구절로 전승된다는 점일 것이다.

태사공이 가로되 "내 일찍이 설^{薛}을 지난 적이 있거니와, 그 마을은

흉포하고 걸걸한 자제들이 많아 추나라나 노나라와는 달랐다. 그 까닭을 물으니 가로되 '맹상군이 천하의 협객을 불러 모으니 설 땅에 들어온 자가 육만여 호나 되었다'고 하였다. 세상의 전하는 바에 따르면 맹상군이 빈객을 좋아하여 스스로 기뻐한다"고 하였는데 그 이름이 헛된 것이 아니로다.[5]

설이라는 땅은 맹상군의 식읍으로 맹상군 열전에 등장하는 풍환이 빚을 받으러 갔다가 빚을 받아오는 것이 아니라 도리어 빚을 탕감해주는 걸로도 모자라 소를 잡아 빚잔치를 해주고 와서 맹상군에게 시치미를 뗀 바로 그 고장이다. 주목할 것은 그 고장에 거주하는 6만 여의 호구들이 포걸자제라는 언급이다. 우선 포걸자제가 문제가 되는 것은 사마천이 이들을 호걸자제라 일컫지 않고 포걸자제라고 한 점, 이어서 그 수가 자그마치 6만여 호에 이르렀다는 점이다. 6만여 호라면 당시 대가족제도를 염두에 둔다면 기십만을 족히 헤아리는 인구가 조폭행세를 하면서 설 땅의 저잣거리를 어슬렁거리면서 주름잡고 있었다는 말이 아닌가. 설이라는 고장이 자로의 향리인 변으로부터 그리 멀지 않은 곳이라면, 이들은 어쩌면 자로의 후예는 아닌가? 나아가 이들 6만여 호에 이르는 포걸자제들의 후예들이 훗날 수호전에 다시 모습을 나타낸 것이라 본다면…

결론은 이렇다. 중국 요리의 세계로 들어갈 때 첫 번째로 만나

---

[5] 太史公曰: 吾嘗過薛, 其俗閭里率多暴桀子弟, 與鄒魯殊. 問其故, 曰: 孟嘗君招致天下任俠, 姦人入薛中蓋六萬餘家矣. 世之傳孟嘗君好客自喜, 名不虛矣.

중화요리와 불다루기

는 단어가 채계^{菜系}라는 단어다. 중국 전역에 8대 채계니 혹은 4대 채계니 하여 여러 설이 분분하지만 그 중에서도 으뜸으로 꼽는 것(팔대채지수)이 바로 노채^{鲁菜}다. 그 노채의 여러 특성 가운데 하나가 화력이 센 불인데 이 센 불을 가리켜 무화^{武火}로 분류한다. 반대로 문화^{文火}는 약한 불이다. 그러니 광동 요리의 주요 메뉴인 죽은 문화 곧 약한 불로 끓이기 마련이다. 죽을 센 불로 끓였다가는 태우기 십상이니까.

그리고 그 센 불로 조리하는 폭^爆이란 우연의 소산이 아니라 실은 수호지의 무송, 노지심, 이규의 캐릭터와 연결되면서 다시 삼천 명을 거느린 맹상군의 식객들과 거기서도 모자라 다시 공자의 제자인 자로에까지 이어지는 것이다. 말하자면 중국 요리의 각 채계가 각 지방을 대표하는 것이라면 노채야말로 지방색의 한 증빙이면서 동시에 유수한 족보를 가진 산물인 것이다. 그리고 그것은 폭이라는 한자의 전승과도 연결된다. 그런 의미에서 그 폭 자는 산동지방을 가리키는 톡톡한 기호의 몫을 담당하는 것이다. 산동 일대는 제자백가 가운데 70% 이상을 배출한 곳인 문의 고장인 동시에 다른 한편으로 무의 고장이기도 한 것이다.

노신과 모택동이 의기투합한 글자, 暴^폭

기왕에 문과 무라는, 중국의 뼈대이자 실은 한국의 전통에도 막강한 영향력을 행사한 세계관 가치관 등등으로부터 진조를 밀어붙여 모택동의 〈호남농민운동고찰보고〉를 읽어보는 것도 여러모로 의미가 없지 않을 듯하다.

> 혁명은 손님을 초대해서 밥을 먹는 일이 아니고 문장을 쓰는 일도 아니며 그림을 그리거나 꽃을 수놓는 일도 아니다. 그런 운치 있는 일일 수 없으며 조용히 쫓기지 않으면서 문질이 빈빈한 그런 온양공검양과도 거리가 멀다. 혁명은 폭동이며, 한 계급이 다른 한 계급을 뒤집어엎는 폭력적이고도 격렬한 행동이다.
> 革命不是请客吃饭, 不是做文章, 不是绘画绣花, 不能那样雅致, 那样从容

不迫, 文质彬彬, 那样温良恭俭让。革命是暴动, 是一个阶级推翻一个阶级的暴烈的行动。(1927. 3.5)

이 구절을 읽는 것은 물론 앞서 언급해온 문무의 대위법을 통한 텍스트 읽기를 위해서이다. 곧 이해를 도모하기 위해 이를 다시 문과 무로 구도를 잡아보자.

文	武
손님을 초대해서 밥을 먹는 일 문장을 쓰는 일 그림을 그리거나 꽃을 수놓는 일 운치 있는 일 문질빈빈 온양공검양	武裝 暴動^{무장폭동}

원편의 여섯 항목을 나열하면서 모택동은 줄곧 부정하여 아니라고 하거나 거리가 멀다고 하고 나서 결론으로 아귀를 짓는 것이 바로 무장폭동인 것이다. 그 무장폭동을 다시 줄이면 무와 폭이 되는 것. 이들 무와 폭이 다시 궁빠오지띵^{宮爆鷄丁}의 화후^{火候}인 폭^爆, 그리고 이 화후는 다시 문화^{文火}와 무화^{武火}로 나뉜다고 할 때 후자인 무화에 속한다는 점, 이 무화야말로 노채의 특장을 이룬다는 점, 이런 점들을 연결하면….

중국 현대사=혁명사라는 등식에 대해 나는 대강 찬성하는 편이다. 그 혁명적 에너지는 결국은 무장폭동으로 솟구쳐 올랐다. 예를 들어 인도와 중국의 차이를 대비하면 비폭력/폭력의 구도가 대번에 떠오르니 말이다.

그런데 이런 무장폭동이라는 방책은 모택동으로 그치는 게 아니라 실은 노신도 은근슬쩍 그 손을 잡고 있었다. 1927년 4월 황포군관학교에서 행한 〈혁명시대의 문학〉이라는 강연에서 노신은 "그래서 혁명이 爆發폭발하는 시대에 다가가는 문학은 하나같이 분노의 소리를 띕니다. 그들은 반항하려 들며, 그들은 복수하려 듭니다. 소비에트 러시아 혁명이 일어날 때 그런 류의 문학이 있었습니다."라며, 앞으로 장교가 되어 북벌전쟁터에 나서고자 하는 생도를 향해 러시아 혁명과 중국 혁명의 관련에 대해 말하면서 폭발이라는 단어를 쓴다. 그 폭발은 노채를 만들 때의 폭과 같은 글자라고 치자. 노신은 그 강연에서 다음과 같이 말하고 있다.

여러분들은 전쟁을 하는 사람이요, 혁명의 전사입니다. 나는 지금 이 문학에 감복하지 않으면 더 좋은 때라고 생각합니다. 문학을 배우는 것은 전쟁에 아무런 이익이 없으며, 기껏해야 군가를 한 곡 지어서, 혹시 잘 쓴 거라면 싸우다가 잠시 쉬는 틈에 그걸 보면서 흥취를 느낄 수는 있을 겁니다. 좀 그럴 듯하게 말씀 드린다면 버드나무를 심는 것에 비유할 수 있겠지요. 버드나무가 자라서 녹음이 우거져 해를 가리게 되면 정오까지 밭을 갈던 농부가 버드나무 아래 앉아 밥을 먹고 쉬기도 할 것입니다. 중국의 지금 사회사정은 실제의 혁명전쟁이 있을 뿐입니다. 한 편의 시로는 전방의 군대를 놀라 달아나게 할 수 없지만, 대포 한 방이면 날려버릴 수 있습니다. 물론 문학이 혁명에 위대한 힘을 발휘한다고 생각하는 사람도 있지만 나는 아무래도 의심스럽습니다. (중략) 사람들은 대체로 자기가 지금 하는 일에 대해 불만을 품기 마련일 터인데, 그래서 그런지 내가 이때껏 써온 몇 편의 문장은 나 자신도 거들떠보고 싶지 않습니다. 그런데 총을 쥔 여러분들이 오히려 문학 이야기를 듣고 싶어 하다니 그건 좀 이상하다는 생각입니다. 내 경우로 말할라치면, 大炮소리를 듣고 싶습니다. 그건 아마 대포소리가 문학의 소리보다 훨씬 더 듣기 좋을 것 같기 때문이겠지요.(《革命時代的文學—四月八日在黃埔軍官學校》 1927. 4. 8.)

인용문에서 한자의 크기를 키운 것은 독자들에게 주목하라는 주문이다. 대포소리가 교향곡소리보다 듣기 좋다고 한 것은 문학이나 예술 타령이 전쟁터에서는 별반 쓸모가 없다는 판단에 따른 것일 테다. 다시 말해 문학 혹은 예술 등은 총을 손에 쥐고 싸우는 전장에서 별반 쓸모가 없다는 것이다.

실제로 노신은 이 강연 이후로 소설가라는 칭호를 뒤로 하고 오로지 사회비평문이며 잡문을 주로 했다. 그리고 그 잡문이야말로 적의 폐부를 노리는 비수의 몫을 담당했다. 다시 말해 노신의 글이 무기가 된 것이다. 그 잡문이 주특기로 삼은 건 풍자다. 바로 풍자諷刺의 자라는 글자에 박힌 칼을 짚어야 하는 거다.

여기서 어떤 독자는 러시아 혁명이 폭발했을 때의 그 폭을 과연 노채의 그 폭과 연관 짓는 것은 좀 심하지 않은가 하는 의문을 품을 수 있으므로 증거를 하나 더 추가해보기로 하자. 아래 퀴즈를 풀자는 말이다. 다음 두 문장을 읽고 그 차이를 한 글자의 한

자로 압축해서 설명해보시라.

1. 노신 〈고사신편故事新編 채미採薇〉

사방이 고요한 가운데 숙제가 백이를 이끌고 앞으로 내닫더니 병사들의 말을 뚫고 나와 주왕의 말고삐를 잡은 채 목청을 돋우었다.
―아비가 죽어 장사도 마치지 않은 채 군사를 일으키는 것을 '효'라고 할 수 있나이까? 신하가 임금을 죽이는 것은 '인'이라고 할 수 있나이까?

처음에는 길가에 구경하던 백성이나 수레 앞의 장수들도 놀라서 어안이 벙벙할 따름이었다. 주왕의 손에 쥐어진 흰 쇠꼬리조차 구부러졌다. 숙제와 네 마디 말을 막 마치자 갑자기 스스릉 하는 소리가 들리더니 칼이 칼집에서 나와 그들의 머리를 내려치려는 찰나,
―거두거라!

강태공이 내뱉은 소리인 줄 누가 알았겠는가. 그리고 누가 감히 그 명을 어기겠는가. 황급히 칼을 거두는데 흰 수염에 흰 머리털이 살찌고 둥그런 강태공의 머리를 덮고 있었다.
―의인이시다. 그분을 풀어주어 가시게 하라!

장수들은 곧 칼을 거두어 허리띠에 꽂았다. 네 명의 갑졸이 다가와 백이와 숙제를 향해 공손히 차렷 자세를 취한 뒤 거수 경례를 하여 예를 표한 다음 둘이 한 사람을 끼고 길가로 모시고 갔다. 백성들은 서둘러 길을 열어 그들이 등 뒤로 갈 수 있게 했다. 등 뒤로 가자 갑사들은 다시 공손히 차렷 자세를 취한 다음 손을 풀어

있는 힘을 다해 두 사람의 등을 밀어버렸다. 두 사람은 "아이고!" 하는 소리를 지르면서 주나라 자로 일장이나 비틀거리다가 땅바닥에 엎어지고 말았다. 숙제는 그래도 견딜 만해서 손으로 짚고 일어섰다. 얼굴에 약간의 흙이 묻었을 뿐이었다. 백이는 나이가 비교적 많았던지라 머리를 돌에 부딪쳐 정신을 잃고 말았다.[1]

2. 사마천 〈사기 백이숙제열전〉

백이와 숙제는 고죽국 국왕의 두 아들이었다. 아버지는 숙제를 왕으로 세우려 했다. 아버지가 죽은 뒤 숙제가 백이에게 왕위를 양보하려 하자, 백이가 "아버지의 명이다"라고 말하고는 피신하고 말았다. 숙제 역시 왕위에 오르려 하지 않고 피신했다. 나라 사람들이 둘째를 왕으로 옹립하고 말았다. 백이와 숙제는 서백 창이 노인을 잘 봉양한다는 소문을 듣고 그를 찾아갔다. 두 사람이 이르렀을 때 서백은 죽고 난 뒤였다. 무왕이 나무 위패를 걸고 문왕이라는 시호를 추존한 뒤, 동쪽으로 주 임금을 벌하려 나서던 참이었다. 백이와 숙제는 말고삐를 잡아끌며 간하기를, "부친의 장사를 마치

---

[1] 在百静中, 不提防叔齐却拖着伯夷直扑上去, 钻过几个马头, 拉住了周王的马嚼子, 直着脖子 嚷起来道:
"老子死了不葬, 倒来动兵, 说得上孝'吗?臣子想要杀主子, 说得上仁' 吗?……"
开初, 是路旁的民众, 驾前的武将, 都听得呆了; 连周王手里的白牛尾巴也歪了过去。但叔齐刚说了四句话, 却就听得一片哗啷声响, 有好几把大刀从他们的头上砍下来。
"且住!"
谁都知道这是姜太公的声音, 岂敢不听, 便连忙停了刀, 看着这也是白须白发, 然而胖得圆圆的脸。
"又士呢。放他们去罢!"
武将们立刻把刀收回, 插在腰带上。一面是走上四个甲士来, 恭敬的向伯夷和叔齐立正, 举手, 之后就两个挟一个, 开正向路旁走过去。民众们也赶紧让开道, 放他们走到自己的背后去。到得背后, 甲士们便又恭敬的立正, 放了手, 用力在他们俩的脊梁上一推。两人只叫得一声"阿呀", 跄跄踉踉的颠了周尺一丈路远近, 这才扑通的倒在地面上。叔齐还好, 用手支着, 只印了一脸泥; 伯夷究竟比较的有了年纪, 脑袋又恰巧磕在石头上, 便晕过去了。

지 않고 군사를 일으키는 것을 효라고 할 수 있습니까? 신하가 임금을 시해한다면 그것이 인이라 할 수 있나이까?"라고 물었다. 좌우의 병사들이 그들을 해치려 하자 강태공이 "의로운 분들이시다"라고 하면서 부축해서 돌아가게 했다. 무왕은 이미 은나라의 반란을 평정하고 천하에 주나라의 세상을 확립했음에도 백이와 숙제는 그를 부끄러워하여 주나라의 곡식을 먹지 않고 수양산에 숨어들어 고사리를 캐먹다가 굶어죽었다. 노래를 지었는데 그 가사에 "저쪽 서산에 올라 고사리나 캐세나. 폭력으로 폭력을 바꾸려 하면서도 그릇된 줄 모르다니. 신농과 우, 하의 시대는 아득한 옛일이 되었으니 내가 어디로 가면 좋단 말인가. 아! 슬프도다 내 명도 다했도다"라고 읊고는 마침내 수양산에서 굶어죽었다.[2]

정답은 暴^폭이다. 얼마나 나는 친절하고 자상한가. 예시한 문장에서 정답을 고스란히 보여주고 있으니 말이다. 우선 문장 1, 곧 노신의 〈채미採薇〉라는 문장의 제목의 의미는 고사리를 캐다는 뜻으로 우리 시조에서도 '수양산 바라보며 이제를 탓하노라. 주려 죽을 진들 채미를 하난 것가'라는 문장으로 입에 익은 구절이다.

은나라의 신하인 백이와 숙제가 은나라 폭군 주를 벌하기 위해 출정한 주나라 무왕을 가로 막으면서 폭군을 폭력으로 갈음하

---

[2] "伯夷, 叔齊, 孤竹君之二子也. 父欲立叔齊, 及父卒, 叔齊讓伯夷. 伯夷曰: '父命也.' 遂逃去. 叔齊亦不肯立而逃之. 國人立其中子. 于是伯夷, 叔齊聞西伯昌善養老, 盡往歸焉. 及至, 西伯卒, 武王載木主, 號爲文王, 東伐紂. 伯夷, 叔齊叩馬而諫曰: '父死不葬, 爰及干戈, 可謂孝乎? 以臣弑君, 可謂仁乎?' 左右欲兵之, 太公曰: '此義人也.' 扶而去之. 武王已平殷亂, 天下宗周, 而伯夷, 叔齊恥之, 義不食周粟, 隱于首陽山, 采薇而食之. 及餓且死, 作歌, 其辭曰: '登彼西山兮, 采其薇矣. 以暴易暴兮, 不知其非矣. 神農虞夏忽焉沒兮, 我安適歸矣? 于嗟徂兮, 命之衰矣!' 遂餓死于首陽山."

면 그 폭이 또 다른 폭이 아니냐고 항변하는 장면이 바로 문장 2, 곧 사기에 전하는 백이숙제의 이야기다. 문장 1에서 노신은 문장 1의 이폭역폭이라는 백이 숙제의 항변을 슬그머니 지워버린다. 다시 말해 지움으로써 문장 교정을 감행한 것이다.

여기에서 중국 인문의 특성을 어떤 누구보다도 기호학적으로 파악한 바 있는 노신의 주특기, 곧 교정을 본 것이라 이해해야 한다. 다시 말해 특정 기호를 지우거나 고치는 행위를 통해 중국의 DNA를 고친 것이나 다름없는 것. 여기서 삼천포로 빠져나가자면, 고사성어라는 중국의 오랜 이야기 장르야말로 서방의 신화와 맞먹는, 다시 말해 중국 인문의 특성을 담지한 이야기라는 것, 서방 신화의 무게를 짐 지는 장르라는 사실을 짚는 것은 의미심장하다.

'폭력으로 폭력을 바꾸려 하면서도 그릇된 줄 모르다니'(以暴易暴兮, 不知其非矣)라는 문장을 지워버리는 교정을 감행한 것은 노신의 또 다른 행동방식과도 연결된다. '물에 빠진 개를 물에서 건져줄 일이 아니라 두들겨 패라'는 발언으로 우리에게도 익히 알려진, 〈페어플레이는 아직 이르다〉에서 노신은 直道^{직도}와 枉道^{왕도}를 구분하여 직도라는 게 다름이 아니라 '이에는 이, 눈에는 눈으로'(以牙還牙, 以眼還眼)라는 복수의 방식이라는 점을 설파한 바 있다.

얼핏 옛적 함무라비 법전에 등장하는 동해보복법을 연상시키는 구절이지만, 이는 노신의 고향인 월나라의 전통과 맥락이 닿아 있다. 고사성어 〈와신상담〉에서 월나라 임금 구천은 월나라 사람들의 주특기인 복수를 펼쳐 오왕 부차에게 아버지의 원수를 갚는다. 노신은 한시도 자신이 월나라(수도는 노신의 고향인 소흥이다)

출신임을 잊은 적이 없어서 예를 들면 자신의 필명에 越丁[월정], 越山[월산], 越僑[월교], 越客[월객]과 같이 월越이라는 글자를 아로새긴 바 있다. 월나라의 지방색을 이루는 복수를 자신의 문학적 행동강령으로 삼은 것. 앞서 노채가 노나라라는 특정 지방의 지방색의 소산이었듯이, 백이숙제의 일종의 비폭력주의에 대한 교정을 행한 것도 또 다른 지방색의 산물인 셈이다.

다시 결론을 짓자. 모택동과 노신, 이들 둘 사이에는 폭暴이라는 글자의 연결코드가 있었다. 노신의 최고 독자 모택동, 모택동

전집에서 가장 많이 언급하고 인용한 작가가 노신이다. 모택동의 책상 위에는 늘 노신 전집이 놓여 있어 수시로 그를 꺼내 읽었다는 이야기가 전해지고 있다. 그런 노신과 모택동이 폭이라는 글자로 서로 손을 잡은 것은 주유와 제갈량이 화공이라는 글자를 손바닥에 써서 간담상조한 소설보다 더욱 센 의기투합이기도 할 것이다. 왜냐. 중국 혁명은 무장폭동으로 이루어지리라고 두 인물이 의견의 합치를 본 때문 아니겠는가.

노신^{魯迅}과 짜장면^{炸醬麵}

독자들의 볼멘소리가 귀에 들리는 듯하다. 짜장면을 이야기한다고 하면서 엉뚱한 이야기, 삼천포로 빠져 길을 잃은 게 아닌가 하고 말이다. 하여 물꼬를 바로 잡자. 暴^폭으로부터 다시 짜장면의 炸^작이라는 글자로 돌아가자는 말이다. 단, 노신과 짜장면을 언급하자면 이것도 제법 먼 길을 더 돌아가야 한다는 점을 미리 밝혀둔다.

노신은 일본 유학생 출신으로 센다이 의학전문학교를 다니다가 중도에 자퇴를 하면서 의학을 포기하고 문학으로 인생진로를 전환했다. 그리고 이 전환점이 된 사건이 바로 세칭 '환등기 사건'이라 부르는 것인데, 환등기 슬라이드에서 러일전쟁 당시 중국인들이 러시아 군대의 첩자 노릇을 했다는 '죄목'으로 일본인들에게 공개 처형되는 장면을 본 다음 허우대가 멀쩡한 중국인들의 정신과 영혼이 마비되었다고 진단하고 육체를 고치는 의사의 길을 접고 영혼을 고치는 문학가가 된 것이다.

그런데 일본 유학길에 오르면서 최초로 머문 곳은 센다이 이전에 동경이었다. 동경에는 동향인 소흥 출신 유학생이 제법 머물고 있었고, 그 가운데 진백평陳伯平이라는 인물이 포함되어 있었다. 짜장면의 작이라는 한자와의 접속 포인트가 이 진백평을 통해 이루어지고 있는 것이다.

진백평은 노신보다 네 살 연하인 1885년 생으로 광복자光復子라는 자호自號를 쓰고 있는 인물이다. 광복자라는 말은 광복하는 사람이라고 풀면 되는데 이 광복이라는 단어는 우리가 흔히 8.15를 떠올릴 때 붙이는 단어, 곧 잃었던 나라를 다시 되찾는다는 뜻이다. 빛 광+되찾다(복)는 단어로 자신의 호를 정했으니 우리말로 하면 독립투사라고 보면 어김없다. 무엇으로부터의 독립이냐. 당시 중국을 지배하면서 주인 노릇을 하던 청나라로부터 독립을 하자는 뜻이다.

청나라는 초기에는 잘 나가다가 아편전쟁에서 서양의 제국주의에 무릎을 꿇은 다음 1894년에는 섬나라 일본에게도 패배했다. 이 모든 게 청나라 황실의 무능이라고 진단한 것이다. 하여 구국의 길은 우선 청조를 타도하여 한족이 다스리는 나라를 세우는 데로 모아진 것. 진백평은 일본으로 건너가 일본에서 경무와 작탄을 배웠다. 경무란 경찰업무를 가리키고 작탄은 폭탄제조기술을 뜻한다. 이들 기술을 배우고 익힌 것은 청조를 무력으로 무너뜨리는 데 요긴한 배움이라고 판단한 것. 진백평은 노신과 동향이자 선배인 여성혁명가 추근秋瑾에게서 영향을 흠뻑 받았다. 그리고 이 추근으로

청말민초의 1세대 혁명가 추근

부터 영향을 받은 인물로 노신을 빼놓을 수 없으니 이를테면 소설 〈藥약〉에 등장하는 하유^{夏瑜}라는 인물은 秋(가을)를 夏(여름)로, 근^{瑾}을 유^{瑜}로 바꿔치기한 작명이다. 추근을 하유로 바꾼 다음 〈藥〉의 다른 등장인물은 華少栓^{화소전}으로 작명한 것은, 이들의 두 인물의 성을 합치면 華夏^{화하}, 곧 中華^{중화}의 다른 이름이 되도록 만들고자 한 때문이다. 소설 〈藥〉에서 이들 둘은 결국 죽고 만다. 두 사람을 죽여 중국의 위기상황을 그리고자 한 것이다.

진백평은 1906년 상해에서 추근과 함께 폭탄제조술을 익혔으나 기술상의 결함으로 부상을 입은 뒤 거기서 좌절하지 않고 다시 일본으로 건너가서 본격적으로 서방의 폭탄제조술을 익힌 다음 1907년 6월 서석린(광인일기에서는 서석림으로 등장한다)이 이끄는 거사에서 군계국^{軍械局}(군사기계국 다시 말해 병기를 다루는 부서) 요원으로 참전했다가 목숨을 잃고 만다. 노신으로서는 결코 잊을 수가 없는 인물인 것이다.

앞서 이야기한 바대로 노신은 평소 월나라 사람임을 잊지 않고 월나라 사람의 특성인 복수를 문학의 행동방식으로 삼고 작품 활동에 임한 인물이다. 다시 말해 노신 역시 진백평의 죽음, 그리고 동향인 추근과 서석린 등 선배들의 죽음에 대해 일종의 채무의식을 지고 있었다는 말, 다시 말해 진백평의 원수를 갚아야 하는 채무를 진 셈이다.

그건 그렇다 치자. 그게 짜장면과 무슨 상관이라는 건가. 독자들이여 서둘지 말라. 아직도 몇 개의 구비를 더 돌아야 짜장면과 만날 수 있으니 말이다. 일단 짜장면의 작과 폭탄의 중국어인 작탄의 작이 같은 글자임을 짚는 것으로 일단 첫 번째 과정을 마감한 다음 두 번째 과정으로 넘어가기 위해 다음과 같은 노신의 발언에 귀를 기울여보자.

《수감록 六十二 恨恨而死》
우리는 그들이 살아 있을 때 물어야 한다. 제공이여, 당신은 북경이 곤륜산에서 몇 리나 떨어졌는지 아는가? 약수가 황하에서 몇 장이나 되는지 아는가. 화약으로 폭죽을 만들고, 나침반으로는 풍수를 보는 이외에 무슨 용도가 있었단 말인가
我們應該趁他們活着的時候問他:諸公! 您知道北京離昆侖山几里, 弱水去黃河几丈么? 火藥除了做**鞭火爆**, 羅盤除了看風水, 還有什么用處么?

물론 윗 문장에서 원문을 인용한 다음 글자 크기를 키운 까닭은 폭이라는 글자에 주목하기 위해서다. 노채의 폭이라는 요리법

을 다시 한 번 상기하면서 말이다. 이 문장에는 노신의 동서문명에 대한 대차대조표가 일목요연하게 드러나고 있는 두 개의 물건이 있다. 화약과 나침반이다. 아는 사람은 알고 있는 사실이지만, 이들 두 물건은 본디 MADE IN CHINA였다. 이들은 중동을 거쳐 유럽으로 전파되어 유럽의 근대라는 것을 만드는 데 결정적으로 이바지했다. 그러나 화약의 쓰임새는 동서가 현격히 달랐다.

중국에서는 화약으로 결혼식이나 설 전날에 폭죽에 액운을 물리치는 몫을 맡겼고, 서방에서는 대포의 포탄으로 만들었다. 그 포탄을 장착한 대포를 얹은 배가 대항해시대를 개척할 때 나침반은 해상에서 없어서는 아니 될 필수품이었고 말이다. 그와 반대로 중국에서는 그 나침반으로 풍수지리, 곧 묘터를 보는 걸로 대신했다.

다시 말해 중국이 서방에 최초로 무릎을 꿇은 아편전쟁은 중국인들의 발명품을 서방이 새롭게 응용해서 역으로 공격해온 것이다. 이 아편전쟁을 두고 미국 출신 중국사학자 페어뱅크는 서방의 충격이라고 불렀거늘. 이들 두 물건이야말로 동방과 서방의 근대를 가르는 상징적 기호라고 보아도 전혀 어긋나지 않은 것이다.

어떤 독자는 과장이 심한 게 아니냐, 노신이 지나치면서 던진 말을 가지고 호들갑을 떠는 게 아니냐고 할지 모르므로 노신의 발언 하나를 더 추가하기로 하자.

옛날 사람이나 요즘 사람이나 가릴 것 없이 우리는 현상적으로 보자면, 실로 변화를 기원했고, 변화를 인정했다고 할 수 있다. 귀신으로 변해도 상관없고, 신선이 되면 더욱 좋고 하지만, 집이라는 것에 대해서만큼은 죽어도 놓으려 들지 않았다. 내 생각이기는 하지만, 화약은 폭죽[爆竹] 놀이를 하면 그만이었고, 지남침은 묘가 묻힐 산자락을 보는 것으로 그만이었으니, 그 원인도 아마 여기에 있었지 싶다. 현재는 화약이 탈바꿈하여 폭탄[轟炸彈^{굉작탄}], 소이탄이 되어 비행기에 얹히는 판인데, 우리는 그저 집에 앉아 그것들이 떨어지는 것을 기다리고 있을 따름이다. 물론 비행기를 타 본 사람이 제법 있겠지만, 그들 가운데 누가 원정이라는 걸 가 본 적이 있겠는가. 고작 집으로 서둘러 돌아오기 위해 비행기를 탔을 뿐이다. 집은 우리가 사는 곳인 동시에 우리가 죽는 곳이기도 하다.

我們的古今人；對于現狀, 實在也願意有變化, 承認其變化的。變鬼無法, 成仙更佳, 然而對于老家, 卻總是死也不肯放。我想, 火藥只做爆竹, 指南針只看墳山, 恐怕那原因就在此。現在是火藥蛻化爲轟炸彈, 燒夷彈, 裝在飛機上面了, 我們卻只能坐在家里等他落下來。自然, 坐飛機的人是頗有了的, 但他那里是遠征呢, 他爲的是可以快點回到家里去。家是我們的生處, 也是我們的死所。《노신전집 4권》,《남북강조집》 가운데 〈家庭爲中國之基本〉

위 인용부에서 다시 짜장면의 작이 다시 타난다. 굉작탄이란 굉음을 내면서 터지는 수류탄쯤 되는 무기이다. 작^炸은 요리를 할라치면, 예컨대 튀김 옷을 입은 새우나 오징어를 끓는 기름에 넣으면 기름방울이 사방으로 솟구치면서 올라오는 그 모습을 연상하면 된다. 작탄, 곧 수류탄이 땅에 닿으면 파편이 사방으로 튀면서 인마를 살상하는 모습 말이다. 노신은 위 인용부에서도 화약과 나침반의 동서방의 다른 쓰임새를 언급하고 있지만, 노신 전집에는 폭탄과 폭죽

그리고 나침반의 다른 용도를 언급한 대목이 비일비재하다. 그리고 이 대목은 아래 문장으로 보강되면서 더욱 강조점을 확보하게 되는 것이다.

> 그래서 해금이 풀려 백인들이 줄을 이어 들어올 무렵까지 천하에서 중국의 지위를 보면, 사방 오랑캐들은 종주국으로 받들면서 회개하여 복종하러 오는 경우도 있었고, 또는 야심이 발동하여 침략의 야망을 품은 경우도 있었지만, 문화의 발달 면에서 진실로 견줄 만 한 것은 없었다. 중앙에 우뚝 서서 비교할 대상이 없었기 때문에 더욱 자존은 커져갔고, 자기 것만 소중하게 생각하며 만물을 깔보는 것은 인정상 당연한 것으로 여겨져 도리에 크게 위배되는 것이 아니었다. 그렇지만 다만 비교할 대상이 없었기 때문에 안일이 나날이 지속되면서 쇠퇴하기 시작하였고, 외부의 압박이 가해지지 않자 진보 역시 중지되었으며, 사람들은 무기력해지고 제자리에 머물게 되면서 그것이 절정에 달해 훌륭한 것을 보아도 배울 생각을 하지 않게 되었다.
> 故迄于海禁旣開, 皙人踵至之頃, 中國之在天下, 見夫四夷之則效上國, 革面來賓者有之; 或野心怒發, 狡焉思逞者有之; 若其文化昭明, 誠足以相上下者, 蓋未之有也. 屹然出中央而無校讎, 則其益自尊大, 寶自有而傲睨萬物, 固人情所宜然, 亦非甚背于理極者矣. 雖然, 惟無校讎故, 則宴安日久, 苓落以胎, 迫拶不來, 上征亦輟, 使人訖, 使人屯, 其極爲見善而不思式.

말하자면 노신은 당시의 어떤 사상가 문학인에 비해 동서 문명을 비교하는 일에 남달랐다는 증빙이 되는 문장이다. 위의 인용부에서 글자 크기를 키운 교수라는 단어는 본디 중국 고전의 훈고학에서 다루는 용어이다. 두 개의 텍스트를 대조하여 비교하면서 교열을 본다는 뜻으로 노신은 동서 문명을 텍스트로 삼아 하나에 다른 하나를 대조하여 교정을 보아야 할 대목으로 다름 아닌 화약과 나침반으로 본 것이라고 읽어야 한다.

그리고 만약 중국이 서방에 뒤쳐진 원인이 바로 이들 둘 가운데 하나인 화약 곧 불이라면 노신의 책략은 서방의 불을 훔쳐오고자 했다. 그 훔치는 행위의 일환이 바로 서양 문학작품의 번역이다. 서양 문학작품의 번역을 통해 그 내용에 불이 담긴 작품을 중국에 소개한 것. 그런 작품 가운데 〈노동자 셰비료프〉라는 폴란드 소설을 번역한 것도 불을 훔쳐온 행위에 속한다.

노신은 소설을 번역한 다음 그 번역 후기에서 밝히기를 '그(주인공 셰비료프)가 온 힘과 의지를 다해 죽을 때까지 수류탄과 권총으로 전쟁을 벌이면서 반항하던 끝에 마침내 목숨을 거두었기 때문(他用了力量和意志的全副, 終身戰爭, 就是用了炸彈和手槍, 反抗而且淪滅)'이라고 적은 바 있다. 다시 말해 수류탄과 권총이라는 무기를 작품의 주인공인 셰비료프가 들고 반항하다가 끝내 죽음에 이르지 않았다면 번역하지 않았을 것이라는 말이다.

짜장면의 작과 수류탄의 작이 같다면 이들은 화약이 폭죽과 폭탄으로 갈라진 것처럼 용처에 따라 동양과 서양의 갈림길에 서게 된다.

이쯤에서 수업 시간에 학생들에게 낸 퀴즈 하나를 추가하기로 하자. 서방에서 증기로 기관차를 만드는 동안 중국은 그 증기로 무슨 요리를 했을까. 다음에서 고르시오.

① 糖醋鯉魚(잉어 탕수육)
② 小籠包(찐만두)
③ 鳳凰爪子(닭발냉채)
④ 炸醬面(짜장면)
⑤ 溫鹵面(울면)

정답은 ② 찐만두. 서방에서는 난로 위에서 끓어오르는 주전자의 수증기에서 증기기관을 만들어 그걸로 기차로부터 기선을 거쳐 산업혁명을 일으킨 데 반해 중국에서는 그 수증기로 만두를 쪄먹은 것이라 보면 어떨까. 작이라는 글자 역시 마찬가지이다. 한쪽에서는 그걸로 짜장면을 만들어 먹는 동안, 다른 한쪽에서는 수류탄을 만들고 그 뒤로 원자폭탄에 이른 것이다. 참고로 원자폭탄을 중국어로 적으면 原子炸彈^{원자작탄}이다.

여기에 대한 일대 반성을 수행한 인물이 바로 노신 그리고 그의 애독자 모택동이라고 보면 그럴듯하지 않은가. 중국의 본색에 해당되는 이른바 인문^{人文}을 유지하던 끝에 종당에는 문약으로 귀결된 중국의 시스템에서 무를 복원시켜 무장폭동 혹은 무장투쟁을 통해 일본 군국주의의 무릎을 꿇린 다음 국민당을 대만으로 몰아내기에 이르렀다는 이야기이다.

동흥루의 두 손님
노신과 양실추

앞서 우리는 북경의 찬관 가운데 노자호로 이름을 올리고 있는 두 군데, 곧 혜풍당과 풍택원을 살핀 바 있다. 이들이 우리에게 의미 있는 것은 다름 아닌 복산방 혹은 교동방, 곧 한국 화교의 본산이 이곳이기 때문이다. 여기서 다른 찬관 한 군데를 추가하기로 하자. 동흥루라는 이름의 찬관이 그곳이다. 찬관에 들르기 전에 다음 문장을 읽고 찾는 것도 한 방법이다.

눈 내리는 음울한 날씨에 무료하게 서재에만 틀어박혀 있자니 불안스런 마음은 더욱 강렬해졌다. 아무래도 떠나는 것이 좋겠다. 내일은 성 안으로 가자. 복흥루의 상어 지느러미 요리는 한 접시에 1원으로 값도 싸고 맛도 좋았지. 요즘은 값이 올랐을까… 옛날 함께 놀던 친구들은 이미 뿔뿔이 흩어졌지만 상어 지느러미만은 먹어 보지 않을 수 없다 비록 나 혼자서라도… 어쨌든 내일은 떠나기로 작정했다.

노신의 소설 〈축복〉 가운데 한 구절이다. 노진이라는 시골 마을의 세모 풍경을 담은 〈축복〉에 등장하는 복흥루를 주목하기 위함이다. 복흥루라는 찬관은 위에서 보듯이 상어지느러미요리가 일품이었다고 '나'(아마도 노신 자신일 게다)는 술회한다. 값도 싸고 맛도 좋다는 품평을 적고 있는 것이다. 그렇다면 이 음식점은 과연 무슨 사연을 감추고 있는 음식점인가. 우선 이 음식점의 상호를 추적하기 위해 노신의 다음 발언을 길잡이로 삼아도 좋을 듯싶다.

씌어진 사건은 어느 정도나마 보거나 듣거나 한 것과 관계가 있지만 사실을 그대로 쓰지는 않았다. 일부만을 뽑아내어 손을 보거나 전개시키거나 거의 완전히 나의 생각을 나타낼 수 있는 모양이 되도록 만들었다. 인물 모델도 마찬가지로 있는 그대로 쓰지는 않았다. 때로는 입버릇은 절강, 얼굴 모양은 북경, 옷맵시는 산서라는 식으로 끌어 모아 인물을 설정했다.

노신의 〈나는 어떻게 소설을 쓰게 되었는가〉라는 제목의 글의 한 구절이다. 여기서 소설 속의 등장인물을 빚어냄에 '입버릇은 절강, 얼굴 모양은 북경, 옷맵시는 산서'라는 노신식의 조립방식을 사람 이름이 아니라 음식점 상호인 복흥루에 대입하는 것도 얼마든지

가능하지 않을까. 다시 말해 어떤 특정 음식점을 따오되 이름을 슬쩍 바꿔치기 하는 수법, 〈약〉의 실제 모델인 추근을 〈약〉에서 하유로 변명한 것처럼 말이다.

이럴 때 추적의 실마리 노릇을 살피고자 한다면 북경 시절 노신의 일기 가운데 다음 구절이 눈길을 잡아당긴다. 곧 1923년 2월 27일치 일기에 적힌 바 "午後胡適之至部, 晚同至東安市場一行, 又往東興樓應郁達夫招飲, 酒半卽歸"라는 구절에서 동흥루라는 음식점 이름이 심상치 않게 눈길을 찔러오는 것이다. 일기의 기록에, "오후에 호적이 (노신이 근무하던) 교육부로 왔는데, 저녁 무렵 호적과 함께 동안시장을 거쳐 동흥루에서 욱달부와 함께 술을 마셨고, 술이 제법 거나해져서 귀가했다"는 기록을 만일 셜록 홈즈가 읽었다면 뭔가 이상한 낌새를 느끼지 않았을까. 혹시 동흥루를 복흥로로 이름을 바꾸어 등장시킨 것이 아닌가 하고 말이다.

동흥루에 이따금씩 들렀던 인물은 노신과 위 일기에 적힌 욱달부^{郁達夫}, 호적^{胡適} 이외에도 없을 수 없으니 앞서 수차례 언급한 바 있는 화인미식삼대가^{華人美食三大家}로 일컬었던 양실추^{梁實秋}이다. 노신은 동흥루의 음식에 대해 별반 특별한 기록을 남긴 바 없지만, 양실추는 이와는 판판으로 음식점의 메뉴에 대해 곰살 맞을 정도로 상세한 기록을 남기고 있다. 우선 다음 문장을 읽기로 하자.

1926년 여름 소영이 미국에서 돌아오면서 동학들과 함께 식사 사리를 한 번 가졌으면 하기에 나는 즉석에서 동흥루에서 자리를 갖자고 건의했다. 연시석 한 세트는 16원이면 충분했다. 소학교의 월

노채의 대표 요리로 소개되고 있는 폭쌍취와 베이징의 동흥루

급이 30여 원인지라 소영은 삼십 원짜리 자리를 주장했다. 내가 동흥루에 가 식사를 하면서 자리를 예약했는데, 사장의 말을 듣고는 깜짝 놀란 것이 "16원이면 충분한데 왜 돈을 더 씁니까?"라는 말을 흘려들었으나, 식사를 하는 날, 상위에 올라온 요리를 보고는 입을 벌릴 수 없었다. 산해진미가 따로 없었던 것이다.

문학적으로 보자면 노신과 대척적인 자리에 앉은 양실추가 미국에서 귀국하는 소영이라는 청화대 동학의 부탁을 받아 사전 예약을 한 사정을 적은 내용이다. 연시석이라 함은 제비집과 상어지느러미를 이른바 메인 디쉬로 올린 세트 메뉴임은 물론이다. 이른바 팔진에 드는 요리이다. 주목할 것은 물론 음식값이다. 청객을 한 소영이 당시 교사 월급에 해당되는 30원 정도로 식대의 예산을 제시했을 테고, 거기에 맞추어 요리를 주문하던 양실추는 이른바 장궤로부터 그렇게 비싸지 않은 가격 곧 16원이면 충분하다

는 말을 듣고는 설마하고 반신반의하지만, 정작 식사를 하면서는 입이 쩍하니 벌어질 정도로 상다리가 부러지도록 음식이 상 위에 올라왔으니, 곧 산해진미로 차려진 요리의 값이 저렴함을 적은 내용인 것이다. 말하자면 앞서 축복의 한 구절에서 내가 내일은 성 안으로 들어가 상어지느러미 요리를 먹어야겠다는 발언에서 복흥루의 상어지느러미를 언급하는 개소에서 우선 꼽는 것이 값이 싸고 이어서 맛도 좋다는 발언과 맞물린다고 볼 수 있다.

여기서 다시 당시의 식사 광경을 장면으로 구성해보는 것도 흥미로운 접근이 될 수 있다. 북경대 문과대 학장이던 호적에 더하여 〈침륜^{沈淪}〉이라는 소설로 일약 문단의 총아가 된 욱달부 거기에 광인일기로 성망을 확보하고 있던 노신, 이들 북경 문단의 세 기린아 정도라면 단연 vvvip 고객이라 해도 말이 된다. 그런데 동흥루라는 음식점에는 제법 까다로운 규칙이 있음을 이 대목에서 짚어야 한다. 복산의 요리를 다룬 한 책자에서 당시 동흥루의 마케팅 기법을 적은 다음의 구절이 이채를 발하는 까닭이다.

조리를 할 때도 그 위계질서는 대단히 엄격해서 불을 다루는 조리사는 두화, 이화, 삼화, 사화로 나뉘어지며 고급 요리는 반드시 두화가 마지막으로 불 처리를 한다(이를 가리켜 당조라 부른다). 홀보이는 반드시 오랜 시간을 경과해야 손님접대를 할 수 있는데, 음식점에 갓 들어온 초보는 오직 메뉴판을 손님 식탁에 올릴 뿐 요리를 상에 올리는 것은 조리사가 담당하게 되어 있었다.

식전 냉채에 곁들여 세 문인 사이에 문학에 관한 이야기, 이를테면 신청년이라든가 혹은 문학혁명론 등등에 관한 고담준론이 오가다가 초패채인 상어지느러미가 상 위로 올라올 때는 김이 피어오르는 열채 접시를 받쳐 들고 야간으로 들어온 것이 바로 홀보이가 아니라 조리사라는 이야기이고, 조리사가 동흥루의 청돈어시에 대해 일장 설명을 하노라면, 그 집 단골인 호적이 덧붙이기를 동흥루의 조리사에도 계급이 있어 두화, 이화, 삼화, 사화가 있다고 하면서 오늘의 조리사는 두화인 모라고 하는 설명이 이어지는 장면을 떠올리는 것도 그리 부자연스러운 일만은 아닐지 모른다.

하지만 동흥루의 아좌에는 노신 일행만이 자리한 것은 아닐 수도 있으니 동흥루의 또 다른 단골인 양실추 역시 다른 날 다른 아좌에서 다른 요리를 시식하고 있었을 수도 있다는 이야기다. 상

위에 올라온 요리는 반드시 연시석일 필요는 없어서 이를테면 노채의 천장인 화후를 자랑하는 폭쌍취爆双脆라는 요리여도 무방하다고 해야겠다. 양실추는 그 폭쌍취를 이렇게 맛깔나게 그린다.

爆双脆폭쌍취는 북방 산동 음식점의 명채이다. 하지만 이 동네의 북방 요리점은 爆双脆 요리를 제대로 하는 집이 없다. 만일 그대가 하늘이 높고 땅이 두텁다는 사실을 모른 채 북방 요리점에 들어가서 爆双脆를 주문했다고 치자. 그럴 경우 북방 요리점은 하늘이 높고 땅이 두텁다는 점을 모르는 채 요리를 만들게 되고, 그 결과는 반드시 상 위에 올라온 요리가 거무튀튀하게 그슬려져서 한 눈에 보기에도 눈살이 찌푸려질 뿐 아니라 입에 넣어도 육질이 연한 것과는 거리가 멀어서 시식하는 이를 낭패스럽게 할 따름이다. 북평의 치미재나 동흥루의 爆双脆는 저울에 달듯이 정확하게 크기를 똑같이 자르는데 얼치기 이류 칼잡이는 요리 근처에 아예 얼씬도 할 수 없게 되어 있다. 소위 쌍취란 닭과 양의 내장으로 이 둘을 센 불에 볶되, 붉은 색과 흰 색의 중간색으로 때깔이 나도록 하면 모양새가 그럴 듯하면서 입에 넣을라치면 쫄깃하면서도 연한 것이다. 씹어 먹을 때 짝짝하는 씹는 소리가 제 귀에 들려야 제격인 것이다.

앞서 우리가 주방의 오픈 운운 하는 자리에서 주방 조리사의 역할 분담을 '거론'하여 라면이니 칼판이니 불판이라는 현장의 용어를 썼던 것을 상기하노라면, 양실추가 식재료를 같은 크기로 써는 도공 가운데서도 이류 칼잡이 폭쌍취의 조리 근처에 얼씬도 못한다는 말이 실감나게 들리기도 하지만, 폭쌍취의 조리에서 핵심은 역시 뭐니 뭐니 해도 불판에 등급이 있어서 두화, 이화, 삼화, 사화로 나뉜다는 언급을 되새기면서 그들의 주특기가 어떻게 발휘되는가를 살펴야 한다. 화후에 따라 시식하는 이의 각종 감각이 총동원되는 것이다.

우선 입으로 가져가기 전 단계는 눈으로 보는 단계이다. 요리의 때깔이 눈을 통해 전달된 다음 이어서 뇌에 모였다가 다시 입과 코를 자극하는 것이 순서라면, 폭쌍취의 때깔이 거무튀튀한 것이 아니라 홍과 백 사이여야 하는 것. 이어서 동원되는 감각기관은 물론 구강부인데, 이때 혀와 입의 이가 가동되기 시작한다. 육질을 가리키는 형용사, 곧 '인중대취^{韌中帶脆}'는 질긴 듯하면서도 연한 맛이다. 이 맛을 감수하는 기관은 이빨이고, 그 이빨이 수행하는 동작을 가리켜 저작이라 한다. 하지만 그걸로 그치지 않는다. 거기에는 소리가 뒤따른다. '카지카지^{喀吱喀吱}'라는 씹는 소리가 자기 귀로 들려 와야 하는 것이다.

하지만 이걸로는 동흥루 초패채의 정체 혹은 노채의 화후와 관련된 특색을 다 짚는데 2% 부족할 수 있으니 양실추의 다음 문장으로 다시 보강하기로 하자.

중국 요리는 '폭'으로 익히는 것이 적지 않다. 동서남북의 요리, 혹은 사면팔방의 요리 맛을 내는 비결은 芫爆^{원폭}, 湯爆^{탕폭}, 油爆^{유폭}, 鹽爆^{염폭}, 醬爆^{장폭}, 蔥爆^{총폭} 등에 걸쳐 있다. 조예가 깊은 조리사라면

폭으로 조리해 내는 요리가 연하고 부드러우며 물기가 없어야 한다. 입에 감촉이 좋아야 하는 것은 물론이고 깊은 맛이 우러나야 한다. 폭 요리는 본디 북방 사람들의 주특기다. 폭 요리의 강구라면 불 다루는 솜씨인데 그 불 솜씨를 가늠케 하는 것이 바로 식재료에 따라 다르다. 그 중에서도 폭삼양이야말로 으뜸으로 치는 폭 요리다. 지난 백 년 동안 동흥루의 폭삼양은 식재료의 기준이 엄격해서 신선한 간이 아니면 재료로 쓰지 않고 돼지고기는 갈빗살이 아니면 장을 입히지 않으며, 대여섯 과정에 이른 세척가공을 통해 내장과 위장을 씻어 편이나 조로 썰어 북방 사람이 자랑하는 酱爆^{장폭}, 芫爆^{원폭}, 爆油^{폭유}로 마구 볶아 즙을 뿌려 조미를 하면 간은 연하고 부드러우며 돼지고기는 윤이 잘잘 흐르면서 매끄럽고 위장은 찰떡처럼 맛이 좋아 서로 다른 입맛들이 한 입에 어우러지는 것이다.

다시 말해 폭삼양, 쌍폭취 등등의 요리는 한국 사람에게는 필시 생소한 요리임에도 산동의 중요한 메뉴를 이룬다는 점을 지적하고 다시 양실추로부터 노신으로 돌아와 볼 차례다. 노신이라는 필명과 노채의 노가 뭔가 연결되어 있는 듯한 착각이 들기 때문이다.

앞서 노신과 동향으로 일본에 유학 가서 폭탄 제조술을 배워 청나라를 몰아내는 거사에 참여했던 진백평이라는 인물을 언급한 것을 되살리는 동시에 노신이 폴란드 소설 노동자 셰비료프를 번역한 뒤에 자신이 이 소설을 번역한 이유를 주인공인 셰비료프가 총과 폭탄으로 끝까지 저항했기 때문이라는 점을 언급한 것도 다시 기억에서 불러내자. 그리고 노신이 〈채비〉라는 소설에서 백이와 숙제 형제가 언급한 폭력을 폭력으로 제압하는 것이 그른 것이라는 사기 백이숙제 열전의 언급을 지워버린 것 또한 떠올린다면, 동흥루에서 양실추가 먹었던, 따라서 노신도 필시 먹었으리라 추정되는 메뉴인 폭삼양이라든가 쌍폭취라는 메뉴에 폭이라는 한자가 얹혀 있는 사실과 연결지점이 있을 듯하다. 다시 말해 주수인이 광인일기에서 노신이라는 필명을 쓴 까닭이, 노채의 주특기 요리인 쌍폭취와 폭삼양에서 그 폭을 취해다가 중국의 혁명에 써먹기 위해서는 아니었는지 말이다.

    내가 밝히려 했던 결론이 바로 이것이다. 하지만 이것은 가설 수준이다. 아직은 부족하다. 이제 남은 기간 동안 노신을 뒤지면서 혹시 이를 보강할 새로운 증빙이 나타나면 신고^{新考}를 다하겠다 기약할밖에.

7장
문화의 섬이자 가교인 차이나타운

차이나타운 1

부루라이또 요코하마

70년대 초 대학에 처음 들어갔을 때 대학가에는 음악다방이라는 것이 제법 성했다. 디제이라는 직업을 가진 이들이 엘피판을 축음기에 올려 음악을 들려주는 다방인데, 거기서 들은 노래 가운데 하나가 〈부루라이또 요코하마〉다. '마찌노아까리가 돗떼모 키레이네 요코하마 부루라이또 요코하마'라는 가사로 시작하는 이 노래를 어두컴컴한 다방 한 구석에서 듣는 기분은 실로 묘한 것이었다. 음악다방의 레퍼토리는 거개가 서구 팝송이었는데 그 노래는 일본 노래였고, 홀 안을 메우는 일본 여가수의 음색이 경쾌하고 밝아서 도리어 이상했었다. '부루라이또'로 들리는 일본 발음은 필시 블루 라이트일 것이었다.

그 뒤로 일본어를 대강 익혀 어쭙잖은 실력으로 일본어로 된

요코하마 베이

책을 두 권이나 번역을 하면서 예의 그 노래의 가사 첫 소절인 '마찌노 아까리가 돗떼모 키레이네'는 '거리의 등불이 정말 아름답구나' 라는 뜻을 알고 요코하마는 도시의 등불을 파란 색으로 켜놓은 모양이라고 생각했었다.

 그리고 세월이 흘러 차이나타운 현지를 둘러본다는 핑계로 일본 땅을 밟은 것은 2008년 4월, 중간고사로 잠시 짬이 난 무렵이다. 도쿄에서 요코하마까지 국철로 30분 거리. 도쿄 출발은 해질 녘이었다. 요코하마의 야경, '부루라이또'를 보기 위해서였다. 동행은 셋. 열차 안에서 화두는 역시 〈부루라이또 요코하마〉였다. 일본인 친구 K교수의 설명이 곁들여진다. 이시다 아유미^{いしだ あゆみ} 라는 미모의 배우 겸 여가수가 그 노래를 부른 것은 1969년. 1964년 일본은 도쿄

요코하마 차이나타운의 야경

올림픽을 개최했고, 1968년에는 오사카만국박람회를 개최했다. 박람회를 기념하면서 일본은 세계 최초로 고속철로인 신칸센을 개통했는데, 메이지유신 백주년을 기념하는 그 해에 맞춘 것이었다.

아시아의 모범생 일본이 전쟁의 상처를 딛고 이른바 선진국의 대열로 진입해 들어가던 그 시절에 나온 노래가 바로 〈부루라이또 요코하마〉이고 보면, 그 음색이 예전 '엔카'의 청승과 달리 서구의 경쾌하고 달콤한 발라드풍인 것은 상승기를 타던 일본 경제의 60년대 말 바로 그 시절의 이우라를 담아낸 것이라는 설명이다. 그 노래가 전파를 타고 현해탄을 건너 부산에 남몰래 상륙하면서 아련한 일본의 엑조틱한 정조를 심어주는데 적잖이 기여했을 터.

해가 지고 땅거미가 가신 시각, 요코하마에 도착하자 택시를 집어타고 야경을 둘러보면서 밤바다의 짙푸른 색을 배경으로 반사된 요코하마의 야경이 과시 '부루라이또' 임을 확인한 것은 물론이다. 도시의 풍경과 노래가 만나 브랜드로 빚어진 셈이니 요즘 말로 문화콘텐츠가 따로 없었다.

이어서 찾은 곳은 요코하마 베이브릿지. 요코하마 만灣 위로 걸쳐놓은 다리다. 나는 일순 기묘한 상념에 사로잡혔다. 나는 왜 차이나타운에 온 것인가. 화교란 어떤 존재인가. 나는 왜 '늘그막'에 화교라는 색다른 군상에 필이 꽂혀 이곳 요코하마로 찾아든 것인가. 택시가 다리를 통과하는 동안 나는 화교華僑가 화교華橋가 아닌가 하는 착각에 사로잡혔다.

1859년 일본에서 최초로 개항된 요코하마, 인구 채 몇 백 명이 안 되는 한갓진 어촌 마을이 신도시로 점차 변모했고 해안가 공터에는 서양인 상관들이 자리를 잡았겠다. 이들과 더불어 요코하마 외국인 거주지역에 둥지를 튼 자들이 바로 중국인들이었다. 아편전쟁(1840) 이후 중국의 연안도시에 세워진 개항장에서 이미 서구인들은 현지의 중국인들을 고용하고 있었으니 이들을 일컬어 매판買辦이라고 부른다.

그들 매판은 서구의 상인들을 위해 현지인과의 통역을 비롯하여 식료품의 구입, 서로 다른 화폐제도를 이어주는 금전의 출납, 중국인 심부름꾼의 고용 등의 일을 맡다가 서구의 상관을 따라 일본으로 건너온 것이다. 무엇보다도 일본상인과 서양상인들 사이에는 언어장벽이 가로놓여 있었는데, 그 장벽을 필담으로 해결할 수 있었던 것. 흥미로운 것은 한문 필담 의사소통방식이 페리

Matthew Galbraith Perry(1794~1858) 제독이 흑선黑線을 이끌고 일본의 도쿄만을 위협하던 그 시절(1853)에 이미 초보적으로 시도된 바 있었다는 점이다. 흑선 함대에는 뤄선이라는 중국인이 통역 겸 서기라는 직책으로 승선하고 있었다. 뤄선은 일본 현지인들과 한자를 통한 필담으로 의사를 교환하면서 그 일기를 홍콩의 신문에 발표했는데, 그 소식이 서구 상인들의 귀에 들어가지 않을 까닭이 없었다. 중국인 매판이 일본에 상륙하게 된 사연에는 바로 뤄선이라는 인물이 감추어져 있는 셈이다.

이렇게 보자면 한자야말로 앞서 화교華僑를 화교華橋라고 했을 때 그 교橋 곧 다리인 셈이다. 아니 실은 인간과 인간 사이의 다리가 언어라면, 한자는 동북아의 다리, 아주 유서 깊은 다리가 아닐 손가. 한때 낡은 것으로 치부되던, 내 '전공'인 노신魯迅의 입을 빌자면, '한자가 사라지지 않으면 중국이 망할 것'이라는 극언과 저주를 받았던 그 한자의 운명이 21세기에 어떻게 펼쳐질 것인가. 그것이 알파벳과 벌이게 될 한판 승부에서 과연 어느 편이 승리를 거둘 것인가.

또 다른 다리, 일본과 서양을 중개하던 중국인 매판은 요코하마 현지에서 일본과 서양의 대외무역의 중개자로서 자신의 비중을 높여갔다. 매판 아래 금은감정사, 창고계, 잡용계 등의 중국인들이 추가로 업무 영역을 확대해 나갔다. 문제는 이들이 서양상인에게서 급료를 받는 신분이 아니라 일본인과 거래하는 무역 중개에서 구전(커미션)을 챙기는 식이었다는 것. 이를테면 당시 면사 따위를 수입할 때 수송의 안전을 위해 광목으로 일단 포장을 한 다음 다시 거기에 쇠로 테를 둘러 상품을 인도하는 방식을 취하고 있었는데, 중국인 창고 담당자가 물건을 인도하면서 쇠테를 떼어내어 자신의 수입으로 삼는 식이었다. 이밖에도 수출품의 포장에서 포장비를 구전으로 요구하는 등 폐해가 잇달았다.

여기에서 일본상인들의 볼멘소리가 터져 나온 것은 당연하다. 이들 중국인들의 수는 서양상인들의 수를 상회했다. 1894년 청일전쟁으로 타격을 입기 전까지 이들 중국인들은 요코하마 외국인 거류지역 외국인 수의 60%를 상회하는 수치를 보였다. 일본의 한 연구자는 최근 어떤 연구에서 이들 중국인 매판의 존재를 가리켜 '근대일본의 개국은 구미에게 받은 충격에 대응하는 것일 뿐 아니라, 아시아의 충격에 대응하는 것이었으며, 특히 화교 상인으로부터 상세商勢를 만회하는 과정'이라고 할 정도로 제법 왕성한 세를 과시했다. 일본으로서는 해외무역 분야의 과외공부를 중국인 매판으로부터 한 셈인데, 과외비 지출이 과다하자 상권만회를 벼르지 않을 수 없었던 것이다.

이런저런 이야기를 나누면서 시내를 돌다가 시계를 보니 이미 저녁 8시, 시장하고 출출하다. 술시를 넘겼다는 말이다. 스며든 곳은 물론 차이나타운. 어둠 속의 차이나타운은 불야성이라는 말을 연상키에 충분했다. 현란한 네온과 크고 작은 중국음식점들이 한 곳에 몰려 있는 게다. 메뉴를 적은 입간판들에 어지럽고 낯익은 중국음식들이 빛을 발하며 자태를 뽐내고 있었다. 세트메뉴 세일을 즐기려고 군데군데 줄을 지어 선 고객들. 동행인 K교수의 말에 따르면 도쿄에는 중국음식점이 그리 흔치 않다는 이야기다. 하여 중국음식을 즐길라치면 도쿄에서 30분 거리인 이곳으로 와서

요코하마 차이나타운의 야경

회식을 한단다. 우리와는 사정이 다르다면 다른 것이다. 서울 시내 오피스타운으로 치자면 과장을 보태 열 집 걸러 중국집이 자리 잡고 있으며 전국 방방곡곡 동네마다 중국음식점 없는 곳이 없으니 대한민국 외식 메뉴 부동의 1위인 짜장면이 거기에서 나온 것이지만, 일본의 경우는 사정이 다른 것이다.

일본인들의 '상권 만회작전'으로 매판이라는 제도 혹은 존재들이 힘을 잃게 되자, 중국인들은 다른 돌파구를 마련했고, 그것이 이른바 싼바따오三把刀, 곧 양복점 재단사의 가위, 이발사의 가위, 중국요리집 주방장의 칼이다. 하여 화교들이 일본 땅에 터를 잡았는데 그 가운데 양복과 이발 분야는 일본인에게 넘어갔고, 요리만 특수직종이라 하여 중국인들의 '독점'을 허용한 것이 오늘날에 이르렀다. 요코하마의 차이나타운이 중국요리 먹자골목으로 번성하게 된 객관적 원인이 별도로 있는 셈이라고나 할까. 일제강점기 무렵, 조선 총독 사이토오齋藤實가 청요리를 먹으러 인천을 드나든 것도 아마 도쿄에서 요코하마로 청요리 먹으러 가던 그 기분을 내려고 했던 것은 아닐까 싶다. 게다가 근자에 이르러서는 광동요리에서 산동요리, 양저우揚州 요리 등 중국 사대요리, 팔대요리의 대부분이 요코하마 차이나타운 한 군데 몰려 있으니 요코하마 인구 350만 여에 도쿄 인구 1,000여 만이면 가위 독점적 중화요리 상권이 성립할 법한 것이다.

소략한 사오싱쥬紹興酒 반주飯酒를 곁들인 저녁 끼니를 해결하고 음식점을 나와 이 세 자루의 칼에 의지한 차이나타운 골목을 이리저리 사진기에 담으면서 옮겨가는데 뒷골목 한 구석에 낡은 간판 하나가 눈길을 잡아끈다. 휘황찬란하게 네온사인을 밝힌 것도 아니고 음식을 진열한 쇼케이스도 그리 요란을 떨지는 않았다. 이름하여 해원각海員閣, '카이인카쿠'란다. 예전에 이곳 요코하마 항구를 드나들던 뱃사나이들의 단골 '청요리집'이던가. 제법 고색창연한 느낌을 주는 집, 저녁은 바로 이 집에서 먹었어야 했는데 하는 생각이 들면서 '해원각이라…'고 뇌까리는 순간, 턱수염을 기르고 입에 파이프를 문 선원이, 이어서 '마도로스'라는 스펠링이 감이 잡히지 않는 단어(나중에 검색을 해보니 matroos라는 네델란드어다)가 떠오르면서는, 다시 "마도로스 수첩에는 이별도 많은데/ 오늘밤도 그라스에 맺은 인연은…"이라는 콧노래로 새어나오는 것이다. 물론 〈이별의 인천항구〉다. 항구와 밤과 마도로스, 어김없이 낭만 삼박자다. 그런 이야기를 하자, K가 하는 말이 한 박자가 빠졌단다. 뱃사나이

들에게 항구의 여인이 없다면 그게 뭐냐는 거다. 실로 그렇다. 항구라는 항구마다 등대가 있기 마련인지라, '등대마다 님을 두고 내일은 어느 항구'로 떠돌 수 있지 않은가. 그러는데 또 다른 곡조 하나가 귓전을 맴돌았으니 '아메리카 타국 땅에'로 시작해서 '라이라이 호궁이 운다, 라이라이 꾸냥이 운다'라는 가사에 이어 '아아 애달픈 차이나거리'로 마감하는 백설희의 〈아메리카 차이나타운〉이 코를 타고 흥얼거려지는 거다. 그러면서 젖은 목소리로 중얼거린 말이 왈, '인천에서 이런 노래 다시 하나 만들 수 없나'였다. 호궁^{胡弓}으로 반주^{伴奏}를 곁들인 차이나풍 음색이라도 좋겠고 말이다.

차이나타운 2

나가사키 차이나타운

지금도 이따금씩 KBS 가요무대 같은 옛날 노래 프로그램에서 구수한 목소리를 들을 수 있는 원로가수 남일해의 노래 중 (제목은 정확하게 기억이 나지 않지만) 대강 "항구의 1번지 부기부기 1번지 그라스를 채워다오……" 라는 가사말로 시작하는 것이 있다. 여기서 항구의 1번지는 필시 오랜 여정을 마친 뱃사내들이 잠시 육지에 내려 지친 몸을 쉬게 하고 갈증 난 목을 적시는 그런 술집쯤이 될 듯싶다. 그런데 가만히 생각해보면 그런 술집이 항구의 1번지가 아니라 실은 항구 자체가 1번지가 아닌가 싶다.

이때의 1번지란 물론 근대 혹은 근대화의 1번지라는 뜻이다. 왜냐하면 서구의 문물을 가장 빨리 받아들일 수 있는 위치가 바로 항구도시이기 때문이다. 하지만 서구의 문물을 가장 빨리 받

나가사키 신치 차이나타운의 패루

아들인다는 말에는 어딘가 어폐가 있다. 그냥 주고받는 것이 아닌 강제가 개입한 관계이기 때문이다. 항구도시가 근대의 1번지가 된 데에는 서구 식민주의의 수탈과 문명의 강요된 '이식'이 밑그림으로 감춰져 있기 마련이고, 개항의 '개^開'라는 동사의 주어가 실은 서구 식민주의라고 한다면, 개항은 사실 피^被 개항이 맞다.

동아시아 일대의 거개의 개항도시, 홍콩에서 상하이를 거쳐 칭다오^{靑島}를 지나 따롄에 이르는 중국의 거의 모든 연안 도시가 서구와 이른바 불평등조약을 체결하며 개항한 피개항 도시이고, 일본의 경우도 사정은 마찬가지이며 인천·부산·원산 등 한국의 항구도시 역시 그렇다. 다시 말해 동아시아 일원의 근대 1번지인 허다한 항구도시들이 불평등조약으로 열린 피개항도시인 셈이다. 하지만 어디에나 그렇듯 예외가 없을 수 없다. 불평등조약에 따르지 않고 개항한, 다시 말해 피개항이 아니라 스스로 개항한 도시가 바로 나가사키^{長崎}이다.

나가사키라는 도시의 연표를 구성하자니 제법 어지럽고 복잡하다. 이른바 세계체제가 가장 먼저 촉수를 대기 시작한 일본 땅에 포르투갈이 먼저 들어오고 이어서 네덜란드 동인도회사 같은 '글로벌 네트워크'가 '접속'을 시도했으며, 비슷한 시기에 중국의 무역선들도 출몰하고 있었기 때문이다. 끝에 0자가 박힌 연도만을 살피면, 1550년 최초의 서양 선박인 포르투갈 선박 나가사키 인근 히라도^{平戶} 도착. 그해 프란시스코 사비에르Francisco Xavier(1506~1552) 신부 도착. 1개월 사이 신도 1,000명으로 증가. 1570년 오무라 스미타다^{大村純}가 대^對 포르투갈 무역항으로 개항. 1600년 최초의 네덜란드 선박 나가사키 인근 표착^{漂着}. 여기에 몇 가지 연도를 추가하면 아래와 같다.

오무라는 일본의 다이묘 가운데 최초로 카톨릭 세례를 받은 인물답게 개항이라는 임무를 스스로 떠맡는다.

1636년 서양인거주제한지역인 인공의 섬 데지마^{出島}(도합 1만 5천 평방미터)가 축조된 이래, 나가사키에 입항한 4척의 포르투갈 선박의 선원 약 800명이 수용되었다. 1639년 막부 쇄국령으로 포르투갈과 단교가 선언되자. 1641년 막부의 영으로 히라도의 네덜란드 상관^{商館}이 데지마로 이전한다.

이렇게 해서 1859년 일본의 개국까지 약 218년 동안 데지마는 서양으로 열린 일본의 유일한 창구노릇을 하게 된 것이다. 그런데 여기에 추가할 것은 그 무렵 우리 한반도의 사정이다. 조선을 최초로 서구세계에 알린 《하멜표류기》의 저자 네덜란드의 하멜$^{Hendrik\ Hamel}$(?~1692)이 제주도에 표류한 것은 1653년이었다. 13년간 조선반도에 억류당하면서 별난 경험과 고생을 다하다가 탈출에 성공하여 네덜란드 본국으로 돌아가기 전에 들른 곳이 바로 나가사키. 하멜과 벨테브레(한국명 박연)의 행선지는 물론 일본의 나가사키 항이었겠고, 이들은 동인도회사 소속이었다. 병자호란 당시 벨테브레의 군사 주특기는 총포제작이었다. 여기까지는 그렇다 치자.

바로 이 무렵, 그러니까 벨테브레가 조선에 표착하기 직전인 1624년, 나가사키 인근의 히라도, 앞서 네덜란드 상관이 데지마로 옮겨오기 이전에 상관을 설치했던 그 곳에서 일본인을 어머니로 한 중국인이 태어났으니 그가 바로 정성공^{鄭成功}이다. 중국사로 이야기하자면 이른바 명말청초^{明末淸初}라는, 명말과 청초를 떼어 쓰기로 표기하지 않고 하나로 붙여 표기하여 뭉뚱그리는 시절이다. 이들은 명의 신민도 아니었고 그렇다고 청의 신민도 아니었다. 그렇게 해서 붙여진 그들의 아이덴티티는 당인^{唐人}. 명말청초에 일본으로 유망^{流亡}한 명나라 사람들은 청나라 백성이 아니라는 뜻을 드러내기 위해 스스로를 당인이라 불렀다. 이 말은 에도시대에 널리 쓰여 중국인을 칭하는 명사로 되었고, 당인의 선박을 가리켜 당선이라고 불렀다.

정성공의 아버지인 정지룡^{鄭芝龍}(1604~1661)은 당시 타이완을 점령하고 있던 네덜란드 상관의 통역이었다. 네덜란드어를 알았으니 네덜란드 동인도회사 배를 타고 나가사키를 오간 것도 자연스러

에도 시대의 데지마 상관장(좌, 복원도)과 현재의 데지마 전경(우)

우며, 네덜란드의 상관이 개설되어 있던 히라도에서 일본 여인과 결혼하여 정성공을 얻은 것도 그리 어색한 일이 될 성싶지 않다. 정지룡은 통역 일에 만족하지 않고 해상무역에 손을 댔으며, 때로 해적노릇도 서슴지 않았다. 바닷사람들의 속성이 그런 것 아니던가. 장사꾼에서 일순간 해적으로 바뀌는 이런 변신은 유서가 제법 깊다. 에게 해의 영웅 오디세우스에게 외딴 섬의 괴물 키클롭스가 물었던 질문, "너는 탐험가인가 아니면 장사치의 심부름꾼인가 그것도 아니면 해적인가"는 삼자택일이 아니라 실은 서로 통하는, 삼위일체의 그것이기 십상인 까닭이다. 정씨 일가(정지룡으로부터 그 아우인 태^泰, 홍규를 거쳐 아들인 성공 그리고 성공의 배다른 동생인 성사^{成賜}와 세습^{世襲}, 성공의 아들인 경^經에 이르는 일가 전체)가 나가사

키 해상무역에 종사하고 있었다.

정성공은 자신의 전성기 시절, 푸젠福建 일대를 자신의 세력권에 두고 주민들에게서 세금을 거둬들여 나가사키와 광둥廣東 등지에서 무역을 하는 당선들에 자금을 대주고 배가 무사히 돌아오면 원금과 이자를 받는 방식을 취했다. 나가사키에서는 정성공을 가리켜 생사生絲 무역의 왕이라고 불렀다. 1654년의 경우, 도합 51척의 무역선이 나가사키에 입항했는데, 정성공 선단을 이루는 배가 12~3척. 이 배들이 입항하지 않으면 네덜란드 선박의 생사 무역이 이루어질 수 없다고 데지마의 네덜란드 상관장商館長 가브리엘 하파트Gabriel Happart는 일기에 적고 있다.

물론 청조가 이를 방치하지 않았다. 1656년(순치順治 13년) 청조는 저장, 푸젠, 광동, 하이난^{海南}, 산동 등 연안지역 백성들이 정성공의 무리에게 양식이나 화물을 파는 행위를 엄금했다. 정성공은 생사와 견직물을 입수하지 못하자 마닐라로 배를 보내 당선이 필리핀에 수출한 것을 재매입하여 나가사키로 전매하는 방식을 취할 수밖에 없게 되었다. 훗날 타이완의 왕이 되는 성공의 아들 경 역시 이 방식을 썼다고 타이완의 영국 상관장 사이먼 델보$^{Simon\ Delboe}$가 보고하고 있다. 아버지 지룡은 이미 청조에 항복한 바 있으나 성공은 자신의 세력이 수축되는 것을 속수무책으로 방관하지 않았다. 샤먼^{廈門}과 진먼다오^{金門島} 공략, 차오저우^{潮州} 탈취, 취엔저우^{泉州} 함락에 이어 그 세력이 저장^{浙江}에까지 이르렀다가 급기야는 난징^{南京}까지 진격했으나 패했다. 하는 수 없이 정성공은 1661년 네덜란드가 점령하고 있던 타이완을 탈취하는 데 만족하고 일단락을 지음으로써, 대륙 근거지를 잃고 타이완으로 고립되었고 이듬해인 1662년 타이완에서 세상을 떠나면서 나가사키무역은 아들 경의 손으로 넘어갔다. 정지룡으로부터 정성공을 거쳐 정경에 이르는 정씨 일가의 해상무역은 1635년부터 1683년까지 이어진다.

이 대목에서 다시 연표를 하나 추가하자.

· 1688년. 당선 나가사키 입항 117척으로 증가, 은과 금의 해외 유출이 과도해지면서 바쿠후^{幕府}가 무역량 제한, 밀무역 성행.
· 1689년. 밀무역 막기 위해 토오진야시키^{唐人屋敷}(당인 거주제한 지역) 조성(넓이 8,015평). 이후 9,373평으로 확장.

· 1702년. 신치^{新地}에 당선 화물 전용 하치장 건설(3,500평), 남쪽 문을 통해 토오진야시키로 이어짐.
· 1670년대 나가사키 인구 전체 6만 중 당인이 1만 상회

정성공의 아들 정경이 타이완과 일본을 오가던 그 시절인 것이다. 아울러 지금 나가사키 차이나타운이 자리 잡고 있는 곳이 바로 그 시절의 신치라는 곳이다.

지난 초봄 나가사키 땅을 밟다가 차이나타운 골목 한 가운데 자리 잡은 '신치쿠라아토^{新地藏跡}'라는 돌비석을 보면서 주억거린 말이 이랬다. "신이라, 신이라면 인천에도 있지. 거기는 신치가 아니라 신포동^{新浦洞}인데 그러고 보니 신치의 신은 300여 년 전의 신이요, 신포동의 신은 100여 년 전의 신이렷다. 제물포가 신포가 되어 동^{洞}이라는 근대적 행정구획 단위로 포섭된 것이다. 그럼 그 신은 아직도 신^{新}인가, 아니면 구^{舊}인가. 나는 일순간 기이한 생각에 잠겼다. 중국의 근대사를 신이라는 글자로 풀이하는 것도 가능한 까닭이다. 량치차오^{梁啓超}(중국 청말민초의 계몽사상가)의 〈신민설^{新民說}〉, 5.4를 풍미한 잡지 《신청년》, 마오쩌둥의 '신민주주의', 1949년의 신중국 그리고 1979년 이후의 신중국론 등등. 신의 퍼레이드인 셈인데 어느 것이 진짜 신인가. '도가도 비상도, 명가명 비상명(道可道非常道 名可名非常名)'이라더니 미상불 신이라는 놈도 '신가신 비상신'이 아닐 손가. 한때 일본의 1번지였던 나가사키. 지금 그곳에 뜨는 국제선 항공편은 서울과 상하이밖에 없다. 지금은 더 이상 1번지가 아니다. 그렇다면 21세기 신 1번지의 요건은 무엇일까. 신포동

이 구포동이 아니려면 뭐가 새로워야 하는가.

　이런 쓸 데 없는 질문과는 달리 나가사키를 밟으면서 하나 얻은 것은 작년 겨울 타이완에 들렀을 때 던진 질문, 곧 어째서 타이완 사람들은 일본에 그토록 적대감이 없는가 하는 질문에 대한 정답은 비록 아닐지라도 에두른 답 비슷한 것을 얻은 것이 있었으니…. 도착한 날 밤 저녁을 먹은 차이나타운의 한쪽 출입구 초입에 있는 음식점 카이라쿠엔^{會樂園}의 주인장은 만다린^{mandarin}은커녕 푸젠 말도 못할 만큼 일본화되어 있었다는 점, 그 이튿날 점심을 먹은 나가사키 짬뽕의 원조 시카이로오^{四海樓}의 4대째 주인 천지루^{陳繼儒}라는 젊은 사장도 사정은 마찬가지였다는 점, 그런데 그의 증조부이자 창업주인 천핑순^{陳平順}은 일본인 아내를 두었다는 점, 그리고 타이완의 시조로 불리는 정성공 역시 일본인 어머니를 두었다는 점. 이들 '점'들을 이으면 뭔가 해답 '비스무리' 한 것이 나올 수도 있지 않을까 하는 생각이었다.

　또 한 가지 추가할 점이라면. 나가사키의 시카이로오나 카이라쿠엔은 물론 요코하마^{橫浜} 차이나타운 혹은 고베^{神戶} 차이나타운의 대부분의 중국 음식점에서는 바이지우^{白酒}를 팔지 않고 사오싱지우 곧 소흥주만 판다는 점, 그런데 바이지우는 북방을, 사오싱지우는 남방 특히 저장 사오싱지방을 대표하는 술이라는 점, 그래서 '우리 한국 살람 영 맘에 안든다 해' 라는 점.

차이나타운 3

고베의 화상대회와 '성냥공장 아가씨'

이번 학기 대학원 수업으로 '화교'를 다루면서 학생들에게 이따금 이런 질문을 던진다. 지난 춘절春節 그러니까 우리 설 때 중국인들이 고향을 찾기 위해 이용한 교통편의 횟수는? 중국 핸드폰 업계에 종사하는 인구의 수는? 중국에 대한 감을 잡아보라고 던지는 질문이다. 마르코 폴로$^{Marco\ Polo}$(1254~1324)가 중국에 왔을 때 베니스 인구가 5만이었다면 당시 항저우의 인구는? 2070년 중국의 예상 인구수는? 말하자면 수치로 감 잡는 중국을 통해 중국의 실상을 더듬어보자는 것이다. 이름하여 장님 코끼리 만지기 식이다.

이런 것 말고 다른 종류의 물음들도 있으니 예컨대, 2008년 베이징 올림픽을 앞두고 어느 나라가 1등을 먹을 것인가 물어보았다. 패는 둘로 나뉜다. 물론 그 둘이란 미국과 중국으로. 대체로 호각지세를 이룬다. 아니면 20세기는 어느 나라의 세기인가? 물론 미국이다. 이의라는 것이 있을 수 없다. 그렇다면 21세기는 어느 나라의 세기인가? 학생들의 고개가 갸우뚱하기 시작할 즈음 다시 이어지는 물음. 중국과 미국이 쟁패를 벌이는 핵심 분야가 어디일까? 대답이 어지럽다. IT, BT(biotechnology) 등등.

또다시 이어지는 질문. 영어와 중국어, 한자와 알파벳 사이의 다툼은 어떻게 될까? 보충 설명이 이어진다. 19세기까지 전 세계 정보량의 90%가 한자로 이루어져 있었고, 20세기로 접어들면서는 알파벳이 90%를 점하게 되었는데, 그렇다면 21세기는? 내친 김에 부동의 자리를 점하는 제1외국어로서 영어의 자리가 위태롭게 된 것은 아닌가? 중국어의 수요와 영어의 수요, 이 둘이 동아시아 역내(域內)에서 점하게 될 세력판도는 어떻게 될까?

아울러 추가되는 질문 하나. 미국의 월스트리트 및 헐리우드를 장악하고 있는 유태인 자본과 목하 대중화경제권을 형성하고 있는 화교자본의 힘겨루기에서, 21세기는 어느 편의 손을 들어줄까? 21세기의 문제가 중국문제로 요약된다는 가설을 세운다면, 떠오르는 초미의 관심사 중 하나가 바로 화교문제라는 말이다.

마지막을 장식하는 질문은 이렇다. 2007년 세계화상대회는 왜 고베(神戸)에서 열렸는가? 일본에서 차이나타운이 꼴을 갖춘 다른 두 도시, 곧 나가사키(長崎)와 요코하마(橫浜)를 제치고 고베에서 화상대회가 열린 이유가 무엇이냐는 거다. 2006년 민간 싱크탱크가 발표한 도시 매력도 랭킹에서 삿뽀로(札幌)에 이어 고베가 일본 내 2위를 차지할 만큼 쾌적한 환경도시인 까닭인가, 아니면 별도의 코드가

2017 세계화상대회

감추어져 있는가. 그 코드를 알면 화교를 거론할 때마다 항용되는 이른바 '네트워크' 라는 코드 망에 접속할 수 있을 터인데.

하코다테^{函館}, 카나가와^{神奈川}, 나가사키^{長崎}, 니가타^{新潟}, 효고^{兵庫} 다섯 개 항구의 개항이 이루어진 것이 1858년. 그로부터 10년 뒤인 1868년 1월 1일 고베가 개항했고 그 이틀 뒤에 메이지 유신정부의 '왕정복고대호령'이 발동되었다. 보잘것없는 조그만 어촌 고베는 그 후 서^{西} 일본의 전략적 요충지로 떠오른다. 서일본 전체를 통괄하는 교통의 요지로서 유신정부의 서일본 통치 거점이 되었고, 인근 효고 항에 군무국^{軍務局}이 설치되면서 전선으로 향하는 보급기지가 되었다. 훗날 일본 군국주의의 병참기지가 된 후에는 조선인들이 징용되어 강제노역에 종사한 곳이기도 하다. 효고와 고베 나아가 오사카 일대에 한국 교민이 제일 많은 것도 그런 연유에서다.

그럼에도 새로 개항한 당시의 신도시 고베에 처음으로 몰려든 이들은 서양인이었다. 영사관과 상관商館이 들어서면서 고베는 활기를 띠기 시작했다. 1871년 청일수호조규淸日修好條規 및 통상장정通商章程 체결을 계기로 중국인의 수도 급속히 증가했다. 새로 조성된 서양인 거류지로 몰려든 중국인들이 양손에 든 것은 이른바 '싼바따오三把刀' 즉 중화요리 주방장의 칼, 양복점의 가위, 이발소의 면도칼이었다. 이들 세 자루의 칼이 위력을 발휘한 곳이 바로 차이나타운이다. 특히 첫 번째 칼이 외국인거류지에 사는 서양인들의 입맛을 사로잡아, 해안가 일대 지금의 난킹마찌南京町를 중심으로 점차 '먹자골목'이 형성되었으니 그것이 바로 오늘날 고베 차이나타운의 원조다.

하지만 차이나타운에 '칼잡이'만 있었던 것은 아니다. 서양인들과 함께 들어온 청나라 사람 중에는 서양의 영사관이나 상관의 통역 혹은 고용인들이 있었으니, 이름 하여 앞서 언급한 바 있는 '매판買辦'이다. 아편전쟁(1840) 이후 중국에 들어온 서양인에게서 장사의 기술을 일찌감치 습득한 화상의 첫 세대인 것이다. 고베의 개항과 더불어 일본 상인의 수도 점차 증가했으나, 오랫동안 쇄국에 갇혀 있던 일본 상인들에게 해외 네트워크를 관리할 인맥 따위는 가히 전무했고, 그로 인해 상업 특히 해외무역 분야에서 먼저 길을 낸 화상의 힘을 빌려 서양과 교역에 입문하게 되었던 것이다. 초심자 일본에게 해외무역을 가르쳐준 것이 바로 선배격인

1930년대의 고베 시가지

화상들.

고베 화상의 역사를 살피노라면 만나게 되는 인물 가운데 하나가 왕징샹王敬祥이다. 그는 쑨원孫文(1866~1925)을 도와 중화혁명당中華革命黨 고베 오사카 지부장을 지낸 인물이다. 1911년 신해혁명辛亥革命의 좌절 후 위안스카이(1859~1916)가 보낸 자객을 피해 고향 푸저우를 떠나 고베 항으로 잠입한 쑨원을 왕징샹이 숨겨주었고, 그런 인연으로 쑨원은 훗날 중화민국 대총통의 자격으로 고베를 다시 방문하여 〈대아시아주의〉(1924.11.28.)라는 유명한 연설을 남기게 되었던 것이다.

이밖에도 왕징샹이라는 인물을 살피려는 이유는 별도로 있거니와, 그것은 지난 2월 초 인천 차이나타운을 답사하면서 들은 이야기와 연결된다. 답사 가이드의 설명에 따르면 인천에는 수많은 '한국 최초'가 있는데, 교회당 1호, 천주 예배당 1호, 우체국 1호, 기상대 1호 등과 함께 특히 귀에 박혀 들어온 것이 조선 최초의 성냥공장이 인천에 세워졌다는 것이다. 성냥공장이라⋯. 인천의 성냥공장이라면⋯. 이쯤 뜸을 들이면 60줄 전후로 접어든 축이라면 뭔가 아련한 노래 구절을 떠올릴 법도 하다. 첫 구절이 '인천의 성냥공장, 성냥공장 아가씨⋯'로 시작하던가. 제법 외설적인 노랫말과 연결이 된다. 문제는 왕징상이 고베에서 내로라하는 성냥 무역 중개상이었다는 것이다.

고베 중화회관 건립 100주년을 기념하여 펴낸 《루어띠셩껀落地生根》(씨앗이 현지에 떨어져 뿌리를 내린다는 뜻)에 실린 자료에 따르면, 메이지 10년대부터 고베를 중심으로 성냥 생산이 활발해지면서 중국과 동남아시아를 대상으로 하는 성냥 수출이 고베 무역의 주력이 되었는데, 이 성냥무역은 가히 화상의 단독 무대가 되다시피 했다. 메이지 시기를 통틀어 고베는 전체 일본 성냥 수출의 90%를 차지하는 무역항으로 자리 잡았던 것이다. 성냥의 수출은 메이지 전반기에는 주로 중국을 대상으로 했으나 후반기로 가면서 동양 시장을 독점한다. 성냥의 상표도 제조업자의 상표가 아니라 대부분 화상의 브랜드로 인쇄되었다. 당시 일본 정부가 화상들의 성냥 제조를 금지 했던 만큼, 화상들은 자신들의 자본을 일본인 성냥 제조업자에게 빌려주고 해외 판권을 확보하는 식이었다. 이리하여 일본인=제조, 화상=판매라는 협조체제가 이루어졌다. 1902년 왕징상이 운영하는 푸싱하오復興號의 성냥 무역량은 당시 화폐로 29,464엔이었다.

이런 분위기, 곧 '일본인=제조, 화상=판매'라는 역할분담은 현지인과 외지인의 환상적인 결합으로 이어졌으니 이를테면 고베 차이나타운 인근의 해안촌, 곧 성냥공장과 그 성냥을 수출하던 화상의 상관이 늘어선 일대에서 태어난 화교 출신 작가로 한국에도 익히 알려진 친슌신陳舜臣은 자신의 어린 시절을 회상하는 《고베 이야기神戸ものがたり》에서 '아마 이 해안촌만큼 중국인과 일본인이 우호적으로 친밀함을 나누었던 곳은 이 세상 어디에도 없을 것이다'라고 적고 있을 정도이다. 바로 이 대목 어딘가에 고베가 화상대회를 유치한 까닭이 있는 것은 아닌가. 현지인 일본과 화상의 이른바 윈윈win-win의 방식이 자리 잡고 있었기 때문이 아닌가.

흥미로운 것은 메이지 후기 고베의 화상 왕징샹이 운영하던 푸싱하오의 무역 동선이 우리 한반도에도 미치고 있었다는 점이다. 부산과 인천 일대에도 고베 성냥의 상권이 미치고 있었던 것. 아울러 제1차 세계대전 이후 중국의 민족자본이 중국 본토에서 성냥산업의 기초를 닦을 무렵, 고베 화교는 중국의 민족산업인 성냥산업에 자금을 대는 것 외에도 일본의 제조기술을 전하는 몫을 맡았다. 추후의 상세한 조사가 필요하겠지만, 아마 인천에 성냥공장이 들어선 것도 바로 이 시점을 전후한 무렵이 아닐까.

6월, 방학을 앞에 두니 또 다시 몸이 근질거린다. 날개가 돋는 것인가. 이번 여름에는 다시 고베를 찾아야 할 듯도 싶고, 다시 타이완을 가봐야겠다 싶은 것은 푸저우福州 바로 앞의 쩐먼다오金門島 출신 왕징샹의 손자 왕보런이 《왕징샹 관계 문서》를 타이완의 국립국부

1917년에 세워진 인천의 성냥공장인 '조선인촌주식회사'의 생산 라인과 여성노동자들

기념관國立國父紀念館에 기증했다는 소식을 접한 때문이다. 이때의 국부란 물론 쑨원이다. 국부기념관에 기증한 그 문서를 뒤져보면 당시 성냥무역 네트워크가 그려지지 않을까. 성냥으로 잇는 동아시아 네트워크를 통해 과연 '성냥공장 아가씨'의 정체를 밝힐 수 있으려나.

에필로그

한중일 국수전쟁[麵戰]을 꿈꾸며

몽상 1

채계菜系와 '국가대표 한식' 짜장면

음식은 국경을 넘나들면서 서로가 서로를 거울삼아 상반상생하는 대표적인 인간행위이다. 그러자면 자연스레 박채중장博采衆長(널리 여러 사람들의 장점을 취하다), 상대방의 장점을 헤아려 그를 본받고 배우기 마련이다. 짜장면을 핑계 삼아 산동을 여행하면서 중국 음식의 역사에서 눈여겨 본 것이 다름 아닌 채계菜系라는 단어라면, 십여 년 전 정부 돈으로 '아시아 음식지도 샘플 사업'을 한답시고 일본의 차이나타운을 쏘다니면서 챙긴 단어가 있으니 그게 '장르'라는 말이다. 중국에서는 채계를, 일본에서는 장르를 한반도 음식에 도입해도 그럴듯하겠다는 결론에 이른 것.

그러면서 우리에게도 채계라고 할 만한 지방식이 없지 않으리라는 추정 혹은 가설이 가능하거니와, 바로 안동 일대의 음식이 그러하다. 내 고향이라서 이런 가설에 도달하는 것은 아니다. 안동에 내려가면 누구나 사먹을 수 있는 메뉴가 제법 없지 않다. 헛제사밥을 필두로 간고등어에 문어 그리고 안동 소주에 건진국시 등 그리고 내 구미에는 별로 탐탁하지 않지만 식혜도 안동이라는 지방의 브랜드 음식으로 추가할 수 있다.

그런데 이들 음식이 하나의 컨셉을 중심으로 포진되어 있는 것은 의미가 있다. 그것은 다름 아닌 제사상에 오르는 음식이라는 것, 물론 건진국시는 제사음식이라고 할 수는 없다. 하여 이들 메뉴를 제사로부터 범주를 넓혀 양반이라는 개념으로 싸안는다면….

건진국시라는 음식은 그야말로 별식 혹은 별미에 속한다. 그것이 국수가 아니라 국시라고 이름을 붙인 것은 사투리라고 치부하고 별스럽지 않게 대접할 수 있는 듯하지만, 반드시 그런 것은 아니다. 사투리야말로 21세기에 살려내야 할 언어 영역이기 때문이다.

내 경험을 하나 적자면, 나가사키에 들렀을 때의 이야기다. 길거리에 '사루쿠 나가사키'라는 플래카드가 펄럭이기에 동행한 고교 시절부터의 친구이자 일본문학을 전공하는 C교수에 물어본즉, 자신도 모르겠노라는 것이다. 마침 나가사키의 지역 브랜드인 '분메이도文明堂' 카스텔라 본포로 가는 길이어서 카스텔라를 산 다음 그 점원에게 물으니 아루쿠(걷다)라는 말의 나가사키 사투리란다. 카스텔라라는 나가사키의 서양식 빵은 토요토미 히데요시가 배달해서 먹었다는 유서 깊은 빵으로 나가사키를 대표하는 지역 브랜드인데 거기에 사루쿠라는 사투리를 붙여 찰떡궁합을 만든 것. 20세기가 표준말의 세기였다면 21세기는 지방 사투리를 복원하는 세기가 되리라는 감을 잡은 것.

나는 국가라는 말이 이른바 '상상의 공동체'라는 말에 전적으로 동의하지 않는 편이다. 근대=국가의 성립=자본주의 시대라는 베네딕트 앤더슨의 등식이 동방의 여러 국가에 그대로 적용하는 데 무리가 따른다고 보기 때문이다. 그럼에도 이 대목에서 수긍이 가는 까닭은 이제 국가라는 단위를 괄호치고 지방 혹은 지방 도시가 직접 세계와 소통하는 시대에 접어들고 있으니 말이다. 거기에서 사투리는 제몫을 발휘할 수도 있다. 국시라는 말이 국수와 어감이 달라지면서 국시와 국수는 맛이 달라질 수도 있기 때문이다.

그런데 이 국시를 양반과 연결시키는 이유는 별도로 있다. 곧 봉제사奉祭祀와 접빈객接賓客에서 앞에서 든 헛제사밥, 간고등어, 식혜, 문어 등이 제사상에 오르는 다시 말해 봉제사의 물목이라면 접빈객의 물목에는 이 건진국시를 올리는 까닭이다. 왜냐, 건진국시는 문자 그대로 풀면 건져낸 국수이다. 국수를 끓이는 탕에서 국수를 건져 별도로 마련한, 예를 들면 멸치 국물을 미리 끓여 식힌 육수에 말아내는 국수인 것. 그렇게 하는 이유는 더위를 피해서 시원한 국물을 들이키기 위함이겠다.

과연 이 건진국시야말로 삼복더위 무렵 귀한 손님을 치는 데 특별한 별식으로 손색이 없는 것. 그런데 이 손 다시 말해 접빈객의 빈객은 누구면 적당할까. 손 가운데 제일 우선순위의 손이라야 그 수고로움을 감당할 수 있다. 하여 손 중의 최고 손, 곧 사돈 손을 칠 때 이 건진국시를 내는 것이다.

예들 들어 대구에서 내 진외증조부가 시집 온 딸 얼굴을 보기 위해 하회 마을로 왔다고 치자. 그 딸이란 물론 내 할머니를 가리킨다. 그이는 친정 시절부터 제법 음식 견문을 넓힌 바 있는 데다가, 내 진외가는, 내가 들은 바로는 개화를 음식방면에 시도해서 (다른 말로는 약간의 친일을 해서 당시 이른바 왜간장을 사다가 불고기를 재우는 데 쓰는 집이었다니까) 시집 온 새댁의 요리솜씨로 사랑의 칭찬을 제법 받았던 모양이다.

하지만 친정아버지가 먼 길을 마다않고 손으로 내방한다면 무슨 음식으로 상을 차리는가 하다가 떠올린 것이 바로 건진국시였을 것이다. 본시 뜨거운 국물에 담긴 국시와 달리 차가운 냉국에 말아낸 국시니 여름날 먼 길을 땀을 흘리며 찾아온 친정아버지도 흡족할 만한 메뉴가 아닐손가. 다시 말해 양반이라는 컨셉을 중심으로 봉제사와 접빈객이 양 날개를 구성하여 이른바 문화코드로 구성할 만한 것이다.

여기에서 중국에서 건너온 짜장면이 얹힌 자리, 곧 노채와 서로 거울로 비추어보기를 할 만한 대목이 없지 않다. 노채→센불→마늘, 파→탕의 발달이라는 음식 자체의 코드와 강태공으로부터 공자 가문의 공부채를 거쳐 맹상군의 '식객 삼천'이라는 고사성어 스토리, 다시 말해 히스토리를 갖추고 있고, 거기서 다시 《금병매》라는 소설에 얹혀 있는 200여 개의 메뉴를 더한 다음, 가사협賈思勰의 불세출의 걸작 《제민요술齊民要術》이라는 텍스트를 보유하고 있는 것. 중국이라는 먹성 좋은 나라의 허명이 아닌 만큼의 콘텐츠가 받치고 있는 것이다. 그리고 이런 모든 요인들을 뭉뚱그려 일컫는 단어가 바로 채계菜系라는 말이다. 음식의 계통을 찾아 뒤질 수 있다는 말인데 바로 이 채계라는 말을 응용하여 안동의 여러 음식을 꿸 수 있지 않을까. 거기에 안동 장씨네의 《음식 디미방》이라는 텍스트도 한몫을 톡톡히 하고 있으니 말이다.

이어지는 단어로 장르라는 말, 일본으로부터 챙긴 이 단어는 앞서 언급한 중화 라멘으로부터 생긴 단어다. 다시 말해 일본의 중화라멘은 과연 어떻게 일본 국수 시장에서 1위를 차지하게 되었는가. 라멘이라는 메뉴가 일본의 국수계에서 패권을 차지할 수 있는 이유를 치엔티엔사이陳天璽라는 일본의 한 화교 학자는 장르화에 성공한 데서 찾는다. 무슨 말이냐. 일본 전국 각 지역에서 특산 농수산품이 라멘이라는 메뉴에 흘러들어 가장 광범위한 메뉴로 등극한 것, 이를 테면 유명한 미역을 생산하는 동네에서는 라멘에 미역을 넣고, 다시마가 유명한 곳에서는 어김없이 다시마를 가늘게 썰어 넣어 라멘이 그것들을 흡수하도록 했던 것. 각지의 특색을 살린 라멘이 된 것이다.

일례로 라멘의 필수 재료인 돈코츠 스프, 곧 돼지뼈를 곤 국물은 인스턴트화해서 우유를 담는 종이팩에 판다. 나도 동부이촌동의 일본 식재료를 파는 조그만 슈퍼에서 사온 적이 있으니까. 하지만 나가사키 짬뽕은 그렇지 않다. 프랜차이즈는커녕 나가사키에서만 세를 확보한 메뉴인 것이다. 장르화와는 담을 쌓아서 나가사키의 지역 브랜드화라는 전략을 펼쳤다.

우리의 한국 짜장면은 어떤가. 어정쩡하다. 장르화가 된 것도 아니고 안 된 것도 아니다. 삼선, 볶음, 간, 유니 등 네 종류가 고작이니 말이다. 비슷한 예로 우리의 비빔밥도 장르화에 성공했다고 하기는 힘들지 않을까 싶다. 전주와 진주 그리고 안동의 헛제사밥에다 통영의 멍게비빔밥을 보태고 심지어 회덮밥을 넣어도 전국을 커버할 만큼 장르화에 성공했다고 하기는 힘들다. 물론 서울에서도 비빔밥이 달라서 진고개 비빔밥과 한일관 비빔밥이 다르기는 하지만 그것이 각각의 브랜드를 이룬 것은 아닌 듯하다.

이 대목에서 노래 하나를 살피는 것도 의미가 없지 않다. 〈老北京关于炸酱面的顺口溜〉라는 제법 긴 제목이 붙어 있는데, 일단 북경의 서민들이 짜장면이라는 음식을 두고 부르는 노래쯤 된다. '顺口溜[shùnkǒuliū]'라는 단어는 인터넷 사전에 따르면 '읽기에 매우 재미있고 감칠맛 나는 구어로 된 문구를 외우는, 민간에서 유행하는 일종의 놀이'라고 풀이하고 있다. 가사를 그대로 적으면 이렇다.

> "青豆嘴儿, 香椿芽儿, 焯韭菜切成段儿; 芹菜末儿, 莴笋片儿, 狗牙蒜要掰两瓣儿; 豆芽菜, 去掉根儿, 顶花带刺儿的黄瓜要切细丝儿; 心里美, 切几批儿, 焯江豆剁碎丁儿, 小水萝卜带绿缨儿; 辣椒麻油淋一点儿, 芥末泼到辣鼻眼儿. 炸酱面虽只一小碗, 七碟八碗是面码儿."

가사에서서 우선적으로 확인하자면 노랫말이 모두 '儿'이라는

제철 체소를 올린 라오베이징짜장미엔(老北京炸醬面)

글자로 끝난다. 이 '儿'은 북경 일대에 거주하는 사람들이 말끝에 늘 붙이는 이른바 '얼화' 현상이라는 점을 짚어야 한다. 그리고 이어지는 게 각종 야채들인데 가사에 등장하는 중국어 야채 등의 명칭이 나열되고 있다. 곧 '青豆, 香椿, 韭菜, 芹菜, 莴笋, 蒜, 豆芽, 黄瓜, 江豆, 萝卜, 辣椒, 麻油, 芥末'인데, 이 야채들을 다시 사전을 뒤지는 수고를 더하자면, 청대두[콩 품종의 하나로, 열매의 껍질과 속살이 다 푸름], 참죽나물, 부추, 샐러리, 줄기상추, 아스파라거스상추, 마늘, 콩나물, 오이, 무, 고추기름, 참기름, 겨자 등이 짜장면과 어우러진다. 어찌 이뿐이랴. 이른바 시절야채라고 해서 철철이 텃밭에서 생산되는 모든 야채가 짜장면과 어우러지는 것. 한마디로 노래 가사 끝자락의 '炸酱面虽只一小碗, 七碟八碗是面码儿(짜장면 한 그릇에 7, 8개의 야채 접시를 곁들이네)'라는 구절로 맺는 게 심상치가 않다.

왜냐, 왜 심상치가 않으냐. 우리네 비빔밥과 다르지 않다는 것이고, 다시 짜장면의 다른 이름인 짜장비빔면炸醬拌面이라는 이름에서 반拌이라는 글자가 바로 증빙이 되는 까닭이다. 여기서 우리네 한국식 짜장면을 돌아보기로 하자. 야채는 양파를 위주로 한다. 그 양파는 대파를 대신해서 한국 짜장면에 결정적인 기여를 했지만 다른 한편으로 장애물이 되기도 했다.

요는 면마麵碼라는 단어다. 면은 짜장면의 면이지만, 마碼라는 글자는 절묘한 글자다. 디지털[数码수마]이라는 용례에서 보듯이 온갖 것들의 대용품 노릇을 뜻하는 글자인 것, 따라서 엄청나게 포용력이 좋아서 사시사철 야채는 물론 육해공 육류와 해산물 등이 어울릴 길을 열어놓으니 말이다.

우리네 한국 짜장면 곧 삼선짜장, 유니짜장, 쟁반짜장, 간짜장 등 단출한 가지치기로부터 무성한 번연蕃衍(가지치기)으로 나아가 장르로 확산되려면 이 면마라는 단어를 참조해서 끌어다 사용할 필요가 없지 않은 까닭이다. 하여 동네마다 지역마다 다른 짜장면을 파는 것. 그렇게 해서 장르를 만들어 한국 짜장면을 업그레이드해 나가노라면…

몽상 2

한중일 삼국의 국수전쟁

　재직하고 있는 학교 앞에서 길을 건너 굴다리를 지나 다시 길을 건너 좀 걷다가 오른쪽으로 꺾어들면 복성각이라는 중국집이 나타난다. 복성각이라. 중문과 학생 아이들에게 이 중국집 사장이 어디 출신인지 아느냐고 묻는다. 당연 모른단 밖에, 간판 이름을 보고 혹은 먹어보고 사장이 어디 출신인지 알 도리가 없는 거다.

　복성각은 대학원 발표회 같은 모임이 있으면 끝나고 나서 곧잘 회식을 하는 중국집이다. 맨 처음에는 뒷골목 1층을 차지하더니 얼마 전부터는 3층 건물 전체를 쓰다가 최근에는 세브란스 검진센터가 입주해 있는 서울역 앞의 세브란스 빌딩 안에도 자리를 잡았다. 신촌 거리와 인연을 맺은 걸로부터 시작해서 연세대학교

와도 인연을 맺은 모양이다. 화교들이 공간을 확장하는 단면을 살필 수 있는 증좌가 되는 것이다.

그런데 그 복성각은 실은 수유리, 그러니까 내가 중학교 1학년 때 이사 가서 살던 그곳에도 있었다. 그곳에서 짜장면을 처음 먹었다. 물론 중학교 1학년 때 그 복성각이라는 상호가 뭘 의미하는지 알 리는 없었다.

얼마 전까지 수유리에 가면 4.19탑 정거장에 자리 잡은 예전 그 바우약국에 들러서 인사를 하고 복성각에 가서 짜장면이나 잡채밥을 먹곤 했는데 최근 몇 년 새 발길이 뜸했다. 아직도 있으려나 모르겠다. 마지막 들렀을 때는 옛날 사장님의 아들이 카운터를 봤었는데, 아들이 아버지를 빼박은 것 같이 닮아서 그대로 알아 봤었다. 명함을 건네며 실은 내가 이 집에서 중학교 1학년 때 처음 짜장면을 먹었노라고 하니 나보다 몇 살 아래로 뵈는 사장이 표정이 달라지면서 대번에 반가운 얼굴을 했다.

그리고 복성각 주인장이 혹시 옌타이 출신이 아니냐고 물었더니 어떻게 그걸 아느냐고 묻는다. 그래서 복성각의 복이 복산福山, 곧 옌타이의 옛 이름이니까 그걸 따온 게 아니냐고 물으니 연신 뛔이뛔이뛔이라고 동의를 해주는 것이다. 그리고 학교 앞의 복성각 사장에게 물었더니 역시 마찬가지 대답이었다. 모르긴 몰라도 한반도 전역에 복성각이라는 상호를 달고 화교가 영업을 하는 중국집이라면 십중팔구는 복산, 곧 옌타이출신이라는 추정을 해보는 거다.

하지만 옌타이 출신은 학교 앞 복성각이라는 상호에만 그친 것은 아니다. 연희동, 연남동 일대의 중국음식점은 대부분 옌타이

한국의 짜장면

혹은 범위를 넓혀 칭다오의 옛 이름인 교주 동쪽, 곧 교동 출신이라고 하면 더 정확하다. 한국에 거주하면서 중국음식점을 경영하는 화교의 대부분이 노채^{魯菜}의 한 파벌을 이루는 교동방^{膠東帮}에 속한다고 보면 된다.

그리고 우리가 먹는 짜장면은 복산에서 배출한 복산따미엔^{福山大面}에서 비롯한 음식이다. 뿐만 아니라 일본의 라멘도 실은 바로 이 복산이라는 지방으로부터 발원한다고 일본에서 인스턴트 라면을 개발한 안도 모모후쿠^{安藤百福}도 주장한 바 있다. 하지만 지금은 복산라미엔의 존재를 아는 사람이 거의 없다. 대신 중국 전역을 석권하고 있는 라미엔은 란저우 라미엔(우육면)이다.

감숙성의 중심도시인 란저우라는 도시에서 라미엔이 탄생한 데는 복산따미엔처럼 도시의 경제학이 개입하고 있다. 복산방의 흥성이 서구 열강의 옌타이 개항을 전후한 경기 호황의 산물이라면 란저우의 경우는 차마고도, 곧 실크로드를 타고 중국의 차를 아랍으로 전하는 길의 출발점이었다는 사실, 거기에는 한족이 아니라 회교도가 세를 확보한 것도 자연스러운 일이다. 하여 무슬림의 금식 대상인 돼지고기 대신 쇠고기로 국물을 내고 고명을 얹은 우육면이 자리를 잡게 된 것이다.

나는 이따금씩 꿈을 꾸곤 하는데 꿈의 내용 혹은 제목은 이름하여 '동복서란東福西蘭'이라는 네 글자다. 하지만 네 글자라고 해서 고사성어는 결코 아니니 오해 마시라. 학교 수업 시간 흉내를 내자면 무슨 뜻인지 알아맞히는 학생에게는 일만 원권 문화상품권 1장을 제공하련만 지면으로는 그게 가당치 않으니 어찌 하랴.

꿈의 스토리는 대강 이렇다. 동복, 곧 산동의 동쪽이니 중국의 동쪽이기도 하다. 복은 복산, 곧 옌타이다. 서란은 서쪽 란저우이다. 이들 둘이 국수 전쟁을 벌이는 내용, 곧 국수내전이다. 중국 사정을 제법 아는 축에 속하는 이라면 말도 안 되는 전쟁이라고 일소에 붙일 법도 하다. 동쪽의 복산 라미엔을 누가 알아주냐고 말이다. 반면에 란저우 우육면은 중국 전역에서 영업하는 프랜차이즈 숫자가 맥도날드 햄버거와 켄터키 프라이드치킨이 보유한 전 지구상의 프랜차이즈 숫자보다도 많다는 사실을 들이댈 수 있다. 게임이 되지 않는데 무슨 전쟁이냐고 말이다. 한마디로 중과부적이라는 것.

여기서 반론을 펼쳐야 하는 나는 중국 인문의 특성 비슷한 것을 떠올리면서 방어에 나선다. 짝짓기 다시 말해 대위법 위에 올리는 것. 예를 들면 음양이니 문무니 하는 두 글자짜리 단어처럼 짝을 지어 사고하는 것은 중국인들의 기본 심리구조라고 보면 그

복산 라미엔과 탄탄미엔이 나오는 중국 드라마의 한 장면

리 어긋나지 않는다. 하여 일단 동과 서로 대칭을 잡고 거기에서 서쪽에 란저우 라미엔이 버티고 있으니 동쪽 산동의 복산 라미엔이 대칭구도를 구성하는 것으로부터 말문을 열어가는 거다.

하지만 현금 복산라미엔은 자신의 존재 증명조차 하기 어려운 현실, 다시 말해 중국의 노백성들에게 인지도가 거의 없다고 해도 억울할 게 그리 없는 형편. 하지만 이런 동과 서라는 구도 위에 슬그머니 얹어놓으면 제법 안정적인 문구가 되면서 사람들의 입에 오르내리기가 쉬워질 수도 있다. 이를테면 남미북면(남쪽은 쌀 북쪽은 밀), 남선북마(남은 배 북은 말) 등등 이런 짝짓기로 이루어진 문구는 그야말로 허다하니 말이다. 거저 먹는 거라고 할 수는 없지만, 반대편이 브랜드를 확보하고 있는

대만의 우육면

만큼 거기에 맞서다보면 덩달아 인지도가 자연스럽게 생겨나는 식이다. 공으로 먹는 건 결코 아니겠지만 일종의 발판이 있는 거나 다름없다.

복산라미엔은 지피지기 즉 적인 란주라미엔의 허점, 내륙지방이라 해산물 구경을 하기 힘들다는 점을 파고든다. 새우니 오징어니 하는 해산물부터 심지어 말린 해삼까지 가늘게 썰어 고명으로 얹어준다면… 란주라미엔에 비상이 걸린다. 기존의 상권 프랜차이즈만으로는 해산물의 공세를 견뎌내지 못한다.

이때 강 건너 불구경하듯 대륙의 내전을 지켜보고만 있던 타이완의 우육면 가게들이 나선다. 소고기를 위주로 한 란주라미엔이 초장에 기선을 제압하지 못하자 타이베이 우육면에 SOS를 타전하면서 전선이 갑자기 넓어지고, 동서의 내전이 양안의 국수전쟁으로 확대된다. 돼지고기와 쇠고기의 전쟁이 아니라 육류와 해산물의 전쟁으로 비화하는 것.

이때 확인할 것은 우선 상반상생이라는 원리다. 서로가 전쟁 혹은 경쟁을 할 때는 헐값이라도 그 경쟁 자체를 통해 서로가 성장하는 식이라는 것이다. 상반하는 것 같지만 실은 상생하는 것이라는 점을 양측이 점차 깨달아간다. 중국의 국수 시장을 독점한다는 발상이 점차 말이 안 되는구나 하는 점을 깨달아간다.

바로 그 무렵, 중국의 먹을거리 소비시장을 예의주시하고 있던 세력이 또 하나 나타난다. 일본의 국수업계 그 가운데서도 이른바 '중화라멘'이라고 일컬어지는 메뉴가 그것이다. 10년 뒤쯤이면 인구 15억을 상회하게 될 대륙 시장은 인구 1억 몇 천만 시장의 열배가 넘는 시장이라는 점을 그들이 모를 리가 없다. 여기에서 일본의 중화라멘에 대해 잠시 일람하기로 하자. 중화라멘은 과연 어느 정도 세를 지닌 국수류인가.

재일 동포인 손정의가 운영하는 일본의 포털 야후재팬에 들어가면 첫 페이지 왼편 '主なサービス(주요 서비스)'란 중간쯤에 '食べログ(먹을거리)' 전문 포털로 들어가는데, 그 놈을 다시 클릭하면, 일본 전 지역이 윗면에 그리고 아래에는 '料理ジャンルからお店を探す(요리 장르로 음식점을 찾는다)'는 난이 보이며, 이어서 그 옆으로 'その他のジャンル(그밖의 장르)' 등이 보인다. 일본에서 소비하는 각종 음식메뉴를 망라한 이른바 장르라는 놈으로 대별해서 전 일본의 영업점 위치, 메뉴, 영업시간 등 최소한의 정보를 수록 제공하고 있다.

내게 흥미로운 것은 물론 중화라멘(인스턴트 라멘이 아니라)이라는 메뉴다. 일본 전국에 포진하고 있는 라멘집의 숫자는 2017년 12월 25일 시점으로 51,262곳이다. 일본 인구를 대강 1억 2천만 내외로 추산하고 이를 나누면 약 2,300명당 1개 업소라는 계산이 나온다. 여기서 같은 면 종류로 우동과 소바가 궁금하지 않을 수 없다. 하여 다시 클릭하여 업소의 숫자를 살피니 소바는 30,196곳 이어서 우동은 29,002곳으로 되어 있다. 다시 말해 국수류 가운데 라멘은 소바와 우동을 제치고 단연 독보적인 1위의 자리를 지키고 있다. 일본인들이 가장 선호하는 국수 메뉴가 중화라멘이라는 결론에 어렵지 않게 도달할 수 있는 것이다. 이렇게 해서 국수전쟁은 내전에서 동아시아 전쟁으로 비화하는 것이니…

거기에 다시 한국의 짜장면도 가세하고, 이어서 마지막에는 냉면도 무대에 오른다. 본격적인 동아시아 누들배틀, 이른바 면전麵戰의 판도가 연출되면서 국수를 놓고 우열과 자웅을 겨루는데, 여기에서 주의할 것은 심판이다. 심판은 동아시아인이 아니라 비동아시아인, 곧 유럽인들이거나 아프리카인이라도 좋다. 아니 주심 하나에 부심 셋쯤이라면 어떠리.

이런 해괴한 꿈 이야기를 꺼낸 것은 동아시아 일대에 북핵 어쩌고 하는 한반도 전쟁의 위험을 국수 전쟁으로 대신하면 어떨까 하는 망상에서 비롯된 것이니 독자의 양해를 구할 따름이다. 서로 나누어 먹는다는 것은 전쟁의 반대말인 까닭이다. 따라서 평화라는 말과 정확하게 맞아떨어지는 단어인 것이다. 면에 평화를 말고 평화를 비벼먹는 것. 최근 냉면에서 우리는 그 실증을 똑똑히 그리고 천천히 보지 않았던가.

참고문헌

왕언메이 송승석 역 〈동아시아 현대사 속의 한국화교 : 냉전체제와 조국 의식〉 서울 : 學古房 2013

손덕준 구술 송승석 채록 《인주골 중국동네 사람들 −인천화교 손덕준의 가족이야기》 한국학술정보

한양대학교 건축학과 동아시아 건축역사 연구실 《인천 선린동 共和春기록화 조사보고서》 문화재청 근대문화재과 2007. 12.

《인천부사(1883~1933)》 재단법인 인천문화개발연구원 부설 개항문화연구소 역 (2004 인천)

김창수 인천 대불호텔·中華樓의 변천사 자료연구(인천학연구[인천대학교 인천학연구원] 제13호 2010년 8월)

秦裕光『旅韓六十年見聞錄 − 韓國華僑史話』中華民國韓國硏究學會編 民國 72년 臺北

秦裕光〈남기고 싶은 이야기들〉 1979년

紀驍峰『濟魯膠東菜』濟南 山東科學技術出版社 2003

張彩霞『海上山東』江西高校出版社 2004 南昌

王賽時『山東沿海開發史』齊魯書舍 2005 濟南

王林 主編 山東近代災荒史 齊魯書舍 2004 濟南

朱亞非 安克駿『山東對外交往史話』山東文藝出版社 2004 濟南

李泉 王云『山東運河文化研究』齊魯書舍 2006 濟南

魏永生『晚淸山東商埠』山東文藝出版社 2004 濟南

烟臺福山政協文史委 烟臺福山烹飪協會 編『魯菜之鄕 福山』長城出版社 2004 北京

2004 中國國際美食節組委會 2002 中國(烟臺)五彩紛紛國際美食節組委會 中國烹飪論壇文集

李平生『山東老字號』山東文藝出版社 2004 濟南

王男 王金成 編著『齊魯文化』時事出版社 2008 北京

王旭東 主編『烟臺通覽』世界圖書出版公司 2006 西安

顔景祥『中華魯菜』黃河出版社 2006 濟南

梁實秋,「麵條」「談吃」(北京: 北方文藝出版社, 2006)

李春光『吃的歷史』天津人民出版社 2008 天津

許檀『明淸時期山東商品經濟的發展』中國社會科學出版社 1998年版

王煥理 著 烟臺史海鉤沈 審比 烟臺市新聞出版局 承印 烟臺市現代印務有限公司 2003
陳華殿 蘇洪泰 姜瑞珍 主編『烟臺歷史大編年』中國文史出版社 2006 北京
王士雄 著 劉筑琴 注譯 隨息居飮食譜 三泰出版社 西安 2005
趙榮光 衍聖公府檔案 食事硏究 山東畵報出版社 2007 濟南
劉德龍 主編 齊魯歷史文化名人傳略 齊魯書舍 濟南 2006
徐智明 主編『中國廚藝文化大觀』(中國國際廣播出版社 1992 北京)
李廷芝 編『中國烹飪辭典』山西科學技術出版社 2007 太原.
張國土『華僑華人與中國的關係』廣東高等敎育出版社 廣州 2001
袁枚 著 別曦 註釋『隨園食單』三泰出版社 西安 2005
馮源 主編『簡明中餐餐飮漢英雙解辭典』(北京 北京大學出版社 2009.3)
李廷芝 編『中國烹飪辭典』山西科學技術出版社 2007 太原
朱耀廷 崔學培 主編 尹慶民 編著 北京的老字號 光明日報出版社 2004 北京
安井三吉『帝國日本と華僑』靑木書店 東京 2005. 7.
中華會館 編『落地生根 – 神戶華僑と神阪中華會館の百年』硏文出版 2000 東京
愛新覺羅 浩『食在宮廷』(東京 學生社 2004 重刷)
長崎新聞社 編『長崎料理歲時記』長崎新聞社 1999
宮川密義 歌で巡る長崎 長崎の歌謠史 長崎新聞社 長崎 2006
長崎の原爆遺構記錄する會編 原爆遺構長崎の記憶 海島社 1993 福岡
Brian Burke Gaffney 平幸雪 譯『グロバ-家の人人 花と霜』長崎文獻社 平成 15년 長崎
졸저『화교문화를 읽는 눈 –짜장면』인천문화재단 인천 2010

후기

이 한미한 책자가 나오는 데 도움을 준 분들을 별도로 밝히는 게 도리겠다. 인천문화재단의 대표이사로 계시던 최원식 교수는 경인일보의 지면을 마련해주면서 동시에 산동 왕복 여비를 지원해주셨다. 산동 일대를 쏘다니는 동안 우석대학교 전홍철 교수는 중국 네트워크에 접속하도록 나를 이끌어 주었으며 특히 전교수가 제공한 《中國烹飪論壇文集》은 나로 하여금 복산요리에 대해 개안하게 만든 책자이기도 해서 특기하는 바이다. 그 동안 술벗이 되어준 인천 차이나타운 번영회장 손덕준 씨도 그들에 응당포함되어야 하며, 예전 아시아 문화전당에서 일을 보던 최인기 아우도 물심양면으로 도움을 주었다. 글의 부족한 부분을 사진으로 채워주기 위해 인천 차이나타운의 주방에서부터 골목골목을 거닐며 면발 향을 담아준 MBC 함윤수 영상국장, 책을 출간하느라 파주까지 걸음을 하며 기름 값이 제법 든 한희덕 대표 그리고 김현주 편집장의 노고에 고맙다는 말을 전하며, 이밖에도 제법 많은 사람들의 신세를 졌다.

아울러 짜장면을 살피는 동안 학술논문이랍시고 그 동안 긁어놓은 논문(?) 몇 편을 모아 이 책자와 더불어 불원간 출간할 예정으로 있으니, 짜장면에 대해 더욱 진전된 관심을 갖게 된 독자 혹은 짜장면을 알고 먹고자 하는 독자 제위께서는 그 보잘 것 없는 책자를 참조하시길 바라며 끝으로 이 글을 읽은 독자들께서 짜장면을 시식하며 짜장면에 감추어진 인문이라는 놈도 함께 비벼 드시면 더 바랄 나위가 없겠다.

2018년 겨울 유중하

면발로 잇고 읽는 한중일 문화 삼국지
검은 유혹, 맛의 디아스포라 **짜장면**

초판 제1쇄 발행 2018년 12월 19일

지은이 유중하

펴낸이 김현주

편집장 한예솔
교 정 김형수
디자인 노병권
사 진 함윤수
그 림 김종도
마케팅 한희덕

펴낸곳 섬앤섬

출판신고 2008년 12월 1일 제396-2008-000090호
주   소 경기도 고양시 일산동구 백석로 119. 210-1003호
주문전화 070-7763-7200 팩스 031-907-9420
전자우편 somensum@naver.com
인   쇄 우진테크(주)

ISBN 978-89-97454-28-0 03910

이 도서는 한국출판문화산업진흥원의 출판콘텐츠 창작 자금 지원 사업의 일환으로 국민체육진흥기금을 지원받아 제작되었습니다.

이 책의 출판권은 섬앤섬 출판사가 소유합니다. 저작권법에 따라 보호를 받는 저작물이므로 무단 전재와 복제를 금합니다.

이 도서의 국립중앙도서관 출판예정도서목록(CIP)은 서지정보유통지원시스템 홈페이지(http://seoji.nl.go.kr)와 국가자료종합목록시스템(http://www.nl.go.kr/kolisnet)에서 이용하실 수 있습니다.
(CIP제어번호: CIP2018037443)